考霸魔方系列丛书

2019年度全国会计专业技术资格考试一本通
初级会计资格

经济法基础

恒企教育产品技术中心 编

中国商业出版社

图书在版编目（CIP）数据

　　2019年度全国会计专业技术资格考试一本通.初级会计资格.经济法基础/恒企教育产品技术中心编.-- 北京：中国商业出版社，2018.12
　（考霸魔方系列丛书）
　　ISBN 978-7-5208-0012-9

　Ⅰ.①2… Ⅱ.①恒… Ⅲ.①经济法–中国–资格考试–自学参考资料 Ⅳ.①F23

　　中国版本图书馆CIP数据核字（2018）第277045号

责任编辑：常松

中国商业出版社出版发行
010-63180647　www.c-cbook.com
（100053　北京广安门内报国寺1号）
新华书店经销
北京博图彩色印刷有限公司印刷
*
787毫米×1092毫米　16开　14.5印张　290千字
2018年12月第1版　2019年2月第2次印刷
定价：49.00元

* * *

（如有印装质量问题可更换）

教材编写及使用说明

本套辅导教材由恒企教育产品技术中心,根据全国会计专业技术资格考试领导小组办公室最新印发的《初级会计专业技术资格考试大纲》以及最新颁布的相关经济法法律法规,结合历年考试真题的重点精心编写,旨在帮助广大考生系统、全面地学习和掌握考试大纲的知识内容。

本套辅导教材有《初级会计实务》和《经济法基础》两册,内容紧扣最新考试大纲,知识结构明确,理解难度适中,同时搭配独创的在线学习联动模块,让每一位考生都拥有专属的学习方案,为考生通关护航。

本套辅导教材配有独创性和定制化的学习体系(使用方法视频解说请扫描二维码)。具体介绍如下:

1. 基于"测评"的定制化学习方案

考生可扫描封底二维码关注微信公众号"恒企图书",输入对应图书激活码进行注册登录,即可开始"前置测评",系统会根据测评结果为考生定制专属的"学习方案",并给出第一阶段学习的调整方案,考生可根据"学习方案"展开阶段性的学习。

每个阶段的学习过程中,"学习方案"会开启对考生进行线上"检测"。当考生完成本阶段的学习后则会对考生进行"阶段测评",以考察考生的学习水平,真正做到"及时发现问题,有效解决问题,绝不遗留问题",同时系统也会根据测评结果给出下一阶段的学习调整方案。

当考生完成辅导教材主体内容的学习之后,"学习方案"将开启对考生学习成果进行线上"诊断",最终会给出系统、全面的诊断结果,并针对考生学习水平的不足之处推荐相对应的"学习药方"。

2. 通关宝典

"通关宝典"是对知识点和考点精炼的文字内容,是本套辅导教材的知识内容主体,与线上"学习方案"的课程章节和相关测评紧密联系。

(1)为了让考生更直观地了解"通关宝典"中的知识点在考试中的重要性,知识点序号前会标有★来表示其重要程度:

★★★表示该知识点非常重要,在考试中出现频率很高,需要考生着重学习理解。

★★表示该知识点较为重要,在考试中出现频率较高,或者是考试大纲中要求掌握的知识点。

★表示该知识点一般重要,是考试大纲中要求熟悉的知识点。

没有★表示该知识点在考试中出现频率较少,是考试大纲仅要求了解的知识点。

（2）为了让考生更直观地了解"通关宝典"知识中的关键点，特别采用了颜色符号体系，如下所述：

方正准雅宋_GBK+绿色+双划线：主关键词

汉仪中楷简：次关键词

黑色+单划线：次次关键词

黑色+双划线：分点列举时的次关键词

绿色+单划线：分点列举时的次次关键词

着重号：举例说明

表中符号使用同上，但具体操作比较灵活。

所有的考点视其在考试中的重要性会配有相应试题，供考生边学边练，深入掌握知识点。部分疑难重点附有相应的课程视频二维码，考生扫描二维码即可直接观看对应知识点的视频课程，使考生更为透彻地理解知识内容。部分知识点亦配有记忆方法，方便考生科学记忆。本套辅导教材中会有【总结】【易混点】【注意】【对比】【小剧场】等提示板块，进一步提高考生学习的效率。

3. 考霸手稿

"考霸手稿"是实现考生与考霸"零距离"的模块。此模块主要以考霸的解题视角对历年真题进行系统全面的剖析，并整理相应的应试技巧及考试经验分享给考生，更加贴近考生的学习习惯，更加人性化，便于考生掌握解题思路，增强考生的应试能力。

4. 模拟试卷

考生在完成对"通关宝典"和"考霸手稿"的学习之后，本套辅导教材根据考试大纲中的考点甄选试题，还精心设计了一套纸质模拟试卷。模拟试卷用来考核考生对本套辅导教材中内容及解题技巧的掌握和运用水平，答案解析需要考生扫描对应的二维码进行查看。

读者如需对本书内容提出意见，亦或是想要获取更多的学习、备考资源，可扫码本书编写及使用说明页右上方二维码关注"恒企图书"微信公众号，或拨打客服热线：010-52479895。

目 录

第一模块 学习方法 ·· 1

第二模块 通关宝典 ·· 3

第一阶段学习方案 ·· 3
第一阶段通关宝典 ·· 5

第一章 总论 ·· 5
第一节 法律基础 ·· 5
第二节 经济纠纷的解决途径 ·· 10
第三节 法律责任 ·· 22

第二章 会计法律制度 ·· 24
第一节 会计法律制度概述 ·· 24
第二节 会计核算与监督 ·· 25
第三节 会计机构和会计人员 ·· 31
第四节 会计职业道德 ·· 34
第五节 违反会计法律制度的法律责任 ·· 36

第三章 支付结算法律制度 ·· 37
第一节 支付结算概述 ·· 37
第二节 银行结算账户 ·· 38
第三节 票据 ·· 44
第四节 银行卡 ·· 61
第五节 网上支付 ·· 66
第六节 结算方式和其他支付工具 ·· 67
第七节 结算纪律与法律责任 ·· 71

第二阶段学习方案 ·· 73
第二阶段通关宝典 ·· 75

第四章 增值税、消费税法律制度 ·· 75
第一节 税收法律制度概述 ·· 75
第二节 增值税法律制度 ·· 77
第三节 消费税法律制度 ·· 90

第三阶段学习方案 ·· 99
第三阶段通关宝典 ·· 101

第五章 企业所得税、个人所得税法律制度ᐧᐧᐧᐧᐧᐧᐧᐧ101
第一节 企业所得税法律制度ᐧᐧᐧᐧᐧᐧᐧᐧ101
第二节 个人所得税法律制度ᐧᐧᐧᐧᐧᐧᐧᐧ116

第四阶段学习方案ᐧᐧᐧᐧᐧᐧᐧᐧ128
第四阶段通关宝典ᐧᐧᐧᐧᐧᐧᐧᐧ130

第六章 其他税收法律制度ᐧᐧᐧᐧᐧᐧᐧᐧ130
第一节 房产税法律制度ᐧᐧᐧᐧᐧᐧᐧᐧ130
第二节 契税法律制度ᐧᐧᐧᐧᐧᐧᐧᐧ133
第三节 土地增值税法律制度ᐧᐧᐧᐧᐧᐧᐧᐧ135
第四节 城镇土地使用税法律制度ᐧᐧᐧᐧᐧᐧᐧᐧ140
第五节 车船税法律制度ᐧᐧᐧᐧᐧᐧᐧᐧ144
第六节 印花税法律制度ᐧᐧᐧᐧᐧᐧᐧᐧ145
第七节 资源税法律制度ᐧᐧᐧᐧᐧᐧᐧᐧ150
第八节 其他相关税收法律制度ᐧᐧᐧᐧᐧᐧᐧᐧ153

第七章 税收征收管理法律制度ᐧᐧᐧᐧᐧᐧᐧᐧ164
第一节 税务管理ᐧᐧᐧᐧᐧᐧᐧᐧ164
第二节 税款征收与税务检查ᐧᐧᐧᐧᐧᐧᐧᐧ168
第三节 税务行政复议ᐧᐧᐧᐧᐧᐧᐧᐧ173
第四节 税收法律责任ᐧᐧᐧᐧᐧᐧᐧᐧ174

第八章 劳动合同与社会保险法律制度ᐧᐧᐧᐧᐧᐧᐧᐧ176
第一节 劳动合同法律制度ᐧᐧᐧᐧᐧᐧᐧᐧ176
第二节 社会保险法律制度ᐧᐧᐧᐧᐧᐧᐧᐧ193

第三模块 考霸手稿ᐧᐧᐧᐧᐧᐧᐧᐧ203

第四模块 应试技巧ᐧᐧᐧᐧᐧᐧᐧᐧ215

第五模块 模拟试卷ᐧᐧᐧᐧᐧᐧᐧᐧ217

第一模块　学习方法

众所周知，经济法基础这门课程，在考试中呈现三大特点：一是基础知识比重大，考核范围广而细；二是题目案例化，命题方式灵活；三是不定项选择题综合性强，难度大。考生该如何备考？下面我们给您介绍。

1. 结合前置测评，选择适合自己的学习方案

"学霸"或许可以做到过目不忘，而大多数人要看两三遍才能记住。最好的不一定是适合的，适合的才是最好的。学习也理应如此，要先认识自己，知道自己适合什么样的学习方案。所以在开始学习这门课程之前，可结合前置测评结果，找到适合自己的学习方案，突破所有考点，稳操胜券地过关（60分）。

2. 高效学习通关宝典

考生一定要全面学习"通关宝典"。"通关宝典"是根据考试大纲、历年考试真题所提炼出来的高频考点，各个考点在考试中出现的概率是不同的，而我们的基本目标是60分，因此应该进行有重点的复习。在本书中，我们对各个考点在历年考试中的出现频率用"★★★""★★""★"进行重点标识。"★★★"表示该考点非常重要，需要全方位掌握；"★★"表示该考点比较重要，需要充分熟悉；"★"表示该考点简单，了解即可。

3. 用心做题，解决"短板"

考生备考过程中应该通过做题进行巩固，及时发现问题，解决问题。建议大家做真题是因为这样的试题更加接近考试的思路。一方面深入掌握知识点，另一方面参考命题思路，就能更清楚地掌握初级会计职称考试的试题风格，揣摩出题老师的考核思路，在做题的时候能够清楚地检测出哪个部分掌握得好一些，哪个部分还有所欠缺，对于欠缺的内容应该进行重点复习。

4. 掌握相应的记忆方法

经济法基础有很多知识点只能靠记忆，考试全卷均为客观题，因此，要针对关键词进行记忆。例如："一次性工亡补助金，为上个年度全国城镇居民人均可支配收入的20倍。"我们需要关注的只是"20倍"。如果一个考点有着若干个关键词，可以采用编制记忆口诀或者是表格对比方法。平时多想多总结，结合自己的实际高效记忆，可以把考点图像化、串联化、幽默化。

第二模块 通关宝典

前置测评

第一阶段学习方案

学习方案一（70 模块过单科）

学习方案一				
阶段一模块	学习、复习内容	检测	完成日期	定制调整内容
1-1	学习第一章第一节	—		
1-2	学习第一章第二节	—		
1-3	学习第一章第二节	—		
1-4	学习第一章第二节	—		
1-5	学习第一章第三节	—		
1-6	学习第二章第一、第二节	—		
1-7	学习第二章第三、第四节	—		
1-8	学习第二章第五节 复习第一、第二章	1-1		
1-9	学习第三章第一节	—		
1-10	学习第三章第二节	—		
1-11	学习第三章第二节	—		
1-12	学习第三章第三节	—		
1-13	学习第三章第三节	—		
1-14	学习第三章第三节 复习第一、第二章，第三章第三节	1-2		
1-15	学习第三章第四节	—		
1-16	学习第三章第五节	—		
1-17	学习第三章第六、第七节 复习第一、第二、第三章	阶段1测评		

学习方案二（50模块过单科）

学习方案二				
阶段—模块	学习、复习内容	检测	完成日期	定制调整内容
1-1	学习第一章第一节	—		
1-2	学习第一章第二节	—		
1-3	学习第一章第二节	—		
1-4	学习第一章第三节	—		
1-5	学习第二章第一、第二节	—		
1-6	学习第二章第三、第四、第五节 复习第一、第二章	1-1		
1-7	学习第三章第一节	—		
1-8	学习第三章第二节	—		
1-9	学习第三章第三节	—		
1-10	学习第三章第三节 复习第一、第二章，第三章第三节	1-2		
1-11	学习第三章第四节	—		
1-12	学习第三章第五、第六、第七节 复习第一、第二、第三章	阶段1测评		

学习方案三（30模块过单科）

学习方案三				
阶段—模块	学习、复习内容	检测	完成日期	定制调整内容
1-1	学习第一章第一、第二节	—		
1-2	学习第一章第二、第三节	—		
1-3	学习第二章 复习第一、第二章	1-1		
1-4	学习第三章第一、第二节	—		
1-5	学习第三章第三节 复习第一、第二章，第三章第三节	1-2		
1-6	学习第三章第四、第五、第六、第七节 复习第一、第二、第三章	阶段1测评		

第一阶段通关宝典

第一章 总论

本章考情分析

本章主要介绍法的一些基础知识,属于学习本书的基础。本章考试中多以单选题、多选题、判断题的形式出现,近几年平均分值为10分左右。

年份 题型	2014		2015		2016		2017		2018	
	题量	分值	题量	分值	题量	分值	题量	分值	题量	分值
单选题	3	4.5	3	4.5	2	3	2	3	3	4.5
多选题	3	6	2	4	1	2	2	4	1	2
判断题	1	1	1	1	1	1	2	2	2	2
不定项选择题	—	—	—	—	—	—	—	—	—	—
合计	7	11.5	6	9.5	4	6	6	9	6	8.5

第一节 法律基础

一、法律关系

★考点1. 要素:<u>主体</u>、<u>客体</u>、<u>内容</u>。

【注意】三者缺一不可。

【例1·多选】下列各项中,属于法律关系构成要素的有( )。(2015年)
A. 主体　　　　B. 内容　　　　C. 客体　　　　D. 法律事件
【答案】ABC
【解析】法律关系由主体、客体、内容三个要素构成。

★★考点2. 主体(当事人):

(1) <u>自然人</u>(公民):公民+外国公民+无国籍人。

(2) <u>组织</u>:法人组织+非法人组织。

【注意】法人组织:<u>营利法人</u>、<u>非营利法人</u>、<u>特别法人</u>。

非法人组织:个人独资企业、合伙企业等。

(3) <u>国家</u>。

【注意】任何一个法律关系至少要有两个主体。

【例2·单选】甲公司与乙公司签订买卖合同,向乙公司购买了一台设备,价款9万元,该买卖合同的法律关系的主体是( )。(2014年)

A. 买卖合同　　　　B. 设备　　　　　C. 9万元价款　　　　D. 甲公司与乙公司

【答案】D

【解析】法律关系主体是依法享有权利和承担义务的当事人,任何一个法律关系至少要有两个主体。

★★考点3. 自然人的民事行为能力:

行为能力划分	判定标准
(1) 完全民事行为能力人	①≥18周岁
	②16≤X＜18周岁的公民,以自己的劳动收入为主要生活来源的
(2) 限制民事行为能力人	①≥8周岁的未成年人
	②不能完全辨认自己行为的精神病人
(3) 无民事行为能力人	①＜8周岁的未成年人
	②完全不能辨认自己行为的精神病人

【记忆口诀】完全行为要成年,要么16能挣钱;8岁以上未成年,限制一个半疯癫;再小再孬无法无天,民事行为不沾边。

【例3·单选】下列公民中,视为完全民事行为能力人的是(　　)。(2017年)

A. 赵某,9岁,系某小学学生

B. 王某,15岁,系某高级中学学生

C. 张某,13岁,系某初级中学学生

D. 李某,17岁,系某宾馆服务员,以自己劳动收入为主要生活来源

【答案】D

【解析】16周岁以上不满18周岁的公民,以自己的劳动收入为主要生活来源的,视为完全民事行为能力人。

★★考点4. 刑事责任能力:

(1) 负刑事责任	①≥16周岁犯罪
	②14周岁≤X＜16周岁的公民,犯故意杀人、故意伤害致人重伤或死亡、强奸、抢劫、贩卖毒品、放火、爆炸、投毒罪的
	③间歇性的精神病人在精神正常时犯罪
	④尚未完全丧失辨认或控制自己行为能力的精神病人犯罪的
(2) 从轻/减轻处罚	①尚未完全丧失辨认或控制自己行为能力的精神病人犯罪的(可以)
	②14周岁≤X＜18周岁的人犯罪
	③已满75周岁的人故意犯罪(可以)
	④过失犯罪
(3) 不负刑事责任	精神病人不能辨认/不能控制自己行为造成危害的

【记忆口诀】重大犯罪要死喽（146），75犯罪是要死吧（148），从轻处罚爱国家。

【小剧场】张三是一名间歇性精神病人，一日大病发作致路人甲死亡，法律从轻处罚。其心中窃喜，故伪装发病致旧仇路人乙重伤，却落得锒铛入狱。数年后，张三终疯，不可自控，伤人无刑责，故人人躲之避之，不敢近前。

★★考点5. **法律关系的客体**：
（1）<u>物</u>：土地、森林、机器、建筑、货币、有价证券等。
（2）<u>人身、人格</u>（人体的一部分）。
（3）<u>非物质财富</u>：著作、发现、发明、外观设计、荣誉称号、奖章等。
（4）<u>行为</u>：①<u>生产经营</u>；
②<u>经济管理</u>；
③完成一定<u>工作</u>；
④提供一定<u>劳务</u>等。

【记忆口诀】法律关系三要素，主"享、承"，内"权、义"，客"对象"，三缺一均不可。（主"享、承"是指：享有权利和承担义务的当事人为主体；内"权、义"是指：权利与义务为内容；客"对象"是指：权利和义务所指向的对象为客体。）

【例4·多选】下列各项中，属于非物质财富的有（　　）。（2014年改编）
A. 著作　　　　B. 奖章　　　　C. 发明　　　　D. 荣誉称号
【答案】ABCD
【解析】非物质财富：（1）知识产品。著作（选项A）、发现、发明（选项C）、设计。（2）荣誉产品。荣誉称号（选项D）、奖章（选项B）。

【例5·多选】下列选项中，属于法律关系客体的有（　　）。（2014年）
A. 土地　　　　B. 矿藏　　　　C. 机器　　　　D. 发明
【答案】ABCD
【解析】以上四个选项均正确。

二、法律事实
★考点1. **概述**：
（1）<u>概念</u>：是法律关系<u>发生</u>、<u>变更</u>、<u>消灭</u>的直接原因。
（2）<u>分类标准</u>：是否以当事人的意志为转移。
（3）<u>类别</u>：**法律事件**、**法律行为**。

★★★考点2. **法律事实**（<u>不以当事人</u>的意志为转移）：
（1）<u>自然</u>现象（绝对事件）：水灾、地震等自然灾害或生老病死、意外事故。
（2）<u>社会</u>现象（相对事件）：战争、重大政策的改变等。

【例6·单选】下列各项中，能够直接引起法律关系发生、变更或者消灭的是（　　）。（2014年）
A. 内容　　　　B. 主体　　　　C. 法律事实　　　　D. 客体
【答案】C
【解析】法律事实是法律关系发生、变更和消灭的直接原因。

★★★考点3. 法律行为（以当事人的意志为转移）：

分类标准	具体类别
（1）是否符合法律规范的要求	合法行为与违法行为
（2）表现形式不同	积极行为（作为，如签发支票） 消极行为（不作为，如不能抢夺他人财产）
（3）是否通过意思表示	意思表示行为（如签订合同） 非意思表示行为（如拾得遗失物、发现埋藏物）
（4）主体意思表示的形式	单方行为（如遗嘱、行政命令） 多方行为（如合同行为）
（5）是否需要特定形式或实质要件	要式行为（如票据行为） 非要式行为（如口头订立的合同）

【例7·单选】下列法律事实中，属于法律事件的是（　　）。（2015年）
A. 买卖房屋　　B. 订立遗嘱　　C. 台风登陆　　D. 租赁设备
【答案】C
【解析】选项ABD，属于法律行为；选项C，属于法律事件。

【例8·单选】根据行为是否需要特定形式或实质要件，法律行为可以分为（　　）。（2015年）
A. 单方行为和多方行为　　　　B. 积极行为和消极行为
C. 要式行为和非要式行为　　　D. 自主行为和代理行为
【答案】C
【解析】根据行为是否需要特定形式或实质要件进行分类，可分为要式行为和非要式行为。

【易混点】事实、事件很相像，看清谁大谁小，看清题干再动手。

法律事件 ＋ 法律行为 ＝ 法律事实

三、法的形式和分类

★★★考点1. 形式：

形式		制定机关	效力等级
（1）宪法		全国人大	宪法＞法律＞行政法规＞地方性法规＞本级和下级地方政府规章
（2）法律		全国人大及其常务委员会	
（3）法规	①行政法规	国务院	
	②地方性法规	地方人大及其常委会	
	③自治条例、单行条例	自治区（州、县）人大及其常委会	
（4）规章	①部门规章	国务院各部门、各委员会等	
	②地方性政府规章	有立法权的地方政府	
（5）其他		①特别行政区的法	
		②国际条约	

【记忆口诀】宪法最大人大定，法律次之看人大及常委会；行政法规国务院，地方法由地方人大定，最后规章来补充，国务部委部门规，人民政府规章低。

【例9·单选】下列法的形式中，由全国人民代表大会及其常务委员会经一定的立法程序制定颁布的规范性文件是（　　）。（2015年）

A.宪法　　　　B.行政法规　　　　C.法律　　　　D.行政规章

【答案】C

【解析】法律由全国人民代表大会及其常务委员会经一定的立法程序制定颁布。

【例10·单选】下列法的形式中，效力等级最低的是（　　）。（2014年）

A.宪法　　　　B.地方性法规　　　　C.行政法规　　　　D.法律

【答案】B

【解析】法律效力等级：宪法＞法律＞行政法规＞地方性法规＞本级和下级地方政府规章。

★考点2. 效力原则：

（1）上位法优于下位法。

（2）特别法优于一般法。

（3）新法优于旧法。

（4）自治条例和单行条例、经济特区法规的变通规定优先。

★ 考点3. 法的冲突解决机制：

法律VS法律	全国人大常委会裁决
行政法规VS行政法规	国务院裁决
地方性法规、规章之间	同一机关制定，制定机关裁决
部门规章之间、部门规章与地方政府规章不一致	国务院裁决
地方性法规与部门规章之间对同一事项的规定不一致	国务院提出 （1）国务院认为适用地方性法规，适用地方性法规 （2）国务院认为适用部门规章，提请全国人大常委会裁决

【例11·多选】下列关于规范性法律文件适用原则的表述中，正确的有（   ）。（2017年）

A. 行政法规之间对同一事项的新的一般规定与旧的特别规定不一致，不能确定如何适用时，由国务院裁决

B. 根据授权制定的法规与法律不一致，不能确定如何适用时，由全国人民代表大会常务委员会裁决

C. 部门规章与地方政府规章之间对同一事项的规定不一致时，由国务院裁决

D. 法律之间对同一事项的新的一般规定与旧的特别规定不一致，不能确定如何适用时，由全国人民代表大会常务委员会裁决

【答案】ABCD

【解析】以上四个选项均正确。

★ 考点4. 分类：

标准	分类
（1）创制方式、发布形式	成文法、不成文法
（2）内容、效力、制定程序	根本法、普通法
（3）内容	实体法、程序法
（4）空间效力、时间效力（对人的效力）	一般法、特别法

【记忆口诀】成不成文看形式，根本普通看制定，实体程序看内容，特别一般看效力。

第二节 经济纠纷的解决途径

一、经济纠纷的解决途径

★★★考点1. 解决途径：

（1）平等主体（横向）：仲裁与民事诉讼（或裁或审）。

（2）不平等主体（纵向）：行政复议、行政诉讼。

【记忆口诀】若横向,都平等,或裁或审选其一;若纵向,不平等,要分一般与特殊,一般议讼均可以,两者不能并排行,特殊情况先复议,不服才能诉讼提。

【例1·判断】仲裁和民事诉讼都是适用于横向关系经济纠纷的解决方式。( )(2015年)
【答案】√
【解析】本题表述正确。

【例2·单选】甲公司长期拖欠乙公司货款,双方发生纠纷,期间一直未约定纠纷的解决方式,为解决该纠纷,乙公司可采取的法律途径是( )。(2015年)
A. 提起行政诉讼　　　　　　B. 提请仲裁
C. 提起民事诉讼　　　　　　D. 申请行政复议
【答案】C
【解析】货款纠纷属于民事纠纷,排除选项AD;当事人之间一直未约定纠纷解决方式说明当事人之间不存在仲裁协议,排除选项B。

二、仲裁

★★考点1. 适用范围:

(1) 适用	平等主体、合同纠纷、财产权益纠纷
(2) 不适用	劳动争议、农业承包合同纠纷
(3) 不能提请	婚姻、收养、监护、扶养、继承纠纷、行政争议

【记忆口诀】人行劳农,不适用仲裁。

【例3·多选】根据《仲裁法》的规定,下列纠纷中,不能提请仲裁的有( )。(2016年)
A. 租赁合同纠纷　　　　　　B. 继承纠纷
C. 监护权归属纠纷　　　　　D. 离婚纠纷
【答案】BCD
【解析】不能提请仲裁的情况包括婚姻、收养、监护、扶养、继承纠纷、行政争议。

★考点2. 基本原则:
(1) 自愿——双方自愿,达成仲裁协议。
(2) 公平合理——坚持以事实为根据,以法律为准绳。
(3) 独立仲裁——仲裁机关独立存在,仲裁依法独立进行,不受他人干涉。
(4) 一裁终局——仲裁庭作出的仲裁裁决为终局裁决。
【记忆口诀】公平自愿加独立,一裁终局定纠纷。

【例4·单选】下列关于仲裁特征和基本原则的表述中,不正确的是( )。(2014年)
A. 仲裁实行一裁终局原则
B. 仲裁实行独立仲裁原则

[11]

C. 仲裁裁决对双方当事人均有约束力
D. 仲裁委员会对经济纠纷案件具有强制管辖权
【答案】D
【解析】平等主体之间出现经济纠纷时，当事人可以在仲裁或者民事诉讼之间进行选择；只有双方当事人自愿达成书面仲裁协议的情况下，才可以申请仲裁。

★考点3．仲裁机构：仲裁委员会。
（1）不按行政区划层层设立。
（2）独立于行政机关，与行政机关没有隶属关系。
（3）仲裁委员会之间也没有隶属关系。

【例5·多选】下列关于仲裁制度的表述中，正确的有（　　）。（2016年）
A. 仲裁裁决对双方当事人都具有约束力
B. 仲裁实行一裁终局
C. 仲裁实行级别管辖和地域管辖
D. 平等主体之间发生的合同纠纷和其他财产权益纠纷可以仲裁
【答案】ABD
【解析】仲裁委员会不按行政区划层层设立；仲裁委员会独立于行政机关，与行政机关没有隶属关系，仲裁委员会之间也没有隶属关系。

★考点4．仲裁协议：
（1）形式：书面形式（要式行为）。
（2）内容：
①请求仲裁的意思表示；
②仲裁事项；
③选定的仲裁委员会。
【注意】仲裁协议对仲裁事项或者仲裁委员会没有约定或者约定不明确的，当事人可以补充协议；达不成补充协议的，仲裁协议无效。

【例6·多选】根据《仲裁法》的规定，下列各项中，属于仲裁协议必备内容的有（　　）。
A. 请求仲裁的意思表示　　　　　　B. 选定的仲裁委员会
C. 选定的仲裁员　　　　　　　　　D. 仲裁事项
【答案】ABD
【解析】仲裁协议的内容包括请求仲裁的意思表示、仲裁事项和选定的仲裁委员会。

（3）与合同的关系：合同的变更、解除、终止或者无效，不影响仲裁协议的效力。
（4）效力异议：当事人对仲裁协议的效力有异议，应当在仲裁庭首次开庭前提出。
①可请求仲裁委员会作出决定或请求法院作出裁定。

【注意】一方请求仲裁委员会，另一方请求法院的，由法院裁定。

②达成仲裁协议，一方向法院起诉未声明有仲裁协议，法院受理后，另一方在首次开庭前提交仲裁协议的，驳回起诉，但仲裁协议无效的除外。

【注意】在首次开庭前未提出异议的，视为放弃仲裁协议，法院应当继续审理。

【易混点】当事人达成仲裁协议，一方向人民法院起诉未声明有仲裁协议。另一方怎么办？

两条路可以走：

（1）有异议——人民法院"首次开庭审理前"提出异议——驳回起诉。

（2）没异议——视为双方放弃了已经达成的仲裁协议——法院继续审理。

【例7·多选】根据《仲裁法》的规定，下列关于仲裁协议效力的表述中，正确的有（　　）。

A. 合同的变更、解除、终止或者无效，不影响仲裁协议的效力

B. 当事人口头达成的仲裁协议有效

C. 仲裁协议对仲裁事项或者仲裁委员会没有约定或者约定不明确，当事人又达不成补充协议的，仲裁协议无效

D. 当事人对仲裁协议的效力有异议的，可以请求人民法院作出裁定

【答案】ACD

【解析】仲裁协议应当以书面形式订立，口头达成仲裁的意思表示无效。

★★考点5. 仲裁裁决：

情形	内容
（1）仲裁管辖权	不实行级别管辖和地域管辖，由当事人协议选定仲裁委员会
（2）仲裁庭的组成	3名或1名仲裁员
（3）仲裁员的回避 （公平合理原则）	①是本案当事人或当事人/代理人的近亲属
	②与本案有利害关系
	③与本案当事人/代理人有其他关系，可能影响公正仲裁的
	④私自会见当事人/代理人，或接受当事人/代理人的请客送礼的
（4）开庭不公开 （自愿原则）	①当事人协议不开庭的，仲裁庭可根据仲裁申请书、答辩书、其他材料作出裁决
	②当事人协议公开的，可公开进行，但涉及国家秘密的除外
（5）和解与调解 （自愿原则） （一裁终局原则）	①当事人申请仲裁后，可自行和解
	②仲裁庭在作出裁决前，可先行调解。当事人自愿调解的，仲裁庭应调解；调解不成的，仲裁庭应及时作出裁决
	③调解书经双方当事人签收后，即发生法律效力 【注意】调解书与裁决书具有同等法律效力
（6）裁决	①应按多数仲裁员的意见作出
	②不能形成多数意见时，应按首席仲裁员的意见作出 【注意】裁决书自作出之日起发生法律效力
（7）执行	①仲裁裁决作出后，当事人应履行裁决
	②一方当事人不履行的，另一方可按规定向人民法院申请执行

【易混点】调解书自"签收后"发生法律效力。裁决书自"作出之日"起发生法律效力。

【例8·判断】经济仲裁不公开进行,当事人协议公开的,可以公开进行,但涉及国家秘密的除外。(　)(2015年)
【答案】√
【解析】本题表述正确。

【例9·多选】甲、乙因合同纠纷申请仲裁,仲裁庭对案件裁决未能形成一致意见,关于该案件仲裁裁决的下列表述中,符合法律规定的有(　)。(2015年)
A. 应当由仲裁庭达成一致意见作出裁决
B. 应当按照多数仲裁员的意见作出裁决
C. 仲裁庭不能形成多数意见时,按照首席仲裁员的意见作出裁决
D. 仲裁庭不能形成一致意见时,提请仲裁委员会作出裁决
【答案】BC
【解析】仲裁裁决应当按照多数仲裁员的意见作出,少数仲裁员的不同意见可以记入笔录;仲裁庭不能形成多数意见时,裁决应当按照首席仲裁员的意见作出。

【例10·单选】根据规定,关于仲裁裁决书生效时间的下列表述中,正确的是(　)。(2016年)
A. 自送达之日起发生法律效力
B. 自签发之日起发生法律效力
C. 自作出之日起发生法律效力
D. 自开庭之日起发生法律效力
【答案】C
【解析】(1)仲裁裁决书自"作出"之日起发生法律效力。
(2)仲裁调解书自当事人"签收"之日起发生法律效力。
(3)行政复议决定书一经"送达",即发生法律效力。

三、民事诉讼
★考点1. 适用范围:平等主体之间因<u>财产关系</u>、人身关系发生纠纷。

★考点2. 一般地域管辖(普通管辖):实行<u>原告就被告</u>原则。
【注意1】被告住所地与经常居住地不一致→经常居住地。
【注意2】被告住国外、找不到人(身份诉讼)、被关押→原告人住所地。

★★★ **考点3. 特殊地域管辖：**

纠纷类型	管辖法院	
（1）合同纠纷	合同履行地	被告住所地
（2）票据纠纷	票据支付地	
（3）保险合同纠纷	保险标的物所在地	
（4）侵权行为	侵权行为地 （侵权行为实施地、侵权结果发生地）	
（5）铁路、公路、水上和航空事故请求损害赔偿	事故发生地 车辆、船舶最先到达地 航空器最先降落地	
（6）铁路、公路、水上、航空运输和联合运输合同纠纷	运输始发地、目的地	
（7）公司设立、确认股东资格、分配利润、解散等纠纷	由公司住所地人民法院管辖	

【例11·多选】根据民事诉讼法律制度的规定，有票据纠纷管辖权的法院是（　　）。（2015年）

A. 被告住所地法院　　　　　　B. 持票人所在地法院
C. 出票银行法院　　　　　　　D. 票据支付地法院

【答案】AD

【解析】票据纠纷的管辖法院为票据支付地法院和被告住所地法院。

【例12·多选】甲企业得知竞争对手乙企业在M地的营销策略将会进行重大调整，于是到乙企业设在N地的分部窃取乙企业内部机密文件，随之采取相应对策，给乙企业在M地的营销造成重大损失，乙企业经过调查掌握了甲企业的侵权证据，拟向法院提起诉讼，其可以选择提起诉讼的法院有（　　）。（2014年）

A. 甲企业住所地法院　　　　　B. 乙企业住所地法院
C. M地法院　　　　　　　　　D. N地法院

【答案】ACD

【解析】乙企业可以选择向甲企业住所（被告住所地）、M地（侵权结果发生地）、N地（侵权行为实施地）人民法院起诉。

★★ **考点4. 专属管辖：**

纠纷类型	管辖法院
（1）不动产纠纷	不动产所在地法院
（2）港口作业中发生纠纷	港口所在地法院

【记忆口诀】纠纷起因地，所在地管辖。

【例13·单选】因港口作业发生的纠纷,享有管辖权的人民法院是( )。(2014年)
A. 港口所在地人民法院　　　　　　B. 被告住所地人民法院
C. 原告住所地人民法院　　　　　　D. 原告住所地或者被告住所地人民法院
【答案】A
【解析】因港口作业发生的纠纷,由港口所在地人民法院管辖。

★★★考点5. 诉讼时效期间:

	起算点	长度	适用的纠纷类型
普通	权利人知道（应知道）权利被侵害时起	3年	一般纠纷
最长（绝对时效期间）	权利被侵害之日起	20年	自权利受到损害之日起超过20年的,法院不予保护

【注意】诉讼时效期间届满的,义务人可以提出不履行义务的抗辩。诉讼时效期间届满后,义务人同意履行的,不得以诉讼时效期间届满为由抗辩;义务人已自愿履行的,不得请求返还。人民法院不得主动适用诉讼时效的规定。

【例14·单选】对始终不知道自己权利受侵害的当事人,其最长诉讼时效期间是( )。
A. 2年　　　　　B. 3年　　　　　C. 20年　　　　　D. 30年
【答案】C
【解析】诉讼时效期间,均从权利人知道或者应当知道权利被侵害时起计算。但是,从权利被侵害之日起超过20年的,法院不予保护。有特殊情况的,法院可以延长诉讼时效期间。也就是说,对在20年内始终不知道自己权利受侵害的当事人,法律也不再予以诉讼保护。20年就是法律保护的最长期限,故也称绝对时效期间。

★★★考点6. 诉讼时效的中止和中断:

类别	发生原因（事由）	发生时间	效果
中止	（1）不可抗力 （2）非民事行为能力人没有法定代理人,或法定代理人死亡、丧失民事行为能力、丧失代理权 （3）继承开始后未确定继承人或遗产管理人 （4）权利人被义务人或其他人控制 （5）其他导致权利人不能行使请求权的障碍	诉讼时效期间的最后6个月内	暂停计算,自中止时效原因消除之日起满6个月,诉讼时效期届满
中断	（1）权利人向义务人提出履行请求的 （2）义务人同意履行义务的 （3）权利人提起诉讼或申请仲裁的 （4）其他情形	诉讼时效期间进行中	重新计算,中断时起,清零

【记忆口诀】"客观原因"导致"中止"——暂停。
"主观原因"导致"中断"——清零。

【注意】下列请求权不适用诉讼时效的规定：
（1）请求停止侵害、排除妨碍、消除危险。
（2）不动产物权和登记的动产物权的权利人请求返还财产。
（3）请求支付抚养费、赡养费或者扶养费。
（4）依法不适用诉讼时效的其他请求权。

【例15·多选】有关诉讼中止和中断的表述中，正确的有（   ）。（2015年）
A. 不可抗力是中断事由之一
B. 引起中断的原因发生，已过的诉讼时效全部归于无效
C. 义务人同意履行义务，是中止事由之一
D. 引起中止原因消除，诉讼时效继续计算
【答案】BD
【解析】不可抗力是中止的事由，义务人同意履行义务，是中断的事由。

★ 考点7．判决和执行：当事人不服人民法院第一审判决的，有权在判决书<u>送达之日</u>起15日内向上一级人民法院提起上诉。

【例16·单选】根据民事诉讼法律制度的规定，当事人不服人民法院第一审判决的，有权在判决书送达之日起一定期间内向上一级人民法院提起上诉。该期间是（   ）。（2014年）
A. 5日　　　　　B. 10日　　　　　C. 15日　　　　　D. 30日
【答案】C
【解析】当事人不服人民法院第一审判决的，有权在判决书送达之日起15日内向上一级人民法院提起上诉。

【总结】经济仲裁VS民事诉讼：

事项	经济仲裁	民事诉讼
仲裁协议	仲裁协议（书面）	（1）没有仲裁协议 （2）仲裁协议无效、放弃，或一方起诉，另一方首次开庭前未提出异议
适用范围	合同、财产纠纷	经济纠纷＋人身关系纠纷 （包括劳动关系纠纷）
审判制度	一裁终局	两审终审
管辖	×	√
回避制度	√	√
调解	适用	（1）适用特别程序、督促程序、公示催告程序的案件 （2）不适用婚姻等身份关系确认案件及其他根据案件性质不能调解的案件 （3）离婚案件
公开	×	√

续表

事项	经济仲裁	民事诉讼
强制执行	人民法院	
生效	（1）裁决书：作出之日 （2）调解书：双方当事人签收后	一审：判决书送达之日起15日内不上诉

四、行政复议

★考点1.范围：当事人**认**为行政机关的**具体**行政行为侵犯其合法权益，符合《行政复议法》规定范围的，可申请行政复议。

（1）**可申请**行政复议的事项（11项）。

（2）行政复议的**排除事项**：

①不服行政机关作出的**行政处分**或其他**人事处理**决定；

②不服行政机关对民事纠纷的**调解**或其他处理。

【例17·多选】下列各项中，属于行政复议范围的是（　　）。
A.对某市场监督管理局作出的吊销营业执照决定不服
B.对某公安局作出的行政拘留决定不服
C.对某环保局作出的罚款决定不服
D.对某税务局作出的给予其职工的撤职处分决定不服

【答案】ABC

【解析】行政复议不适用于行政管理机关内部的人事管理关系。

★★考点2.行政复议申请和受理：

（1）**申请时间**：自知道该具体行政行为之日起**60日**内提出申请。

【注意】若法律规定的申请期限超过60日，可以特殊处理。

（2）**申请方式**：书面、口头。

【例18·判断】申请人申请行政复议，可以书面申请，也可以口头申请。（　　）

【答案】√

【解析】申请人申请行政复议，可以书面申请，也可以口头申请。

（3）当事人向人民法院提起行政诉讼，**人民法院已经依法受理**的，**不得**申请复议。

（4）行政复议机关受理行政复议申请，**不得**向申请人**收取任何费用**。

（5）行政复议期间具体行政行为不停止执行。但有下列情形之一的，可停止执行：

①被申请人认为需要停止执行；

②行政复议机关认为需要停止执行；

③申请人申请停止执行，行政复议机关认为其要求合理，决定停止执行；

④法律规定停止执行的。

【例19·判断】行政复议期间被申请人认为具体行政行为需要停止执行的,具体行政行为可以停止执行。( )(2014年)
【答案】√
【解析】本题表述正确。

★★★考点3. 行政复议参加人和行政复议机关:
(1)行政复议参加人:<u>申请人</u>、被申请人、第三人。
【注意】行政复议参加人不包括行政复议机关。
(2)行政复议机关:

行政机关	复议机关("爹")	
①县级以上地方各级人民政府工作部门	a.<u>本级</u>人民政府	两个"爹"
	b.<u>上一级</u>主管部门	
②海关、金融、国税、外汇管理的行政机关和国家安全机关	上一级主管部门	一个"爹"
③地方各级人民政府	上一级人民政府	
④省、自治区人民政府依法设立的派出机关所属的县级地方人民政府	该派出机关	
⑤国务院部门或者省级人民政府	国务院部门或省级人民政府或国务院依照规定作出最终裁决	没"爹"

【例20·判断】甲公司因进口一批货物被海关查封,可向海关所在地的人民政府提出行政复议申请。( )(2015年)
【答案】×
【解析】对海关、金融、国税、外汇管理等实行垂直领导的行政机关和国家安全机关的具体行政行为不服的,向上一级主管部门申请行政复议。

【例21·单选】M县地方税务局对乙企业作出罚款的行政处罚,乙企业对此不服,可以申请行政复议的是( )。(2015年)
A. M县人民法院　　　　　　B. M县人民政府
C. M县国家税务局　　　　　D. M县地方税务局
【答案】B
【解析】对县级以上地方各级人民政府工作部门的具体行政行为不服的,由申请人选择,可以向该部门的本级人民政府申请行政复议,也可以向上一级主管部门申请行政复议。本题中M县地方税务局可以向其上级主管部门或者M县人民政府申请行政复议。

★★考点4. 行政复议决定:
(1)<u>方式</u>:原则上采取<u>书面</u>审查方法。

（2）**举证责任**：由被申请人承担。
（3）**答复时间**：应自受理申请之日起60日内。
【注意】法律规定的行政复议期限少于60日的除外。可延长，但期限最多不得超过30日。
（4）决定**类型**：

决定类型	适用情形
①决定维持	具体行政行为认定事实清楚，证据确凿 适用依据正确，程序合法，内容适当
②决定在一定期限内履行	被申请人不履行法定职责
③决定撤销、变更或者确认违法	a.主要事实不清、证据不足的 b.适用依据错误的 c.违反法定程序的 d.超越或滥用职权的 e.具体行政行为明显不当的

（5）**生效**：复议决定书一经送达即发生法律效力。

【例22·判断】行政复议的举证责任，由申请人承担。（　　）（2013年、2015年）
【答案】×
【解析】行政复议的举证责任，由被申请人承担。

五、行政诉讼

★考点1．适用范围（具体行政行为——12条）：
【注意】法院不受理情形（排除法）：
（1）国防、外交等国家行为。
（2）行政法规、规章或行政机关制定、发布的具有普遍约束力的决定、命令。
（3）行政机关对其工作人员的奖惩、任免决定。
（4）法律规定由行政机关最终裁决的具体行政行为。

【例23·单选】下列纠纷中，不属于人民法院行政诉讼受理范围的是（　　）。
A．对税务机关采取的阻止纳税人出境措施不服引发的纠纷
B．对公安机关作出的行政拘留决定不服引发的纠纷
C．对工商行政管理机关作出的任免决定不服引发的纠纷
D．对环境保护管理部门作出的罚款决定不服引发的纠纷
【答案】C
【解析】行政机关对行政机关工作人员的奖惩、任免等决定，不属于行政诉讼的受理范围。

★★考点2. 地域管辖：

案件	管辖法院
（1）未经复议的行政案件	最初作出行政行为的行政机关所在地
（2）经复议的行政案件	①最初作出行政行为的行政机关所在地 ②复议机关所在地
（3）对限制人身自由的行政强制措施不服提起的诉讼	①被告所在地 ②原告所在地
（4）因不动产提起的行政诉讼	不动产所在地

【例24·多选】下列关于行政诉讼地域管辖的表述中，正确的有（　　）。（2016年）
A. 因不动产提起的行政诉讼案件，由不动产所在地人民法院管辖
B. 经过行政复议的行政诉讼案件，可由行政复议机关所在地人民法院管辖
C. 对限制人身自由的行政强制措施不服提起的行政诉讼案件，由被告所在地或者原告所在地人民法院管辖
D. 对责令停产停业的行政处罚不服直接提起行政诉讼的案件，由作出该行政行为的行政机关所在地人民法院管辖

【答案】ABCD
【解析】以上四个选项均正确。

★考点3. 起诉和受理：

（1）申请人可自收到不予受理决定书（行政复议期满）之日起15日内起诉。
（2）公民、法人或其他组织直接向人民法院提起诉讼的，应自知道或应知道作出行政行为之日起6个月内提出。
（3）因不动产提起诉讼的案件自行政行为作出之日起超过20年、其他案件自行政行为作出之日起超过5年提起诉讼的，人民法院不予受理。

★★考点4. 审理和判决：

（1）审理行政案件，不适用调解。
【注意】行政赔偿、补偿、行政机关行使法律、法规规定的自由裁量权的案件可调解。
（2）一审判决生效时间：判决书送达之日起15日内不上诉。
（3）一审裁定生效时间：裁定书送达之日起10日内不上诉。

【例25·判断】行政赔偿、补偿以及行政机关行使法律、法规规定的自由裁量权的行政诉讼案件可以调解。（　　）(2016年）
【答案】√
【解析】行政赔偿、补偿以及行政机关行使法律、法规规定的自由裁量权的行政诉讼案件可以调解。

【总结】行政复议VS行政诉讼：

事项	行政复议	行政诉讼
如何选择	（1）一般案件：或议或诉 （2）征税行为：必经复议	
申请时间	60日（法律规定超过60日的除外）	15日／6个月
申请形式	书面、口头	书面、口头
生效时间	送达生效	第一审判决书送达之日起15日内不上诉生效

第三节 法律责任

一、法律责任的种类

★★★考点1．种类：

责任类别		具体形式
（1）民事责任		停止侵害、排除妨碍、消除危险、返还财产、恢复原状、修理、重作、更换、继续履行、赔偿损失、支付违约金、消除影响、恢复名誉、赔礼道歉
（2）行政责任	①行政处罚	警告；罚款；没收违法所得、没收非法财物；责令停产停业；暂扣或吊销许可证、暂扣或吊销执照；行政拘留
	②行政处分	警告；记过；记大过；降级；撤职；开除
（3）刑事责任	主刑	①管制（"323"）： 3个月以上2年以下，数罪并罚最高3年
		②拘役（"161"）： 1个月以上6个月以下，数罪并罚最高1年
		③有期徒刑：6个月以上15年以下 a.总和刑期不满35年的，数罪并罚最高20年 b.总和刑期在35年以上的，数罪并罚最高25年
		④无期徒刑
		⑤死刑（包括立即执行和缓期2年执行）
	附加刑	①罚金
		②剥夺政治权利
		③没收财产
		④驱逐出境（适用于外国人）

【记忆口诀】拘役不过一，管制不超三。
【注意】附加刑可与主刑一起适用，也可独立适用。
【易混点】
（1）违约金——民事责任，罚款——行政责任，罚金——刑事责任。

（2）返还财产——民事责任，没收违法所得——行政责任，没收财产——刑事责任。
（3）行政拘留——行政责任，拘役——刑事责任。

【例1·多选】根据民事法律制度的规定，下列各项中，属于民事责任形式的有（　　）。
A. 赔偿损失　　　B. 没收非法财物　　　C. 返还财产　　　D. 罚款
【答案】AC
【解析】选项AC属于民事责任；选项BD属于行政责任。

【例2·单选】下列法律责任形式中，属于行政责任的是（　　）。（2017年）
A. 支付违约金　　　B. 罚金　　　C. 罚款　　　D. 返还财产
【答案】C
【解析】选项AD属于民事责任；选项B属于刑事责任。

第二章 会计法律制度

本章考情分析

本章为2018年考试大纲新增章节，主要介绍会计法律制度相关内容。学习本章，要求掌握会计核算、会计档案管理、会计监督、会计机构、会计岗位设置等内容。考试时各种题型均有可能涉及，考生需重点关注会计法律制度与会计职业道德相结合考核不定项选择题。

题型	单选题	多选题	判断题	不定项选择题	合计
2018年数量	2	2	2	—	6
2018年分值	3	4	2	—	9

第一节 会计法律制度概述

一、会计法律制度的概念

★考点1．概念：由国家权力、行政机关制定，调整会计关系的法律、法规、规章和规范性文件。

二、会计法律制度的适用范围

★考点1．适用范围：国家机关、社会团体、公司、企业、事业单位、其他组织。

★★考点2．国家统一的会计制度：
（1）由国务院财政部门制定并公布。
（2）包括：
①会计核算制度；
②会计监督制度；
③会计机构和会计人员制度；
④会计工作管理制度。

三、会计工作管理体制

★考点1．行政管理：财政部门主管全国的会计工作。
【注意】县级以上地方各级人民政府财政部门管理本行政区域内的会计工作。

★考点2．单位内部管理（单位负责人）：
（1）对会计工作和会计资料的真实性、完整性负责。

（2）应保证会计机构、会计人员依法履行职责。
（3）不得授意、指使、强令会计机构、会计人员违法办理会计事项。

【例1·单选】下列各项中，对本单位会计工作和会计资料的真实性、完整性负责的是（   ）。
A. 总会计师　　　　B. 会计机构负责人　　　C. 主管会计人员　　　D. 单位负责人
【答案】D
【解析】单位负责人对本单位的会计工作和会计资料的真实性、完整性负责。

第二节　会计核算与监督

一、会计核算

★★考点1. 基本要求：
（1）依法建账。
（2）根据实际发生的经济业务进行会计核算。
（3）保证会计资料的真实和完整：
①真实性：会计资料所反映的内容和结果同实际发生相一致；
②完整性：会计资料的各项要素必须齐全；
③伪造：无中生有；
④变造：有中生有。
（4）正确采用会计处理方法。
（5）正确使用会计记录文字：中文。
【注意】民族自治地方：可同时使用当地通用的一种民族文字。
中国境内的外商投资企业、外国企业和其他外国组织：可同时使用一种外国文字。
（6）使用电子计算机进行会计核算必须符合法律规定。

★考点2. 会计年度：公历01.01—12.31。

★考点3. 记账本位币：人民币。

★★★考点4. 企业财务会计报告的对外提供：
（1）签名并盖章：企业负责人、主管会计的负责人、会计机构负责人（会计主管）。
【注意】设置总会计师的，还应由总会计师签名并盖章。
（2）国有、国有控股或占主导地位的企业，至少每年一次向职工代表大会公布。
（3）企业向有关方提供会计报告，编制基础、依据、原则、方法应一致。
（4）会计报告需经注册会计师审计的，应将审计报告、会计报告一并对外提供。
（5）接受会计报告的组织或个人，在企业会计报告未正式对外披露前，应对其保密。

[25]

二、会计档案管理

★★★考点1. 归档：

（1）范围：

①会计凭证：原始凭证、记账凭证。

②会计账簿类：总账、明细账、日记账、固定资产卡片及其他辅助性账簿。

③财务会计报告类：月度、季度、半年度、年度财务会计报告。

④其他会计资料：

a.银行存款余额调节表；

b.银行对账单；

c.纳税申报表；

d.会计档案移交/保管/销毁清册；

e.会计档案鉴定意见书；

f.其他值得保存的会计资料。

【注意】各单位的预算、计划、制度等文件材料属于文书档案，不属于会计档案。

（2）要求：

①满足条件的单位内部电子会计资料，可仅以电子形式保存，形成电子会计档案。

【注意】从外部接收的电子会计资料附有符合《电子签名法》规定的签名，同上。

②单位会计管理机构定期将归档的会计资料整理立卷，编制会计档案保管清册。

③当年形成的会计档案，在会计年度终了后，可由单位会计管理机构临时保管一年（最长不超过三年），再移交单位档案管理机构。

【注意】出纳不得兼管会计档案。

【例1·单选】会计档案可以在会计管理部门放置（　　）之后移交档案部门。

A.一年　　　　B.三年　　　　C.两年　　　　D.五年

【答案】A

【解析】当年形成的会计档案，在会计年度终了后，可暂由会计管理机构保管一年。

★★考点2. 移交和利用：

（1）移交：

①单位会计管理机构办理移交时，应编制会计档案移交清册；

②档案管理机构接收电子会计档案，准确性、完整性、可用性、安全性应符合要求。

（2）利用：

①会计档案查阅、复制、借出时履行登记手续，严禁篡改和损坏；

②一般不得对外借出。因工作需要且根据国家规定必须借出的，应严格按照规定办理。

★★★**考点3. 保管期限：**

保管期限		会计档案	备注
永久		年度财务报告、会计档案保管清册、会计档案销毁清册、会计档案鉴定意见书	【记忆口诀】一报一书两清册
定期	10年	月度、季度、半年度财务报告，银行存款余额调节表、银行对账单、纳税申报表	
	30年	会计凭证、会计账簿、会计档案移交清册	固定资产卡片：固定资产报废清理后保管5年

【例2·多选】企业应永久保存的是（　　）。（2016年）
A. 年度财务报告　　　　　　B. 现金日记账
C. 原始凭证　　　　　　　　D. 会计档案保管清册
【答案】AD
【解析】企业永久保存的档案有年度财务报表、会计档案保管清册、会计档案销毁清册、会计档案鉴定意见书。

【例3·多选】下列会计档案中，最低保管期限为30年的有（　　）。
A. 银行存款余额调节表　　　B. 总账
C. 会计档案保管清册　　　　D. 原始凭证
【答案】BD
【解析】根据会计档案管理有关规定，银行存款余额调节表最低保管期限为10年，会计档案保管清册保管期限为永久。

★★★**考点4. 鉴定和销毁：**

（1）鉴定	①对保管期满的会计档案鉴定，形成鉴定意见书 　a.仍需保存，重新划定保管期限 　b.确无保存价值，可以销毁 ②单位档案管理机构、会计、审计、纪检监察等机构或人员共同审查鉴定
（2）销毁前	①档案机构编制销毁清册 ②单位负责人、档案机构负责人、会计机构负责人、档案和会计机构的经办人在会计档案销毁清册上签意见
（3）监销	①一般档案：档案机构+会计机构 ②电子档案：档案机构+会计机构+信息系统管理机构
（4）销毁后	监销人在会计档案销毁清册上签名或盖章
（5）不得销毁	①保管期满但未结清的债权债务原始凭证 ②涉及其他未了事项的原始凭证

【注意1】纸质会计档案应当单独抽出立卷，电子会计档案单独转存，保管到未了事项完结时为止。

【注意2】单独抽出立卷或转存的会计档案，应当在会计档案鉴定意见书、会计档案销毁清册和会计档案保管清册中列明。

★考点5．特殊情况下的会计档案处置：
（1）<u>单位分立</u>：

情形	会计档案保管	可查阅、复制方
①原单位**存续**	由分立后的存续方统一保管	其他方
②原单位**解散**	经各方协商后由其中一方代管或按照国家档案管理的有关规定处置	各方

【注意1】单位分立中未结清的会计事项所涉及的会计凭证，应当单独抽出由业务相关方保存，并按规定办理交接手续。
【注意2】单位因业务移交其他单位办理所涉及的会计档案，应当由原单位保管，承接业务单位可查阅、复制与其业务相关的会计档案。对其中未结清的会计事项所涉及的会计凭证，应当单独抽出由承接业务单位保存，并按照规定办理交接手续。
（2）<u>单位合并</u>：
①原各单位解散或一方存续其他方解散：由<u>合并后的单位</u>统一保管；
②原各单位仍<u>存续</u>：仍应由<u>原各单位</u>保管。
（3）<u>建设单位项目</u>：建设期间形成的会计档案，应在**办理竣工财务决算后**及时移交接受单位，办理交接手续。
（4）<u>单位之间</u>：
①交接双方应办理交接手续，交接双方的<u>单位有关负责人</u>负责监交；
②交接完毕后，交接双方经办人和监督人应在会计档案<u>移交清册</u>上签名或盖章。
【注意1】电子会计档案应与其元数据一并移交。
【注意2】特殊格式的电子会计档案应与其读取平台一并移交。

三、会计监督

★★★考点1．单位内部会计监督的主体和对象：
（1）主体：<u>会计机构</u>、<u>会计人员</u>。
（2）对象：经济活动（<u>合法、合理、有效</u>）。

★★★考点2．单位内部会计监督的要求：
（1）会计机构、会计人员对<u>违反法律规定</u>的会计事项，有权拒绝办理或予以纠正。
（2）会计账簿记录与实物、款项及有关<u>资料不相符</u>的：
①<u>有权处理的</u>：及时处理；
②<u>无权处理的</u>：立即上报单位负责人处理。

★★★**考点3．内部控制的原则：**

内部控制	单位	小企业
原则	全面性	风险导向
	重要性	实质重于形式
	制衡性	—
	适应性	适应性
	成本效益	成本效益

【例4·单选】下列各项中，属于企业内部控制应当遵循的原则是（　　）。（2016年）
A.独立性　　　　B.制衡性　　　　C.准确性　　　　D.谨慎性
【答案】B
【解析】内部控制原则包括：全面性原则、重要性原则、制衡性原则、适应性原则、成本效益原则。

★★**考点4．内部控制方法：**

类别＼方法	不相容职务分离控制	授权审批控制	会计系统控制	财产保护控制	预算控制	运营分析控制	绩效考评控制	归口管理	单据控制	信息内部公开
企业类	√	√	√	√	√	√	√	×	×	×
行政事业单位类	√	√	√	√	√	×	×	√	√	√

【例5·多选】下列各项中，属于行政事业单位内部控制方法的有（　　）。
A.不相容职务相互分离　　　　　B.会计控制
C.内部授权审批控制　　　　　　D.预算控制
【解析】ABCD
【解析】根据《行政事业单位内部控制规范（试行）》的规定，单位内部控制的控制方法一般包括：不相容岗位相互分离、内部授权审批控制、归口管理、预算控制、财产保护控制、会计控制、单据控制、信息内部公开。

★★**考点5．会计工作的政府监督：**
（1）**主体**：财政部门、审计、税务、人民银行、证券监管、保险监管。
（2）**对象**：会计行为。
【注意】财政部门指国务院财政部门、省级以上人民政府财政部门派出机构和县级以上人民政府财政部门。财政部门按照行政区域对会计事项实施监督。

★★★**考点6．财政部门会计监督的主要内容：**

（1）各单位是否依法设置**会计账簿**。
（2）**会计资料**是否**真实、完整**。
（3）**会计核算**是否符合法律规定。
（4）会计工作的人员是否**具备专业能力、遵守职业道德**等。

★★**考点7. 会计工作的社会监督：**
（1）由**注册会计师及其会计师事务所**依法进行审计，出具审计报告，发表审计意见。
（2）任何单位和个人对违反《会计法》和国家统一的会计制度规定的行为，**有权检举**。

★★**考点8. 审计报告：**
（1）**概念**：指注册会计师对被审计单位财务报表**发表审计意见**的**书面文件**。
（2）**要素**：标题、收件人、引言段、管理层对财务报表的责任段、注册会计师的责任段、审计意见段、注册会计师的**签名和盖章**等。

【例6·多选】审计报告的要素包括（　　）。
A. 引言段　　　　　　　　B. 审计意见段
C. 报告日期　　　　　　　D. 发件人
【答案】ABC
【解析】审计报告的要素包括标题、收件人、引言段、管理层对财务报表的责任段、注册会计师的责任段、审计意见段、注册会计师的签名和盖章等。

★★**考点9. 审计报告的种类：**

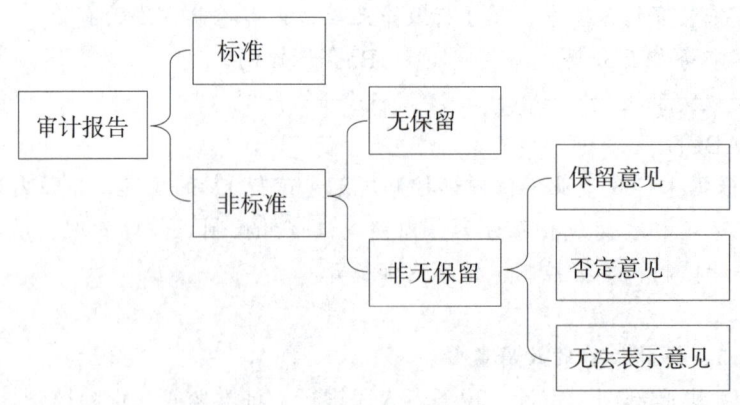

【例7·判断】保留意见的审计报告属于标准审计报告。（　　）
【答案】×
【解析】标准审计报告，是指不含有说明段、强调事项段、其他事项段或其他任何修饰性用语的无保留意见的审计报告。非标准审计报告，是指带强调事项段或其他事项段的无保留意见的审计报告和非无保留意见的审计报告。非无保留意见，包括保留意见、否定意见和无法表示意见。

第三节 会计机构和会计人员

一、会计机构
★考点1．设置：根据需要设置会计机构，或在有关机构中设会计人员并指定会计主管人员。
【注意】不具备设置条件的，应当委托经批准的中介机构代理记账。

二、代理记账
★考点1．审批：应经县级以上人民政府财政部门批准，领取代理记账许可证书。
【注意】会计师事务所及其分所可以依法从事代理记账业务。

★★考点2．业务范围：
（1）根据委托人提供的原始凭证和其他资料，按会计制度的规定进行会计核算。
（2）对外提供财务会计报告。
（3）向税务机关提供税务资料。
（4）委托人委托的其他会计业务。

★★考点3．委托人、代理记账机构及其从业人员各自的义务：

委托人的义务	代理记账机构及其从业人员的义务
（1）对本单位的经济业务，应填制或取得符合规定的原始凭证	（1）按委托合同办理代理记账业务
（2）应配备专人负责日常货币收支和保管	（2）对在执行业务中知悉的商业秘密保密
（3）及时提供真实、完整的原始凭证和其他相关资料	（3）对委托人要求其不当的、不实的、违法的，予以拒绝
（4）对于退回的，应及时予以更正、补充	（4）对会计处理相关问题予以解释

【注意】代理记账机构为委托人编制的财务会计报告，经代理记账机构负责人和委托人负责人签名并盖章后，按有关法律、法规和国家统一的会计制度的规定对外提供。

【例1·单选】下列各项中，不属于代理记账形式下委托人应履行的义务的是（　　）。
A．对本单位发生的经济业务事项，应当填制或者取得符合国家统一的会计准则制度规定的原始凭证
B．应当配备专人负责日常货币收支和保管
C．向税务机关提供税务资料
D．对于代理记账机构退回的，要求按照国家统一的会计准则制度的规定进行更正、补充的原始凭证，应当及时予以更正、补充
【答案】C
【解析】委托人应当履行以下义务：对本单位发生的经济业务事项，应当填制或取

得符合国家统一的会计准则制度规定的原始凭证；应当配备专人负责日常货币收支和保管；及时向代理记账机构提供真实、完整的原始凭证和其他相关资料；对于代理记账机构退回的，要求按照国家统一的会计准则制度的规定进行更正、补充的原始凭证，应当及时予以更正、补充。

三、会计岗位的设置

★★★考点1. 要求：

（1）可<u>一人一岗</u>、<u>一人多岗</u>或<u>一岗多人</u>。

（2）出纳不得兼任<u>稽核</u>、<u>会计档案保管</u>、<u>收入</u>、<u>支出</u>、<u>费用</u>、<u>债权债务账目</u>的登记。

【注意】档案管理部门的人员管理会计档案，<u>不属于会计岗位</u>。

（3）担任单位<u>会计机构负责人</u>（会计主管人员），应具备**会计师**以上专业技术职务资格或从事会计工作**3**年以上。

（4）以下<u>违法行为</u>将被依法追究刑事责任，不得再从事会计工作：

①提供虚假财务会计报告；

②做假账；

③隐匿或故意销毁会计凭证、会计账簿、财务会计报告；

④贪污，挪用公款；

⑤职务侵占。

【例2·单选】单位会计机构负责人应当具备会计师以上专业技术职务资格或者从事会计工作（　　）年以上。

A. 1　　　　B. 2　　　　C. 3　　　　D. 5

【答案】C

【解析】单位会计机构负责人，应具备会计师以上专业技术职务资格或从事会计工作3年以上。

★★考点2. 会计人员回避制度：

（1）<u>国家机关</u>、国有企业、事业单位任用会计人员应实行回避制度。

（2）单位领导人的<u>直系亲属</u>不得担任本单位的**会计机构负责人**、**会计主管人员**。

（3）会计机构负责人、会计主管人员的<u>直系亲属</u>不得在本单位会计机构中担任**出纳**。

【注意】直系亲属为：夫妻关系、直系血亲关系、三代以内旁系血亲以及配偶亲关系。

★★★考点3. 会计工作交接：会计人员调动工作、离职或因病不能工作。

（1）<u>一般会计人员</u>办理交接手续，会计机构负责人（会计主管人员）监交。

（2）<u>会计机构负责人（会计主管）</u>办理交接手续，单位负责人负责监交。

【注意】必要时主管单位可派人会同监交。

（3）交接完毕后，交接双方和监交人要在<u>移交清册</u>上签名**或**盖章。

（4）移交清册应填制<u>一式三份</u>，交接双方各执一份，存档一份。

【注意1】接替人员应当继续使用移交的会计账簿，不得另立新账，以保持连续性。

【注意2】移交人员对所移交的会计凭证、会计账簿、会计报表和其他有关资料的合法性、真实性承担法律责任。

【例3·判断】会计工作交接后,接替人员不得使用移交前的账簿,应该另立新账簿。( )
【答案】×
【解析】根据规定,接替人员应当继续使用移交前的账簿,不得擅自另立账簿,以保证会计记录的连续性。

【例4·单选】一般会计人员办理会计工作交接时,负责监交的人员应当是( )。
A. 其他会计人员　　　　　　B. 会计机构负责人、会计主管人员
C. 单位负责人　　　　　　　D. 主管单位有关人员
【答案】B
【解析】本题考核会计工作交接时负责监交的人员。一般会计人员办理会计工作交接手续时,由会计机构负责人(会计主管人员)负责监交。

★考点4. 会计专业职务与会计专业技术资格:
(1)会计专业**职务**:高级会计师、会计师、助理会计师、会计员。
【注意1】高级会计师为高级职务,会计师为中级职务,助理会计师和会计员为初级职务。
【注意2】高级职称分为正高级和副高级,初级职称分为助理级和员级,可根据需要仅设置助理级。
(2)会计专业**技术资格**:初级、中级、高级。

【例5·多选】会计专业职务包括( )。
A. 高级会计师　　B. 会计师　　C. 助理会计师　　D. 会计员
【答案】ABCD
【解析】会计专业职务有以上四项。

★考点5. 会计专业技术人员继续教育:
(1)**对象**:具有会计专业技术资格的人员,或不具有会计专业技术资格但从事会计工作的人员。
(2)**内容**包括:
①**公需科目**:法律法规、理论政策、职业道德、技术信息等基本知识;
②**专业科目**:财务会计、管理会计、财务管理、内部控制与风险管理、会计信息化、会计职业道德、财税金融、会计法律法规等相关专业知识。
(3)**学分**:每年累计不少于90学分,其中,专业科目一般不少于**总学分的**2/3。
【注意】取得会计专业技术资格的次年或从事会计工作的次年开始参加继续教育。

★★考点6．总会计师（行政领导）：
<u>国有和国有资产占控股</u>地位或主导地位的大、中型企业必须**设置总会计师**。
【注意】总会计师组织领导本单位的财务管理、成本管理、预算管理、会计核算和会计监督等方面的工作，参与本单位重要经济问题的分析和决策。

第四节 会计职业道德

一、会计职业道德的概念
★考点1．概念：指在会计职业活动中应当遵循的、体现会计职业特征、<u>调整会计职业关系的职业行为准则和规范</u>。

★★考点2．会计法律与会计职业道德的联系与区别：

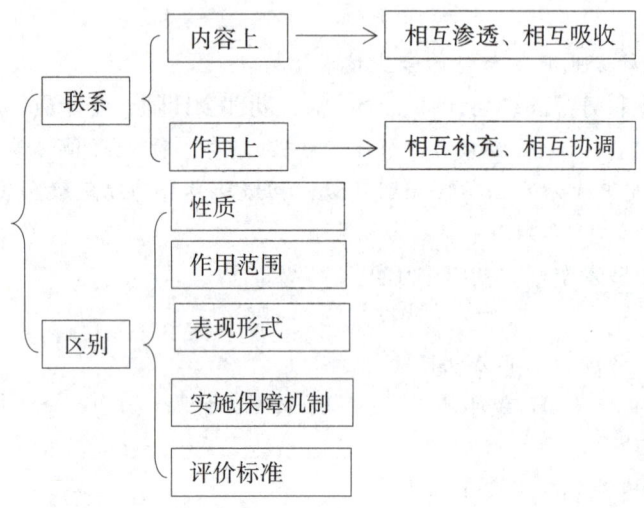

【例1·单选】会计职业道德与会计法律制度的主要区别不包括（　　）。
A．实施保障机制不同　　　　B．性质不同
C．表现形式不同　　　　　　D．目标不同
【答案】D
【解析】会计法律与会计职业道德的区别：性质不同、作用范围不同、表现形式不同、实施保障机制不同、评价标准不同。

二、会计职业道德的主要内容
★★★考点1．主要内容和基本要求：

主要内容	基本要求
（1）爱岗敬业	①正确认识会计职业、树立职业荣誉感 ②热爱会计工作、敬重会计职业 ③安心工作、任劳任怨 ④严肃认真、一丝不苟 ⑤忠于职守、尽职尽责
（2）诚实守信	①做老实人、说老实话、办老实事、不搞虚假 ②保密守信，不为利益所诱惑 ③职业谨慎、信誉至上
（3）廉洁自律	①树立正确的人生观和价值观 ②公私分明、不贪不占 ③遵纪守法、一身正气
（4）客观公正	①依法办事 ②实事求是，不偏不倚 ③如实反映，保持独立性
（5）坚持准则	①熟悉准则 ②遵循准则 ③敢于同违法行为作斗争
（6）提高技能	①有不断提高会计专业技能的意识和愿望 ②有勤学苦练的精神和科学的学习方法
（7）参与管理	①努力钻研业务 ②熟悉经营活动和业务流程 ③提出合理化建议，积极参与管理
（8）强化服务	①树立服务意识 ②提高服务质量

【例2·多选】以下符合会计职业道德"爱岗敬业"基本要求的有（　　）。
A.忠于职守，尽职尽责　　　　　　B.实事求是，如实反映
C.严肃认真，一丝不苟　　　　　　D.热爱会计工作，敬重会计职业
【答案】ACD
【解析】选项B是客观公正的基本要求。

【例3·多选】下列各项中，属于会计职业道德内容规范的有（　　）。
A.爱岗敬业　　B.参与管理　　C.提高技能　　D.廉洁自律
【答案】ABCD
【解析】会计职业道德主要包括爱岗敬业、诚实守信、廉洁自律、客观公正、坚持准则、提高技能、参与管理、强化服务八个方面内容。

第五节　违反会计法律制度的法律责任

一、违反国家统一的会计制度行为的法律责任

★考点1. 违反国家统一的会计制度行为：

（1）会计账簿：
①不依法设置；
②私设；
③不按要求登记或登记不符合规定。
（2）随意变更会计处理方法。
（3）向不同的使用者提供编制依据不同的财务会计报告。
（4）未按照规定：
①填制、取得原始凭证（填制、取得的原始凭证不符合规定）；
②使用会计记录文字或记账本位币；
③保管会计资料，致使会计资料毁损、灭失；
④建立并实施内部会计监督制度或不如实提供有关会计资料及有关情况；
（5）任用会计人员不符合《会计法》规定。

★★★考点2. 法律责任：

违法行为	不依法设置会计账簿等（共10条）	伪造、变造、编制报告隐匿、故意销毁应依法保存的会计资料	隐匿、故意销毁会计档案	授意、强令、指使机构、人员从事违法行为的	单位负责人打击报复的
单位	3 000—5万元	5 000—10万元	5 000—10万元	—	—
个人（主管负责人、直接责任人）	2 000—2万元	3 000—5万元	3 000—5万元	5 000—5万元	3年以下有期或拘役

【例1·单选】伪造、变造会计凭证、会计账簿，编制虚假财务会计报告但尚不构成犯罪的，对单位应处的罚款是（　　）。
A. 三千元以上五万元以下　　B. 三千元以上十万元以下
C. 五千元以上十万元以下　　D. 五千元以上五万元以下
【答案】C
【解析】本题考核违反会计法的法律责任。伪造、变造会计凭证、会计账簿，编制虚假财务会计报告但尚不构成犯罪的，对单位可处罚款5 000元到10万元，对个人可处罚款3 000元到5万元。

检测1-1

第三章 支付结算法律制度

本章考情分析

本章属于重要章节，各种题型均可涉及，考核分值在14分左右。本章考点繁多，大多数考点需考生准确理解，对于时间性规定需要加强记忆。考生需特别关注银行结算账户管理和票据法律制度考核的不定项选择题。

年份 题型	2014年		2015年		2016年		2017年		2018年	
	题量	分值	题量	分值	题量	分值	题量	分值	题量	分值
单选题	3	4.5	3	4.5	1	1.5	4	6	1	1.5
多选题	2	4	2	4	—	—	2	4	1	2
判断题	1	1	1	1	1	1	1	1	2	2
不定项选择题	4	8	—	—	4	8	3	6	4	8
合计	10	17.5	6	9.5	6	10.5	10	17	8	13.5

第一节 支付结算概述

一、支付结算的基本要求

★★★**考点1．填写要求：**

事项	要求
收款人名称	应当记载全称或者规范化简称
出票日期	（1）必须使用中文大写 （2）填写月、日时，月为"壹"、"贰"和"壹拾"的，日为"壹"至"玖"和"壹拾"、"贰拾"和"叁拾"的，应当在其前加"零"；日为"拾壹"至"拾玖"的，应当在其前加"壹"
金额	大小写同时记载，必须一致；否则，票据无效、结算凭证银行不予受理

★★★**考点2．更改要求：**
（1）出票金额、出票日期、收款人名称更改的，票据无效、结算凭证银行不予受理。
（2）对票据、结算凭证上的其他记载事项，更改时应由原记载人在更改处签章证明。

★★**考点3．签章要求：**
（1）单位、银行：盖章加其法定代表人或其授权的代理人的签名或盖章。
（2）个人：本人的签名或盖章。

★★考点4．区分伪造、变造：
（1）伪造：无权限人假冒他人或虚构他人名义签章的行为。
（2）变造：无权更改票据内容的人，对票据上签章以外的记载事项加以改变的行为。

【例1·多选】根据支付结算法律制度的规定，下列各项中，属于变造票据的行为有（　　）。
A．涂改出票金额
B．假冒他人在票据上签章
C．原记载人更改付款人名称并在更改处签章证明
D．剪接票据，非法改变票据记载事项
【答案】AD
【解析】选项B属于票据的伪造；选项C属于票据的更改。

【例2·多选】根据支付结算法律制度的规定，关于填写票据的表述正确的有（　　）。（2015年）
A．收款人名称不得记载规范化简称
B．出票日期须使用中文大写
C．金额应以中文大写和阿拉伯数码同时记载，且二者须一致
D．收款人名称填写错误的应由原记载人更正，并在更正处签章证明
【答案】BC
【解析】收款人名称应当记载全称或者规范化简称，选项A错误；收款人名称不得更改，更改的票据无效，选项D错误。

第二节　银行结算账户

一、银行结算账户的开立、变更和撤销
★考点1．开立：

账户类别	具体类型
核准类账户 （2个工作日）	①基本存款账户 ②临时存款账户（因注册验资和增资验资开立的除外） ③预算单位专用存款账户 ④QFII专用存款账户
备案类账户 （5个工作日）	①一般存款账户 ②个人银行结算账户 ③其他专用存款账户

【注意】存款人开立单位银行结算账户，自正式开立之日起3个工作日后，方可办理付款业务；注册验资的临时存款账户转为基本存款账户、因借款转存开立的一般存款账

户除外。

【记忆口诀】2核5备3生效。

★★★考点2．变更：

（1）更改账户名称但不改变开户银行及账号，于5个工作日内向开户行提出变更申请。

（2）单位法定代表人/主要负责人、住址以及其他开户资料发生变更的，应于5个工作日内书面通知开户银行并提供有关证明。

【例1·单选】根据支付结算法律制度的规定，存款人更改名称，但不改变开户银行及账号的，应于一定期限向其开户银行提出银行结算账户的变更申请，该期限是（　　）。（2015年）

A. 3个工作日内　　B. 5个工作日内　　C. 10个工作日内　　D. 30个工作日内

【答案】B

【解析】更改账户名称但不改变开户银行及账号，于5个工作日内向开户行提出变更申请。

★★考点3．撤销：

（1）应撤销的情形：
①被撤并、解散、宣告破产/关闭；
②注销、被吊销营业执照；
③迁址；
④其他原因。

（2）不得撤销：未清偿其开户行债务。

（3）撤销时：须与开户行核对账户余额，交回重要空白票据、结算凭证和开户许可证。

（4）拥有多个账户：先撤销一般户、专用户、临时户，再将账户资金转入基本户。

（5）撤销核准类银行账户时，应交回开户许可证。

【注意1】自2018年6月11日起，江苏省泰州市和浙江省台州市试点取消企业银行账户开户许可证核发，实行备案制。（2019年新增）

【注意2】试点地区注册的企业在试点地区银行开立的基本存款账户，自开立之日即可办理收付款业务，银行为企业开立基本存款账户实行面签制度，由两名（含）以上工作人员共同亲见企业法定代表人或者单位负责人在开户申请书和银行结算账户管理协议上签名确认。（2019年新增）

【例2·判断】撤销银行结算账户时，应先撤销基本存款账户，然后再撤销一般存款账户、专用存款账户和临时存款账户。（　　）（2015年）

【答案】×

【解析】拥有多个账户的，应先撤销一般户、专用户、临时户，再将账户资金转入

[39]

基本户。

【例3·多选】下列情形中,存款人应向开户银行提出撤销银行结算账户申请的有(   )。
A. 存款人被宣告破产的
B. 存款人因迁址需要变更开户银行的
C. 存款人被吊销营业执照的
D. 存款人被撤并的
【答案】ABCD
【解析】以上选项均正确。

【总结】3个工作日 VS 5个工作日:

3个工作日	开立单位账户,自正式开立之日起3个工作日后,方可使用该账户办理付款业务
5个工作日	备案类账户(一般户、个人户、其他专用户),开户行应于开户之日起5个工作日内向中国人民银行当地分支行备案
	存款人变更名称,但不改变开户行及账号的,应于5个工作日内向开户行提出变更申请,并出具有关部门的证明文件
	单位的法定代表人/主要负责人、住址及其他开户资料发生变更时,存款人应于5个工作日内书面通知开户行并提供有关证明
	被撤并、解散、宣告破产/关闭、注销、被吊销营业执照的,存款人应于5个工作日内向开户行提出撤销申请

二、各类银行结算账户的开立和使用

★★★考点1. 基本存款账户:
(1)存款人的主办账户,一个单位只能开立一个。
(2)用于日常经营活动的资金收付以及工资、奖金和现金的支取。
(3)存款人(12项):除个人以外。
【注意1】团级以上军队、武警部队及分散执勤的支(分)队。
【注意2】外地常设机构。
【注意3】单位附属独立核算的机构。
(4)开户证明文件(以一般生产经营单位为例):
①营业执照正本;
②法定代表人身份证件;
③法定代表人授权书、代办人员身份证件(如果委托办理)。

【例4·单选】根据支付结算法律制度规定,关于基本存款账户的下列表述中,错误的是(   )。
A. 基本存款账户可以办理现金支取业务

B. 一个单位只能开立一个基本存款账户
C. 单位设立的独立核算的附属机构不得开立基本存款账户
D. 基本存款账户是存款人的主办账户
【答案】C
【解析】单位设立的独立核算的附属机构,包括食堂、招待所、幼儿园,可以申请开立基本存款账户。

【例5·多选】根据支付结算法律制度的规定,下列可以申请开立基本存款账户的有(   )。
A. 居民委员会   B. 幼儿园   C. 个体工商户   D. 个人独资企业
【答案】ABCD
【解析】以上选项均正确。

★★考点2. 一般存款账户:
(1) 办理借款转存、借款归还和其他结算的<u>资金收付</u>。
(2) <u>可以</u>现金<u>缴存</u>,但<u>不得</u>现金<u>支取</u>。
(3) <u>没有</u>数量<u>限制</u>,但须在基本户开户行<u>以外</u>开立。
(4) 开户证明文件:
①基本户<u>开户许可证</u>;
②开立基本户规定的<u>证明文件</u>;
③<u>其他</u>:借款合同/有关证明。

【例6·单选】下列关于一般存款账户的表述中,正确的是(   )。
A. 须经中国人民银行核准
B. 可以支取现金
C. 可以办理借款转存和借款归还
D. 可以在基本存款账户的同一银行机构办理开户
【答案】C
【解析】选项A:无须中国人民银行核准;选项B:可以现金缴存,但不得支取现金;选项D:须在基本户开户行以外开立。

★考点3. 专用存款账户:13个。

专用存款账户	使用要求
(1) 单位银行卡资金	由基本户转账存入,不得现金收付
(2) 证券结算资金、期货保证金、信托基金	不得支取现金
(3) 收入汇缴	除向其基本户或者预算外资金财政专用户划缴款项外,只收不付
(4) 业务支出	除从其基本户拨入款项外,只付不收

【注意】考生只需记住不能存取现金账户，其他账户均可以存取现金。

【例7·单选】根据支付结算法律制度的规定，下列各项中，属于存款人对其特定用途资金进行专项管理和使用而开立的银行结算账户的是（　　）。（2014年）
A．一般存款账户　　　　　　B．专用存款账户
C．基本存款账户　　　　　　D．临时存款账户
【答案】B
【解析】专用存款账户是指对特定用途资金进行专项管理和使用而开立的银行结算账户。

★★考点4．预算单位零余额账户：
（1）预算单位向<u>财政部门</u>提出设立申请，财政部门审核同意后通知代理银行。
（2）可办理转账、提现等业务，可向本单位按规定保留的账户划拨工会经费、住房公积金及提租补贴，<u>不得</u>向本单位其他账户和上级主管单位、所属下级单位账户划拨资金。
【记忆口诀】只能自己用，不能外借。
（3）一个基层预算单位开设<u>一个</u>。

【例8·单选】根据规定，下列关于预算单位零余额账户使用的表述中，正确的是（　　）。
A．不得支取现金
B．可以向所属下级单位账户划拨资金
C．可以向上级主管单位账户划拨资金
D．可以向本单位按账户管理规定保留的相应账户划拨工会经费
【答案】D
【解析】预算单位零余额账户可办理转账、提现等业务。不得向本单位其他账户和上级主管单位、所属下级单位账户划拨资金。

★★★考点5．临时存款账户：
（1）适用<u>范围</u>：
①设立临时机构；
②异地临时经营活动；
③注册验资、增资；
④军队、武警承担基本建设或异地执行作战、演习、应对突发事件等临时任务。
（2）<u>开立时</u>须出具基本户开户许可证。
【注意】设临时机构、境外机构在境内从事临时经营、军队、武警临时任务、注册验资除外。
（3）<u>有效期</u>最长不得超过2年。
（4）可支取现金，但<u>验资户</u>在验资期间<u>只收不付</u>。

【例9·单选】M公司异地临时机构因需要在P银行开立了临时存款账户。根据支付结算法律制度的规定，该账户有效期最长不得超过（　　）。（2014年、2015年）
A. 5年　　　　　B. 1年　　　　　C. 2年　　　　　D. 6个月
【答案】C
【解析】临时存款账户有效期最长不得超过2年。

【例10·单选】企业临时到外地进行摄影3个月，可以开设的账户为（　　）。
A. 专用存款账户　B. 基本存款账户　C. 一般存款账户　D. 临时存款账户
【答案】D
【解析】设立临时机构，例如工程指挥部、筹备领导小组、摄制组等，因临时需要并在规定期限内使用，可以申请开立临时存款账户。

★★考点6. 个人银行结算账户：

（1）**种类**：

种类		Ⅰ类户	Ⅱ类户	Ⅲ类户
功能		①存款 ②购买金融产品 ③转账 ④消费、缴费 ⑤提现	①存款 ②购买金融产品 ③限额消费和缴费 ④限额向非绑定账户转出资金 ⑤非绑定账户转入资金 ⑥提现	①限额消费、缴费 ②限额向非绑定账户转出资金 ③非绑定账户资金转入资金
限额		—	①非绑定账户转入资金、存入现金：日累计限额1万元、年累计限额20万元 ②消费和缴费、向非绑定账户转出资金、取出现金：日累计限额1万元、年累计限额20万元	账户余额≤2 000元 （2019年修改）
开户方式	柜面	√	√	√
	自助	现场核验开户申请人身份信息，可开Ⅰ类户	未现场核验开户申请人身份信息的，银行可为其开立Ⅱ类户和Ⅲ类户	
	电子渠道	×	√	√

（2）单位户**支付给个人户的**款项，每笔超过**5万元**（不包含5万元）的，应向其开户行提供相关的付款依据。

【例11·单选】根据相关规定，关于个人银行结算账户管理的下列表述中，不正确的是（　　）。
A. 银行可以通过Ⅱ类银行账户为存款人提供无限额的非绑定账户转入资金服务
B. 银行可以通过Ⅲ类银行账户为存款人提供限定金额的消费和缴费支付服务
C. 银行可以通过Ⅰ类银行账户为存款人提供购买投资理财产品服务
D. 银行可以通过Ⅱ类银行账户为存款人提供购买投资理财产品服务

【答案】A

【解析】银行通过Ⅱ类户为存款人提供日累计额1万元、年累计额20万元的非绑定账户转入资金服务。

【总结】银行结算账户的开立与使用：

账户		使用范围	存现	取现	其他说明
（1）基本存款账户		资金收付及其工资、奖金和现金的支取	√	√	一个单位只能开立一个
（2）一般存款账户		借款转存、借款归还和其他结算	√	×	—
（3）专用存款账户	①单位银行卡账户	基本建设资金等需要专项管理和使用的资金	×	×	
	②证券交易结算资金		√	×	
	③期货交易保证金		√	×	
	④信托基金		√	×	
	⑤收入汇缴		√	×	
	⑥业务支出		×	√	
（4）预算单位零余额账户		用于财政授权支付，可办理转账、提取现金等业务	×	√	一个基层预算单位开设一个
（5）临时存款账户	验资	设立临时机构、异地临时经营活动	√	×	有效期最长不得超过2年
	其他		√	√	
（6）个人银行结算账户（Ⅰ、Ⅱ类）		办理个人转账和现金存取	√	√	—
（7）个人银行结算账户（Ⅲ类）			×	×	

第三节 票据

一、票据的当事人

★考点1. 当事人：

（1）基本当事人：出票人、收款人、付款人。

（2）非基本当事人：承兑人、背书人与被背书人、保证人。

二、票据权利

考点1. 概念：是指持票人向票据债务人请求支付金额的权利，包括付款请求权和追索权。

（1）行使付款请求权的当事人：票据记载的收款人、最后被背书人。

（2）行使追索权的当事人：票据记载的收款人、最后被背书人、保证人、背书人。

★ 考点2．取得方式：
（1）依法接受<u>出票人签发</u>的票据。
（2）依法接受<u>背书转让</u>的票据。
（3）因税收、继承、赠与可以依法<u>无偿取得</u>的票据。
【注意1】因"欺诈、偷盗、胁迫、恶意或重大过失"而取得票据的，不享有票据权利。
【注意2】因税收、继承、赠与可以依法无偿取得票据的，不受给付对价之限制，但所享有的票据权利不得优于前手。

【例1·单选】张某因采购货物签发一张票据给王某，胡某从王某处窃取该票据，陈某明知胡某系窃取所得但仍受让该票据，并将其赠与不知情的黄某，下列取得票据的当事人中，享有票据权利的是（   ）。（2016年）
A．王某　　　　B．胡某　　　　C．陈某　　　　D．黄某
【答案】A
【解析】王某依法从张某处取得票据，因此享有票据权利的是王某。

★★★ 考点3．票据权利丧失补救：
补救形式：挂失止付、公示催告、普通诉讼。
（1）<u>挂失止付</u>（暂时性的预防措施）：
①已承兑的<u>商业汇票</u>。
②<u>支票</u>。
③填明现金字样和代理付款人的<u>银行汇票</u>。
④填明现金字样的<u>银行本票</u>。
（2）<u>公示催告</u>：
①主体必须是可以背书转让的票据的<u>最后持票人</u>。
②向票据<u>支付地人民法院</u>申请公示催告。
③公示催告期间：
a．<u>国内</u>：自公告发布之日起<u>60</u>日；
b．<u>涉外</u>：可适当延长，但最长不得超过<u>90</u>日。

【例2·多选】根据支付结算法律制度的规定，下列票据丧失时，不能挂失止付的有（   ）。
A．已承兑的商业汇票
B．支票
C．未填明"现金"字样的银行汇票
D．未填明"现金"字样的银行本票
【答案】CD
【解析】未填明现金字样的银行汇票和银行本票不得挂失止付。

【例3·单选】根据规定，下列各项中，可以受理失票人公示催告申请的人民法院是（　　）。
A. 票据收款地法院　　　　　　B. 票据支付地法院
C. 失票人所在地法院　　　　　D. 出票人所在地法院
【答案】B
【解析】失票人应当在通知挂失止付后的3日内，也可以在票据丧失后，依法向票据支付地人民法院申请公示催告。

★考点4. 票据权利时效：是指票据权利在<u>时效期间</u>内不行使，即丧失票据权利。

种类	权利时效
商业汇票（远期）	到期日起2年
银行汇票、本票、商业汇票（即付）	出票日起2年
支票（即付）	出票日起6个月
追索权	被拒绝承兑或被拒绝付款日起6个月
再追索权	清偿日或被提起诉讼日起3个月

【例4·单选】下列说法中，正确的是（　　）。
A. 票据权利时效期间是指提示付款期间
B. 持票人对支票出票人的权利，自出票日起3个月
C. 持票人对前手的再追索权，自清偿日或者被提起诉讼之日起3个月
D. 持票人对前手的追索权，自被拒绝承兑或者被拒绝付款之日起3个月
【答案】C
【解析】票据权利时效期间和提示付款期间是两个概念，应仔细辨别，故选项A错误；选项B和选项D分别应为6个月。

三、票据行为

考点1. 概念：
（1）指以在票据上<u>签名或盖章</u>为权利义务成立要件的<u>法律行为</u>。
（2）包括<u>出票</u>、<u>背书</u>、<u>承兑</u>、<u>保证</u>。

★**考点2. 出票：**

记载事项	效力
必须记载事项	未记载票据无效
相对记载事项	未记载按法律规定执行
任意记载事项	不记载不产生法律效力，记载产生法律效力
记载不产生票据法上的效力的事项	不产生票据效力

★★★考点3．背书：
（1）<u>背书种类及效力</u>：

种类		效力
转让背书		转让票据权利
非转让背书	委托收款背书	被背书人不得再以背书转让票据权利
	质押背书	被背书人依法实现其质权时，可以行使票据权利

（2）<u>背书记载事项及效力</u>：

记载事项	内容	效力
必须记载事项	<u>背书人签章</u>	未记载或记载不符合规定的，背书无效
相对记载事项	<u>背书日期</u>	未记载的，视为到期日前背书
授权记载事项	被背书人<u>名称</u>	未记载被背书人名称，持票人在被背书人栏记载自己的名称与背书人记载具有"同等法律效力"

（3）<u>粘单的使用</u>：粘单上的**第一记载人**，应当在票据和粘单的粘接处签章。

【例5·单选】根据规定，下列票据当事人中，应在票据和粘单的粘接处签章的是（　　）。
A．粘单上第一手背书的背书人　　B．票据上最后一手背书的背书人
C．票据上第一手背书的背书人　　D．粘单上第一手背书的被背书人
【答案】A
【解析】粘单上的第一记载人，应当在票据和粘单的粘接处签章。

（4）<u>背书连续</u>：
①<u>以背书转让的票据，背书应当连续</u>；
②<u>非经背书转让</u>，而以其他合法方式取得票据的，依法举证，证明其票据权利。
（5）<u>禁止背书</u>：
①<u>条件背书——条件无效</u>：
背书不得附有条件，背书附有条件的，所附条件不具票据上的效力。
②<u>部分背书——背书无效</u>：
部分背书是指将票据金额的一部分转让或者将票据金额分别转让给两人以上的背书。
③<u>限制背书</u>：
a．''出票人''记载"<u>不得转让</u>"字样，票据不得背书转让；
b．背书人在汇票上记载"不得转让"字样，其后手再背书转让的，<u>原背书人</u>对后手的被背书人<u>不承担保证责任</u>，其只对直接的被背书人承担责任。

④期后背书：

"被拒绝承兑、被拒绝付款或超过付款提示期限"不得背书转让；背书转让的，背书人应当承担票据责任。

【总结】背书行为的效力：

（1）背书有效	①背书未记载日期的，视为在票据到期日前背书
	②未记载被背书人名称，持票人在被背书人栏内记载自己的名称与背书人记载具有同等法律效力
	③背书附有条件
	④背书人记载"不得转让"字样
（2）背书无效	①无背书签章
	②部分背书、分别背书

【易混点】出票人与背书人记载"不得转让"字样的效力：

出票人	（1）不得背书 （2）票据持有人背书转让的，背书行为无效、受让人不享有票据权利；出票人、承兑人对受让人不承担票据责任
背书人	（1）背书行为有效 （2）其后手再背书转让的，原背书人对后手被背书人不承担保证责任

【例6·单选】根据规定，关于票据背书效力的下列表述中，不正确的是（　　）。
A. 背书人在票据上记载"不得转让"字样，其后手再背书转让的，原背书人对后手的被背书人不承担保证责任
B. 背书附有条件的，所附条件不具有票据上的效力
C. 背书人背书转让票据后，即承担保证其后手所得票据承兑和付款的责任
D. 背书未记载日期的，属于无效背书
【答案】D
【解析】背书未记载日期的，视为在票据到期日前背书。

★考点4．承兑（仅适用于商业汇票）：
（1）定日付款或者出票后定期付款：汇票到期日前。
（2）见票后定期付款：自出票日起1个月内。
（3）付款人受理：自收到提示承兑的汇票之日起3日内。
（4）附条件的承兑：不得附有条件；附有条件的，视为拒绝承兑。
【注意】银行承兑汇票的承兑银行，应按票面金额向出票人收取万分之五的手续费。

★考点5．保证：
（1）记载事项：

记载事项	内容	效力
必须记载事项	保证人签章、保证字样	未记载或记载不符合规定的，保证无效
相对记载事项	①被保证人名称	未记载的，已承兑的汇票（承兑人为被保证人） 未承兑的汇票（出票人为被保证人）
	②保证日期	未记载的，出票日期为保证日期
	③保证人名称和住所	—

（2）<u>保证责任</u>：
①被保证的票据，保证人应当与被保证人对<u>持票人</u>承担连带责任；
②保证人为两人以上的，<u>保证人之间</u>承担连带责任。
（3）<u>附条件的保证</u>：
保证不得附有条件；附有条件的，不影响对汇票的保证责任。
【注意】与背书附有条件、承兑附有条件进行区分。

【例7·多选】根据规定，下列关于票据保证责任的表述，正确的有（　　）。（2014年）
A. 保证人与被保证人对持票人承担连带责任
B. 保证附有条件的，影响对票据的保证责任
C. 票据到期后得不到付款的，持票人向保证人请求付款，保证人应当足额付款
D. 保证人为两人以上的，保证人之间承担连带责任
【答案】ACD
【解析】保证附有条件的，不影响对票据的保证责任。

【总结1】票据上"时间"未记载的效力：

（1）出票日期	票据无效
（2）背书日期	视为到期日前背书
（3）承兑日期	以承兑人收到提示承兑的汇票之日起3日内的最后一日为承兑日期
（4）保证日期	出票日期为保证日期
（5）付款日期	视为见票即付

【总结2】票据行为<u>附条件</u>的效力：

（1）出票附条件	票据无效
（2）背书附条件	所附条件无效，背书有效
（3）承兑附条件	视为拒绝承兑
（4）保证附条件	所附条件无效，保证有效

四、票据追索

★★考点1. 适用情形：

种类	适用情形
到期**后**追索	到期后被拒绝付款
到期**前**追索	①汇票被拒绝承兑 ②承兑人（付款人）死亡、逃匿的 ③承兑人（付款人）被依法宣告破产等

★★考点2. 被追索人的确定：

（1）票据的<u>出票人</u>、背书人、<u>承兑人</u>、<u>保证人</u>对持票人承担连带责任。

（2）行使追索权，可不按先后顺序，对其中任何<u>一人</u>、<u>数人</u>、或<u>全体</u>行使追索权。

（3）对汇票债务人中的一人或数人已经开始追索的，对<u>其他</u>债务人仍可行使追索权。

【例8·单选】根据规定，关于票据追索权行使的下列表述中，正确的是（　　）。
A. 持票人不得在票据到期前追索
B. 持票人应当向票据的出票人、背书人、承兑人和保证人同时追索
C. 持票人在行使追索权时，应当提供被拒绝承兑或拒绝付款的有关证明
D. 持票人应当按照票据的承兑人、背书人、保证人和出票人的顺序行使追索权
【答案】C
【解析】（1）选项A：在票据到期日前，有下列情况之一的，持票人可以行使追索权。
①汇票被拒绝承兑的；
②承兑人或者付款人死亡、逃匿的；
③承兑人或者付款人被依法宣告破产的；
④承兑人或者付款人因违法被责令终止业务活动的。
（2）选项BD：持票人行使追索权，可以不按照票据债务人的先后顺序，对其中任何一人、数人或者全体行使追索权。

【例9·多选】根据规定，关于票据追索权行使的下列表述中，正确的有（　　）。
A. 持票人收到拒绝证明后，应当将被拒绝事由书面通知其前手
B. 汇票被拒绝承兑的，持票人可以行使追索权
C. 持票人可以对出票人、背书人、承兑人和保证人中的任何一人、数人或全体行使追索权
D. 持票人不能出示拒绝证明或退票理由书的，丧失对全部票据债务人的追索权
【答案】ABC
【解析】持票人不能出示拒绝证明、退票理由书或者未按照规定期限提供其他合法证明的，丧失对其前手的追索权。但是，承兑人或者付款人仍应当对持票人承担责任。

★★考点3. 追索的内容：

（1）首次追索权	①被拒绝付款的汇票金额 ②票据金额从到期日或者提示付款日起至清偿日止的利息 ③取得有关拒绝证明、发出通知书的费用
（2）再追索权	①已经清偿的全部金额 ②前项金额自清偿日起至再追索清偿日止的利息 ③发出通知书的费用

【注意】追索金额不包括持票人的"间接损失"。

【例10·多选】根据支付结算法律制度的规定，下列各项中，票据持票人向票据债务人行使首次追索权，可以请求被追索人支付的金额和费用有（　　）。（2016年）
A. 因汇票资金到位不及时，给持票人造成的税收滞纳金损失
B. 取得有关拒绝证明和发出通知书的费用
C. 票据金额自到期日或者提示付款日起至清偿日止，按规定的利率计算的利息
D. 被拒绝付款的票据金额
【答案】BCD
【解析】追索金额包括票据金额、利息和费用，但不包括持票人的"间接损失"。

★考点4. 追索权的行使：
（1）取得证明：持票人行使追索权，应当提供被拒绝承兑或拒绝付款的证明。
【注意】若持票人不能出示拒绝证明的，丧失对其前手的追索权。
（2）通知期限——持票人收到证明之日起3日内。
【注意】未按照规定期限通知，仍可以行使追索权，因延期通知给其前手或出票人造成损失的，承担赔偿责任，赔偿金额以汇票金额为限。

【总结】追索权的法律后果：

情形	法律后果
未按照规定期限（3日）发出追索通知	仍可以行使追索权
未按照规定期限提示承兑	丧失对"出票人"以外的前手的追索权
未按照规定期限提示付款	丧失对"出票人、承兑人"以外的前手的追索权
未取得拒绝证明	丧失对"出票人、承兑人"以外的前手的追索权

【例11·不定项】M公司的开户银行为P银行。2016年4月1日，M公司委派员工张某携带一张公司签发的出票日期为2016年4月1日、金额和收款人名称均空白的转账支票赴乙公司洽谈业务，为支付货款，张某在支票上填写金额15万元后交付乙公司。当日，为偿还所欠丙公司劳务费，乙公司将支票背书转让给丙公司，在背书栏内记载了"不得转让"，未记载背书日期。丙公司持票到P银行提示付款，被拒绝支付。丙公司拟

行使追索权以实现票据权利。要求：根据上述材料，不考虑其他因素，分别回答下列小题。（2016年）

1.关于M公司签发支票行为的效力及票据当事人的下列表述中，符合法律规定的是（　　）。

A.M公司是支票的保证人　　B.因出票时未记载确定的金额，支票无效

C.P银行是支票的付款人　　D.因出票时未记载收款人姓名，支票无效

【答案】C

【解析】（1）选项BD：支票的金额、收款人名称，可由出票人授权补记。未记载，并不导致支票无效。

（2）选项AC：支票的出票人，是在银行开立存款账户的单位和个人，付款人是出票人的开户银行。在本题中，M公司是支票的出票人，P银行是支票的付款人。

2.关于乙公司将支票背书转让给丙公司行为效力的下列表述中，符合法律规定的是（　　）。

A.未记载背书日期，背书无效

B.背书附不得转让的条件，背书无效

C.未记载背书日期，视为在支票到期日前背书

D.丙公司再背书转让该支票，乙公司对丙公司的被背书人不承担保证责任

【答案】CD

【解析】（1）选项B：背书时附有条件，所附条件不具有票据上的效力，但背书行为有效。

（2）选项D：背书人在票据上记载"不得转让"字样，其后手再背书转让的，原背书人对后手的被背书人不承担保证责任。

（3）选项AC：背书未记载日期的，视为在票据到期日前背书。

3.关于丙公司提示付款的下列表述中，符合法律规定的是（　　）。

A.丙公司可以委托开户银行向P银行提示付款

B.支票无效，丙公司无权提示付款

C.丙公司提示付款期限为2016年4月2日起10日

D.丙公司提示付款期限为2016年4月1日起10日

【答案】AD

【解析】（1）选项CD：支票的提示付款期限自出票日（2016年4月1日）起10日。

（2）选项AB：持票人可以委托开户银行收款。

4.关于丙公司行使票据追索权的下列表述中，不符合法律规定的是（　　）。

A.丙公司不享有票据追索权

B.丙公司可以同时对M公司和乙公司行使票据追索权

C.丙公司应按照先乙公司后M公司的顺序行使追索权

D. 丙公司只能对乙公司或M公司其中之一行使追索权

【答案】ACD

【解析】票据的出票人（M公司）、背书人（乙公司）、承兑人和保证人对持票人承担连带责任。持票人行使追索权，可以不按照票据债务人的先后顺序，对其中任何一人、数人或者全体行使追索权。持票人对票据债务人中的一人或者数人已经进行追索的，对其他票据债务人仍可以行使追索权。

五、银行汇票

★**考点1．适用范围**：

（1）单位、个人各种款项结算，均可使用。

（2）可用于转账，填明"现金"字样的也可以支取现金。

★**考点2．出票**：

（1）申请人或者收款人有一方为单位的，不得申请现金银行汇票。

（2）必须记载事项：

①表明"银行汇票"的字样；

②无条件支付的承诺；

③出票金额；

④付款人名称；

⑤收款人名称；

⑥出票日期；

⑦出票人签章。

★**考点3．实际结算金额**：

（1）未填明实际结算金额、多余金额，或实际结算金额超过出票金额，银行不予受理。

（2）未填写实际结算金额、实际结算金额超过出票金额的银行汇票不得背书转让。

（3）实际结算金额一经填写不得更改，更改实际结算金额的银行汇票无效。

【例12·单选】根据支付结算法律制度的规定，下列关于银行汇票出票金额和实际结算金额的表述中，正确的是（　　）。（2015年）

A. 如果出票金额低于实际结算金额，银行应按出票金额办理结算

B. 如果出票金额高于实际结算金额，银行应按出票金额办理结算

C. 如果出票金额低于实际结算金额，银行应按实际结算金额办理结算

D. 如果出票金额高于实际结算金额，银行按实际结算金额办理结算

【答案】D

【解析】（1）选项AC：实际结算金额超过出票金额的，银行不予受理。

（2）选项BD：银行汇票的实际结算金额低于出票金额的，银行应按照实际结算金额

办理结算，多余金额由出票银行退交申请人。

★**考点4．提示付款**：自出票之日起**1个月**，提交"汇票＋解讫通知"两联。

【例13·单选】支付结算法律制度的规定，下列关于银行汇票使用的表述中，正确的是（ ）。
A．银行汇票不能用于个人款项结算
B．银行汇票不能支取现金
C．银行汇票的提示付款期限为自出票日起1个月内
D．银行汇票必须按出票金额付款
【答案】C
【解析】（1）选项A：单位和个人的各种款项结算，均可使用银行汇票。
（2）选项B：银行汇票可以用于转账，填明"现金"字样的银行汇票也可以用于支取现金。
（3）选项D：收款人受理申请人交付的银行汇票时，应在出票金额以内，根据实际需要的款项办理结算，并将实际结算金额和多余金额准确、清晰地填入银行汇票和解讫通知的有关栏内。

六、商业汇票

★**考点1．概念**：
（1）**商业汇票**：是出票人签发的，委托付款人在指定日期**无条件支付**确定的金额给收款人或持票人的**票据**。
（2）**电子**商业汇票：是出票人依托**上海票据交易所**电子商业汇票系统，以**数据电文形式**制作的，委托付款人在指定日期无条件支付确定的金额给收款人或者持票人的票据。

★**考点2．种类**：
（1）纸质商业汇票按**承兑人**的不同，可以分为**商业承兑汇票**、**银行承兑汇票**两种。
（2）电子商业汇票的**种类**：

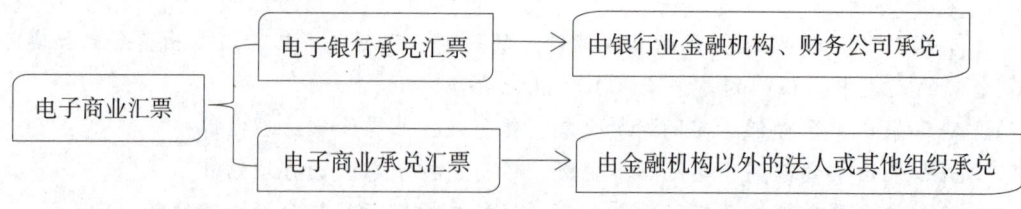

【注意1】商业承兑汇票，由银行以外的付款人承兑。银行承兑汇票，由银行承兑。
【注意2】单张出票金额在100万元以上的原则上应全部通过电子商业汇票办理；单张出票金额在300万元以上的应全部通过电子商业汇票办理。

★ **考点3. 适用范围**：

在银行开立存款账户的法人以及其他组织之间，必须具有**真实的**交易关系或债权债务关系，才能使用商业汇票。

★ **考点4. 出票**：

必须记载事项	纸质商业汇票	电子商业汇票
（1）表明"××"字样	√	√
（2）无条件支付的委托	√	√
（3）确定的金额	√	√
（4）付款人名称	√	√
（5）收款人名称	√	√
（6）出票日期	√	√
（7）出票人签章	√	√
（8）出票人名称	—	√
（9）票据到期日	—	√

★ **考点5. 付款**：

（1）**提示付款**期限，自汇票到期日起**10日**。

（2）**付款期限**：
①纸质：自出票日起最长不得超过**6个月**；
②电子：自出票日起最长不得超过**1年**。

【例14·单选】根据支付结算法律制度的规定，电子承兑汇票的付款期限自出票日至到期日不能超过一定期限。该期限为（　　）。（2017年）
A. 2年　　　　　　B. 3个月　　　　　C. 6个月　　　　　D. 1年
【答案】D
【解析】电子承兑汇票付款期限自出票日至到期日不超过1年。

★★★ **考点6. 票据信息登记与电子化**（2019年新增）：

种类	规定
电子商业汇票	签发、承兑、质押、保证等信息应当通过电子商业汇票系统**同步传送**至票据市场基础设施（即上海票据交易所）
纸质票据	①贴现前，办理承兑、质押、保证等业务，应**不晚于业务办理的次一工作日**在票据市场基础设施完成信息登记 ②纸质票据票面信息与登记信息不一致的，以**纸质票据票面信息**为准

【例15·判断】纸质票据票面信息与登记信息不一致的，以登记信息为准。（   ）
【答案】×
【解析】纸质票据票面信息与登记信息不一致的，以纸质票据票面信息为准。

★★考点7．贴现（贴息取现）：

（1）贴现条件	①未到期 ②未记载不得转让事项 ③在银行开立存款账户的企业法人以及其他组织 ④与出票人或者直接前手之间具有真实的商品交易关系 【注意】电子商业汇票贴现必须记载：贴出人名称、贴入人名称、贴现日期、贴现类型、贴现利率、实付金额、贴出人签章
（2）贴现利息	①贴现利息=票面金额×日贴现率×贴现期 ②贴现期：贴现日至汇票到期日前1日（算头不算尾） 【注意】承兑人在异地的，贴现的期限应另加3天的划款日期
（3）贴现收款	①贴现到期，贴现银行应向付款人（承兑人）收取票款 ②不获付款的，贴现银行向其前手追索票款 ③贴现银行追索票款时可从贴现申请人的存款账户直接收取票款

【例16·多选】关于商业汇票贴现的下列表述中，正确的有（   ）。（2015年）
A．贴现是一种非票据转让行为
B．贴现申请人与出票人或直接前手之间具有真实的商品交易关系
C．贴现申请人是在银行开立存款账户的企业法人以及其他组织
D．贴现到期不获付款的，贴现银行可从贴现申请人的存款账户直接收取票款
【答案】BCD
【解析】贴现是票据转让行为。

【例17·多选】根据支付结算法律制度的规定，下列各项中，属于商业汇票持票人向银行办理贴现必须具备的条件有（   ）。（2016年）
A．票据未到期
B．持票人与出票人或者直接前手之间具有真实的商品交易关系
C．持票人是在银行开立有存款账户的企业法人或者其他组织
D．票据未记载"不得转让"事项
【答案】ABCD
【解析】以上选项均正确。

【例18·单选】A公司从B公司购买一批电冰箱，开出一张票面金额为25万元的银行承兑汇票。出票日期为4月20日，到期日为7月20日。6月10日，B公司持此汇票及有关发票和电冰箱发票运费单据复印件向银行办理了贴现。已知同期银行年贴现率为

3.6%,一年按360天计算,贴现银行与承兑银行在同一城市。根据票据法律制度的有关规定,银行实付B公司贴现金额为( )元。

A. 248 975　　　　B. 241 000　　　　C. 249 025　　　　D. 249 000

【答案】D

【解析】实付贴现金额按票面金额扣除贴现日至汇票到期前1日的利息计算(算头不算尾)。本题中贴现日是6月10日,汇票到期前1日是7月19日,一共是40天。企业从银行取出的金额=250 000－250 000×3.6%×(40÷360)=249 000(元)。

★★★**考点8. 纸质票据贴现的基本规定**(2019年新增):

(1) 办理贴现:

情况	规定
办理贴现时	①查询票据承兑信息 ②信息不存在或者纸质票据必须记载事项与已登记信息不一致的,不得办理
办理贴现后	①在票据上记载"已电子登记权属"字样 ②不再以纸质形式进行背书转让、设立质押或者其他交易行为 ③通过票据市场基础设施办理背书转让、质押、保证、提示付款等票据业务 ④其保管人可以向承兑人发起付款确认

【注意】贴现人可以选择商业银行对纸质票据进行保证增信。保证增信行对纸质票据进行保管并为贴现人的偿付责任进行先行偿付。

(2) 付款确认。付款确认可以采用实物确认或者影像确认,两者具有同等效力。承兑人收到票据影像确认请求或者票据实物后,应当在3个工作日内作出或委托其开户行作出应答。

承兑人要求实物确认的	(who)送达承兑人	实物确认后保管
银行承兑汇票	保管人	承兑人代保管
商业承兑汇票	承兑人开户行	开户行代保管

【注意】电子商业汇票一经承兑即视同承兑人已进行付款确认。

【例19·判断】贴现人办理纸质票据贴现后,应当在票据上记载"已电子登记权属"字样,该票据不再以纸质形式进行背书转让。( )

【答案】√

★**考点9. 票据交易**(2019年新增):

票据交易包括转贴现、质押式回购和买断式回购等。

【例20·多选】以下选项中属于票据交易的有( )。

A. 转贴现　　　　B. 买断式回购　　　　C. 背书　　　　D. 保证

【答案】AB

【解析】选项CD，属于票据行为。

★★★**考点10.商业汇票的到期处理**：
（1）票据到期后偿付顺序（**2019年新增**）：

情形	偿付顺序
<u>未经</u>承兑人付款确认和保证增信的	若承兑人未付款，由贴现人先行偿付
<u>经</u>承兑人付款确认且未保证增信的	①由承兑人付款 ②若承兑人未付款，由贴现人先行偿付
保证增信后<u>未经</u>承兑人付款确认的	①若承兑人未付款，由保证增信行先行赔付 ②保证增信行未偿付的，贴现人先行偿付
保证增信后<u>经</u>承兑人付款确认的	①由承兑人付款 ②若承兑人未付款，由保证增信行先行赔付 ③保证增信行未偿付的，贴现人先行偿付

（2）提示付款（**2019年新增**）：
①持票人通过票据市场基础设施提示付款的，承兑人（或委托开户行）应当在提示付款当日进行应答，当日未作出应答的，视同拒绝付款。
②商业承兑汇票：承兑人账户余额不足以支付票款的，视同承兑人拒绝付款。
（3）银行承兑汇票的付款：
①出票人应于汇票到期日前将票款**足额**存交其开户银行；
②出票人于汇票到期日未能足额缴存票款时，承兑银行付款后，对出票人**尚未支付**的汇票金额按**每天0.5‰**计收利息。

【**注意1**】银行承兑汇票的承兑人已于到期前进行付款确认的，票据市场基础设施应当根据承兑人的委托，在**提示付款日代承兑人发送指令**划付资金至持票人资金账户。

【**注意2**】保证增信行或者贴现人承担偿付责任时，应当委托票据市场基础设施代其**发送指令**划付资金至持票人资金资金账户。

【例21·判断】银行承兑汇票的出票人于汇票到期日未能足额交存票款的，承兑银行可以向持票人拒绝付款。（　　）（2016年）

【答案】×

【解析】银行承兑汇票的出票人于汇票到期日未能足额缴存票款时，承兑银行付款后，对出票人尚未支付的汇票金额按每天0.5‰计收利息。

【例22·单选】2016年12月13日，乙公司持一张汇票向承兑银行P银行提示付款，该汇票出票人为甲公司，金额为100万元，到期日为2016年12月12日。经核实，甲公司当日在P银行的存款账户余额为10万元。关于P银行对该汇票处理措施的下列表述中，符合法律规定的是（　　）。（2016年）
A.P银行待甲公司票款足额到账后向乙公司付款100万元
B.P银行当日向乙公司付款100万元

C.P 银行向乙公司出具拒绝付款证明，不予付款

D.P 银行当日向乙公司付款 10 万元

【答案】B

【解析】银行承兑汇票的出票人于汇票到期日未能足额缴存票款时，承兑银行付款后，对出票人尚未支付的汇票金额按照每天 0.5‰ 计收利息。

七、支票

★考点1．种类：

（1）现金支票：只能用于支取现金。

（2）转账支票：只能用于转账。

（3）普通支票：支取现金、转账均可。在普通支票左上角划两条平行线，为**划线支票**。

【注意】划线支票只能用于转账，不得支取现金。

★考点2．适用范围：

（1）单位、个人的各种款项结算，均可以使用支票。

（2）支持全国使用。

★考点3．出票：

（1）必须记载事项：

①表明支票的字样；

②无条件支付的委托；

③确定的金额；

④付款人名称（出票人开户银行）；

⑤出票日期；

⑥出票人签章。

（2）授权补记事项：**金额**、收款人名称。

【注意】未补记前，不得背书转让和提示付款。

（3）相对记载事项：付款地、出票地。

（4）签发要求：

①支票的出票人签发支票的金额不得超过付款时在付款人处实有的金额；

②禁止签发空头支票；

③签发空头支票的法律责任：由中国人民银行处以票面金额 5% 但不低于 1000 元的罚款；持票人有权要求出票人赔偿支票金额 2% 的赔偿金；对屡次签发的，银行应停止其签发支票。

【例23·多选】根据规定，支票的下列记载事项中，可以由出票人授权补记的有（　　）。

A．出票人名称　　B．确定金额　　C．收款人名称　　D．出票日期

【答案】BC

【解析】支票可以授权补记的事项：金额、收款人名称。

【例24·单选】甲公司向乙公司签发200 000元的支票用于支付货款，乙公司提示付款时被告知甲公司的银行存款余额为100 000元，乙公司可要求甲公司支付的赔偿金为（　　）元。

A. 100 000×5%　　B. 100 000×2%　　C. 200 000×5%　　D. 200 000×2%

【答案】D

【解析】持票人有权要求出票人赔偿支票金额2%的赔偿金；乙公司有权要求甲公司支付的赔偿金为＝200 000×2%＝4 000（元）。

★考点4．付款：

（1）持票人自出票日起**10日内**提示付款。

（2）出票人在付款人处的存款足以支付金额时，付款人应当在**见票当日**足额付款。

（3）持票人可以委托开户银行收款，或直接向付款人提示付款，用于支取现金的支票仅限于"收款人"向付款人提示付款，用于支取现金的支票**不能背书转让**。

【总结】票据时间：

		提示承兑期限	提示付款期限	票据时效	对一般前手的追索权	
					首次追索	再追索
（1）<u>银行汇票</u>		×	出票日起1个月内	出票日起2年	被拒绝承兑或被拒绝付款之日起6个月	清偿日或被提起诉讼之日起3个月
（2）<u>商业汇票</u>	①见票即付	×	出票日起1个月内	出票日起2年		
	②定日付款	到期日前	到期日起10日	到期日起2年		
	③出票后定期付款					
	④见票后定期付款	出票日1个月内				
（3）银行<u>本票</u>		×	出票日起不得超过2个月	出票日起2年		
（4）<u>支票</u>		×	出票日起10日	出票日起6个月		

【记忆口诀】银本、银支、见即汇，不承兑，提示付：1会（汇票1个月）2本书（本票2个月）10支笔（支票10日内）；定日、见定、出定汇，需承兑，到期起10日提示付；定日汇、出定汇，到期前承兑。见定汇，1月内承兑。

检测1-2

第四节　银行卡

一、银行卡的分类
★考点1. 分类：

分类标准	检测 1-2	种类
是否具有透支功能	（1）信用卡（<u>可透支</u>）	①贷记卡（<u>无保证金</u>）
		②准贷记卡（<u>有保证金</u>）
	（2）借记卡（<u>不可透支</u>）	①转账卡
		②专用卡
		③储值卡

【注意】贷记卡的消费形式是先透支后还款，而准贷记卡的消费形式是先存入备用金，备用金不足支付时可以透支。

【例1·单选】下列各项中，属于按照是否具有透支功能对银行卡分类的是（　　）。
A. 磁条卡与芯片卡　　　　　　　　B. 人民币卡与外币卡
C. 信用卡与借记卡　　　　　　　　D. 单位卡与个人卡
【答案】C
【解析】银行卡按照是否具有透支功能分为信用卡与借记卡。

二、银行卡账户和交易
★★★考点1. 单位卡：
（1）<u>单位人民币卡</u>：
①凡在境内金融机构开立基本存款账户的单位，应当凭中国人民银行核发的<u>开户许可证</u>申领单位卡；
②资金一律从其<u>基本存款账户</u>转账存入，不得存取现金，不得将销货收入存入；
③销户时，单位人民币卡账户的资金应当转入其基本存款账户；
④可以办理商品交易和劳务供应款项的结算，但<u>不得透支</u>、<u>不得支取现金</u>。
（2）<u>单位外币卡</u>：
①资金应当从其单位的<u>外汇账户</u>转账存入，<u>不得在境内</u>存取外币现钞；
②销户时，单位外币卡账户的资金应当转回其相应的外汇账户，<u>不得提取现金</u>。

【例2·单选】根据规定，下列关于单位人民币卡账户使用的表述中，正确的是（　　）。
A. 可支取现金　　　　　　　　　　B. 可转存销货收入
C. 可办理商品交易和劳务供应款项的结算　　　　D. 可存入现金

【答案】C

【解析】单位人民币卡账户的资金一律从其基本存款账户转账存入,不得存取现金,不得将销货收入存入单位卡账户。

【例3·判断】单位人民币银行卡可以支取现金。（　　）(2016年)

【答案】×

【解析】单位人民币卡账户的资金一律从其基本存款账户转账存入,不得存取现金,不得将销货收入存入单位卡账户。

★考点2. 信用卡预借现金业务：

业务	渠道	限额
现金提取	ATM	每卡每日累计不得超过人民币1万元
	柜面	协议约定
现金转账	各渠道	协议约定
现金充值	各渠道	协议约定（发卡银行可以自主确定是否提供现金充值服务）

★★考点3. 免息还款期和最低还款额：贷记卡持卡人非现金交易可享受。

【注意1】二者只能享受其一。

【注意2】准贷记卡透支、贷记卡持卡人透支取现不享受免息还款期和最低还款额待遇。

【例4·单选】张某3月1日向银行申请了一张贷记卡,6月1日取现2 000元,对张某的这个做法,说法正确的是（　　）。(2015年)

A. 张某取现2 000元符合法律规定

B. 张某取现2 000元可享受免息还款期

C. 张某需要向银行交存一定金额的备用金

D. 张某取现2 000元可享受最低还款额,贷记卡和准贷记卡都属于信用卡,不能取现金,而准贷记卡才需要交存一定金额的备用金

【答案】A

【解析】贷记卡持卡人非现金交易可享受免息还款期和最低还款额待遇,但是张某现在取现2 000元,属于透支取现,因此不享受免息还款期和最低还款额待遇（故BD不正确）;贷记卡不需要向银行支付一定金额的备用金,贷记卡是先透支后还款的,故C不正确。

三、银行卡计息与收费

★★★考点1. 银行卡计息与收费：

银行卡计息	准贷记卡及借记卡存款	按银行同期同档次存款利率计付利息
	信用卡	透支利率<u>上限</u>为日利率0.5‰，<u>下限</u>为日利率0.5‰的0.7倍（打7折）
银行卡收费	（1）信用卡协议中以显著方式<u>提示</u>信用卡利率标准和计结息方式等	
	（2）调整利率至少提前<u>45个自然日</u>按照约定方式通知持卡人	
	（3）<u>取消</u>信用卡滞纳金	
	（4）超过授信额度用卡服务<u>不得收取超限费</u>	
	（5）收取的违约金、年费、取现手续费、货币兑换费等费用<u>不得计收</u>利息	

【注意】持卡人透支消费享受免息还款期和最低还款额待遇的条件和标准、信用卡透支的计结息方式以及对信用卡溢缴款是否计付利息及利率标准，由<u>发卡机构自主确定</u>。

【例5·单选】根据规定，关于信用卡透支利率及利息管理的下列表述中，不正确的是（　　）。
A. 透支的计结方式由发卡机构自主确定
B. 透支的利率标准由发卡机构与申请人协商确定
C. 透支利率实行下限管理
D. 透支利率实行上限管理
【答案】B
【解析】选项AB：信用卡透支的计结息方式，以及对信用卡溢缴款是否计付利息及其利率标准，由发卡机构自主确定，故B错误；选项CD：发卡银行对信用卡透支利率实行上限和下限管理。

【例6·多选】徐女士在P银行申请一张信用卡，关于该信用卡计息和收费的下列表述中，符合法律规定的有（　　）。（2017年）
A. 若徐女士欠缴信用卡年费，P银行可对该欠费计收利息
B. P银行应在信用卡协议中以显著方式提示信用卡利率标准和计结息方式，并经徐女士确认接受
C. P银行确定的信用卡透支利率可为日利率万分之五
D. 若P银行要调整信用卡利率，应至少提前45个自然日按照约定方式通知徐女士
【答案】BCD
【解析】发卡机构对向持卡人收取的违约金和年费、取现手续费、货币兑换费等服务费用不得计收利息。

四、银行卡收单
★考点1．收单业务管理规定：
（1）收单机构对特约商户实行<u>实名制</u>管理。

（2）收单机构与特约商户签订银行卡受理业务，<u>内容</u>：
①受理银行卡种类；
②开通的交易类型；
③收单银行结算账户的设置变更；
④资金结算周期；
⑤结算手续费标准。
（3）收单机构应对实体特约商户收单业务进行<u>本地化</u>经营和管理，不得跨省开展业务。

★考点2. 业务与风险管理：

时点	采取措施
认定为风险等级较高商户时	对开通的受理卡种和交易类型进行限制、强化交易监测、设置交易限额、延迟结算、增加检查频率、建立风险准备金等 【注意】并不停止其交易
发生风险事件时	（1）<u>延迟</u>资金结算 （2）<u>暂停</u>银行卡交易 （3）<u>收回</u>受理终端（关闭网络支付接口）

★考点3. 结算收费：

收费项目	收费方式	费率及封顶标准
收单服务费	收单机构&商户协商	实行市场调节价
发卡行服务费	发卡机构向收单机构收取 实行政府指导价、上限管理	<u>借记卡</u> ≤0.35% （单笔封顶13元）
		<u>贷记卡</u> ≤0.45% （不实行单笔收费封顶控制）

【注意】非营利性的医疗机构、教育机构、社会福利机构、养老机构、慈善机构刷卡交易，发卡行服务费、网络服务费全额减免。

【例7·不定项】某汽车销售公司甲公司因业务发展需要向开户银行P银行申请加入银行卡特约商户。P银行在对其提交的申请资料审查后，双方于2014年6月9日签订银行卡受理协议，约定P银行按照交易金额的1.25%、单笔80元封顶的标准收取结算手续费。

2015年6月12日，客户王某在甲公司通过P银行布放的POS机用2张带有银联标识的信用卡分别刷卡消费80 000元和2 000元。

2015年8月，P银行根据评级制度进行风险评级，认定甲公司为风险等级较高的特约商户。2015年9月，P银行发现甲公司发生风险事件，遂采取相应措施。

要求：根据上述材料，不考虑其他因素，分析回答下列小题。（2016年）

1. P银行与甲公司签订的银行卡受理协议，应包括的内容是（   ）。
A. 资金结算周期
B. 开通的交易类型
C. 收单银行结算账户的设置与变更
D. 可受理的银行卡种类

【答案】ABCD

【解析】收单机构应当与特约商户签订银行卡受理协议，就可受理的银行卡种类、开通的交易类型、收单银行结算账户的设置和变更、资金结算周期、结算手续费标准、差错和纠纷处置等事项，明确双方的权利、义务和违约责任。

2. 甲公司通过POS机收取王某的82 000元款项，实际到账金额应是（   ）。
A. 82 000元
B. 82 000×（1－1.25%）＝80 975（元）
C.（80 000－80）＋2 000×（1－1.25%）＝81 895（元）
D. 82 000－80＝81 920（元）

【答案】C

【解析】P银行按照交易金额的1.25%、单笔80元封顶的标准收取结算手续费，故扣除手续费后的实际到账金额为（80 000－80）＋2 000×（1－1.25%）＝81 895（元）。

3. 2015年8月，针对甲公司风险等级较高，P银行有权采取的措施是（   ）。
A. 设置交易限额   B. 暂停银行卡交易
C. 延迟结算   D. 建立特约商户风险准备金

【答案】ACD

【解析】建立对实体特约商户、网络特约商户分别进行风险评级制度，对于风险等级较高的特约商户，收单机构应当对其开通的受理卡种和交易类型进行限制，并采取强化交易监测、设置交易限额、延迟结算、增加检查频率、建立特约商户风险准备金等措施。

4. 甲公司的下列行为中，属于银行卡特约商户风险事件的是（   ）。
A. 移机   B. 银行卡套现
C. 留存持卡人账户信息   D. 洗钱

【答案】ABCD

【解析】收单机构发现特约商户发生疑似银行卡套现、洗钱、欺诈、移机、留存或泄露持卡人账户信息等风险事件的，应当对特约商户采取延迟资金结算、暂停银行卡交易或收回受理终端（关闭网络支付接口）等措施，并承担因未采取措施导致的风险损失责任；发现涉嫌违法犯罪活动的，应当及时向公安机关报案。

第五节 网上支付

一、网上银行
★考点1. 功能：

服务对象	业务功能
企业网上银行	账户信息查询、支付指令、B2B网上支付、批量支付
个人网上银行	账户信息查询、人民币转账、银证转账、外汇买卖、账户管理、B2C网上支付

【例1·多选】个人网上银行具体业务功能包括（　　）。
A. 账户信息查询　　　　　　B. 人民币转账业务
C. 外汇买卖业务　　　　　　D. B2B网上支付
【答案】ABC
【解析】B2B指的是企业与企业之间进行的电子商务活动，B2B网上支付是企业网上银行的具体业务功能，故选项D不属于个人网上银行具体业务功能。

二、第三方支付
★★考点1. 开户要求：
（1）支付机构为<u>个人</u>开立账户的，同一个人在同一家支付机构只能开立<u>一个</u>Ⅲ类账户。
（2）<u>单位</u>开立支付账户，提供证明文件，并自主或委托合作机构，面对面地核实客户身份，或非面对面地通过至少3个合法安全的外部渠道，对单位基本信息多重交叉验证。
（3）支付机构为单位、个人开立支付账户，应与单位、个人签订<u>协议</u>，约定支付账户与支付账户、支付账户与银行账户之间的**日累计转账限额**、**笔数**，超出限额、笔数的，<u>不得</u>再办理转账业务。

★★考点2. 种类：

支付方式	典型代表
（1）线上	网上支付、移动支付中的远程支付
（2）线下	POS机、拉卡拉等自助终端、电话、电视、手机近端等支付

【例2·单选】下列情形中，属于线上支付的是（　　）。（2016年、2017年）
A. 董某在机场购物，使用手机近端支付购物款
B. 吴某在超市购物，使用公交一卡通支付购物款
C. 周某在商场购物，通过POS机刷卡支付购物款
D. 郑某网上购物，通过支付宝支付货款

【答案】D
【解析】线上支付包括直接使用网上银行进行的支付和通过第三方支付平台间接使用网上银行进行的支付。

★考点3. 第三方支付机构的模式：

模式	典型代表	服务对象	担保功能
（1）金融型支付企业	银联商务、快钱、易宝支付、汇付天下、拉卡拉等	立足于企业端	×
（2）互联网支付企业	支付宝、财付通等	立足于个人消费者端	√

第六节 结算方式和其他支付工具

一、汇兑

★考点1. 种类：信汇、电汇。

★考点2. 适用范围：
（1）单位、个人的各种款项结算均可使用。
（2）同城、异地均可使用。

★考点3. 办理程序：
（1）汇款回单：只能作为汇出银行受理汇款的依据，不能作为该笔汇款已转入收款人账户的证明。
（2）收账通知：是银行将款项确已转入收款人账户的凭据。

★考点4. 撤销：
汇款人对汇出银行尚未汇出的款项可以申请撤销。

【例1·单选】根据规定，下列以汇兑方式结算的款项中，汇款人可以申请撤销的是（　）。
A. 汇出银行尚未汇出的款项　　　　B. 汇出银行已经汇出的款项
C. 汇入银行已发出收账通知的款项　　D. 收款人拒绝接受的款项
【答案】A
【解析】汇款人对汇出银行尚未汇出的款项可以申请撤销。

二、托收承付
★考点1. 概念和适用范围：
（1）根据购销合同，由收款人发货后，委托银行向异地付款人收取款项，由付款人向银行承认付款的结算方式。

（2）每笔金额起点是10 000元（新华书店1 000元）。

（3）必须是商品交易以及因商品交易而产生的劳务供应的款项；代销、寄销、赊销商品的款项不得办理托收承付结算。

（4）必须是国有企业、供销合作社；经营管理较好、并经开户银行审查同意的城乡集体所有制工业企业。

★考点2．办理程序：

（1）验单付款的承付期为3天，自付款人开户银行发出承付通知的次日算起（承付期内遇法定休假日顺延）。

（2）验货付款的承付期为10天，从运输部门发出提货通知的次日算起。

【注意】付款人在承付期内，未表示拒绝付款，银行即视作承付，并在承付期满的次日（遇法定休假日顺延），将款项划给收款人。

三、委托收款

★考点1．概念和适用范围：

（1）单位、个人凭已经承兑的商业汇票、债券、存单等付款人债务证明办理款项的结算，均可以使用委托收款结算方式。

（2）同城、异地均可以使用。

★考点2．必须记载事项：

（1）表明托收的字样。
（2）确定的金额。
（3）付款人名称。
（4）收款人名称。
（5）委托收款凭据名称、附寄单证张数。
（6）委托日期。
（7）收款人签章。

【例2·多选】根据规定，下列属于当事人签发委托收款凭证时必须记载的事项有（　　）。
A．收款日期　　　　　　　　B．委托日期
C．收款人名称和收款人签章　　D．付款人名称
【答案】BCD
【解析】当事人签发委托收款凭证时必须记载的事项之一是收款人名称和收款人签章，不是收款日期，故选项A不正确。

★考点3．付款：

（1）以银行为付款人的，银行应在当日将款项主动支付给收款人。

（2）以**单位**为付款人的，银行应及时通知付款人，付款人应于接到通知的当日书面通知银行付款，付款人未在接到通知的次日起3日内通知银行付款的，视同付款人同意付款。

【例3·判断】委托收款以单位为付款人的，银行收到委托收款凭证及债务说明，审查无误后应于当时将款项主动支付给收款人。（　　）（2016年）
【答案】×
【解析】委托收款以银行为付款人的，银行应当在"当日"将款项主动支付给收款人；委托收款以"单位"为付款人的，银行应当及时通知付款人，付款人应于接到通知的当日书面通知银行付款，付款人未在接到通知的次日起3日内通知银行付款的，视同付款人同意付款。

四、国内信用证

★★考点1．概念：
（1）指银行依照申请人的申请开立的、对相符交单予以付款的**承诺**。
（2）信用证为以**人民币计价**、不可撤销的跟单信用证。
（3）适用于国内企事业单位之间货物、服务贸易提供的**结算服务**，并且只限于**转账**结算，不得支取现金。
（4）信用证按付款期限分为即期信用证和远期信用证：
①**即期**：收到相符单据次日起5个营业日内付款；
②**远期**：收到相符单据次日起5个营业日内确认到期付款，并在到期日付款。
【注意】远期方式包括：单据日后定期付款、见单后定期付款、固定日付款。
（5）**付款期限**：最长不超过1年。

【例4·判断】国内信用证结算方式可用于单位和个人之间商品交易产生的货款结算。（　　）
【答案】×
【解析】信用证结算方式只适用于国内企事业单位之间货物和服务贸易提供的结算服务。

★★考点2．当事人：

（1）申请人	购买方或服务接受方
（2）受益人	销售方或服务提供方
（3）开证行	申请开立信用证的银行
（4）通知行	向受益人通知信用证的银行
（5）交单行	向信用证有效地点提交信用证项下单据的银行
（6）转让行	办理信用证转让的银行
（7）保兑行	对信用证加具保兑的银行
（8）议付行	为受益人办理议付的银行

★ 考点3. 基本程序：

(1) 开证	①贸易合同 ②保证金 ③信开、电开两种
(2) 保兑	开证行承诺之外作出的确定承诺
(3) 修改	应向开证行提出申请；受益人同意或拒绝，应提供接受或拒绝修改的通知
(4) 通知	应于收到信用证次日起3个营业日内通知受益人
(5) 转让	可转让信用证只能转让一次
(6) 议付	已确认到期付款；未明示：不得办理；明示：未指定不得办理
(7) 索偿	议付行须与受益人书面约定是否有追索权，若无约定，不得向受益人追索
(8) 寄单索款	交单行收单次日起5个营业日内，对其审核相符的单据邮寄，并附寄一份交单面函（寄单通知书）
(9) 付款	次日起5个营业日内；若受益人提交了相符单据或开证行已发出付款承诺，即使申请人交存的保证金及其存款账户余额不足支付，开证行仍应在规定的时间内付款
(10) 注销	开证行对信用证未支用的金额解除付款责任；逾有效期1个月后予以注销

【总结】结算方式总结：

结算方式	适用地区		适用对象	
	同城	异地	（企业）单位	个人
(1) 汇兑	√	√（主要用于异地）	√	√
(2) 托收承付	×	√	√	×
(3) 委托收款	√	√	√	√
(4) 国内信用证	√	√（主要用于异地）	√（国内企事业）	×

五、预付卡的相关规定

★★ 考点1. 记名预付卡与不记名预付卡：

	记名预付卡	不记名预付卡
(1) 透支	预付卡以人民币计价，不具有透支功能	
(2) 资金限额	单张资金限额不得超过5 000元	单张资金限额不得超过1 000元
(3) 挂失	可挂失	不可挂失
(4) 赎回	可赎回（购卡3个月后）	不可赎回
(5) 有效期	不得设置有效期	①不得低于3年 ②超过有效期尚有资金余额的预付卡，可通过延期、激活、换卡等方式继续使用
(6) 提供身份证	需要	购买10 000元以上需要
(7) 使用信用卡购买及充值	不可以	不可以
(8) 转账购买	单位：一次性购买5 000元以上 个人：一次性购买50 000元以上	
(9) 转账充值	一次性充值5 000元以上	
(10) 使用规定	不得用于或变相用于提现 不得用于购买非本发卡机构发行的预付卡 卡内资金不得向银行账户或非本发卡机构开立的网络支付账户转移	
(11) 发卡机构的资金管理	在商业银行开立备付金专用存款账户存放预付资金	

【例5·单选】王某购买一张记名预付卡,根据规定,该张预付卡的最高限额是( )。
A. 5 000元　　　　B. 50 000元　　　　C. 10 000元　　　　D. 1 000元
【答案】A
【解析】单张记名预付卡资金限额不得超过5 000元。

【例6·多选】根据支付结算法律制度的规定,下列关于预付卡的表述中,正确的有( )。
A. 记名预付卡可挂失、可赎回
B. 有资金余额但超过有效期的预付卡可通过延期、激活、换卡等方式继续使用
C. 记名预付卡不得设置有效期
D. 不记名预付卡有效期可设置为2年
【答案】ABC
【解析】不记名预付卡有效期不得低于3年。

【例7·多选】根据规定,王某一次性购买6万元的预付卡,不能用下列哪些方式支付( )。
A. 转账支票　　　　B. 现金　　　　C. 信用卡　　　　D. 借记卡
【答案】BC
【解析】单位一次性购买预付卡5 000元以上,个人一次性购买预付卡50 000元以上的,应当通过银行转账等非现金结算方式购买,不得使用现金。购卡人不得使用信用卡购买预付卡。

第七节　结算纪律与法律责任

一、结算纪律
★考点1. 结算纪律:

单位和个人 （四不准）	不准签发没有资金保证的票据或远期支票,套取银行信用
	不准签发、取得、转让没有真实交易和债权债务的票据,套取银行资金
	不准无理拒绝付款,任意占用他人资金
	不准违反规定开立和使用账户
银行 （八不准）	不准以任何理由压票、任意退票、截留挪用客户、他行资金
	不准无理拒绝支付应由银行支付的票据款项
	不准受理无理拒付、不扣少扣滞纳金
	不准违章签发、承兑、贴现票据,套取银行资金

续表

银行 （八不准）	不准签发空头银行汇票、银行本票和办理空头汇票	
	不准在支付结算制度之外规定附加条件，影响汇路畅通	
	不准违反规定为单位和个人开立账户	
	不准拒绝受理、代理他行正常结算业务	

二、法律责任

★考点1. 违反账户规定行为的法律责任：

		经营性存款人	非经营性存款人
（1）开立、撤销	①违反规定开立银行结算账户	给予警告并处"1万元以上3万元以下"的罚款	给予警告并处"1 000元"的罚款
	②伪造、变造证明文件欺骗银行开立银行结算账户		
	③违反规定不及时撤销银行结算账户		
	④伪造、变造、私自印制开户许可证		
（2）使用	①违规将单位款项转入个人结算账户	给予警告并处"5 000元以上3万元以下"的罚款	给予警告并处"1 000元"的罚款
	②违反规定支取现金		
	③利用开立银行结算账户逃避银行债务		
	④出租、出借银行结算账户		
	⑤从基本存款账户之外的银行结算账户转账存入、将销货收入存入或现金存入单位信用卡账户		
（3）变更	法定代表人、主要负责人及其他开户资料的变更事项未按规定通知银行	给予警告并处"1 000元"的罚款	

阶段1测评

第二阶段学习方案

学习方案一

阶段—模块	学习、复习计划	检测	完成日期	定制调整内容
承第一阶段学习方案一					
2-18	学习第四章第一节	—		
2-19	学习第四章第二节	—		
2-20	学习第四章第二节	—		
2-21	学习第四章第二节	—		
2-22	学习第四章第二节	—		
2-23	学习第四章第二节	—		
2-24	学习第四章第二节	—		
2-25	学习第四章第二节 复习第一、第二节	2-1		
2-26	学习第四章第三节	—		
2-27	学习第四章第三节	—		
2-28	学习第四章第三节	—		
2-29	学习第四章第三节	—		
2-30	学习第四章第三节	—		
2-31	学习第四章第三节 复习第四章	阶段2测评		

学习方案二

阶段—模块	学习、复习计划	检测	完成日期	定制调整内容
承第一阶段学习方案二					
2-13	学习第四章第一节	—		
2-14	学习第四章第二节	—		
2-15	学习第四章第二节	—		
2-16	学习第四章第二节	—		
2-17	学习第四章第二节 复习第一、第二节	2-1		
2-18	学习第四章第三节	—		
2-19	学习第四章第三节	—		
2-20	学习第四章第三节	—		
2-21	学习第四章第三节	—		
2-22	学习第四章第三节 复习第四章	阶段2测评		

学习方案三

阶段—模块	学习、复习计划	检测	完成日期	定制调整内容
	承第一阶段学习方案三			
2-7	学习第四章第一、第二节	—		
2-8	学习第四章第二节	—		
2-9	学习第四章第二节 复习第一、第二节	2-1		
2-10	学习第四章第三节	—		
2-11	学习第四章第三节	—		
2-12	学习第四章第三节 复习第四章	阶段2测评		

第二阶段通关宝典

第四章 增值税、消费税法律制度

本章考情分析

本章包括两大流转税,是本书的核心章节之一。历年考试中,分值约20分,各种题型均有涉及,尤其在不定项选择题中占有稳定的席位。

年份 题型	2014		2015		2016		2017		2018	
	题量	分值	题量	分值	题量	分值	题量	分值	题量	分值
单选题	4	6	4	6	7	10.5	6	9	4	6
多选题	2	4	2	4	4	8	2	4	3	6
判断题	2	2	2	2	3	3	2	2	1	1
不定项选择题	4	8	4	8	3	6	3	6	3	6
合计	12	20	12	20	17	27.5	13	21	11	19

第一节 税收法律制度概述

一、税收与税收法律关系

考点1. 税收与税法:
(1)<u>税收</u>:以国家为主体,**无偿取得**财政收入的分配形式。
(2)<u>税法</u>:调整税收关系的法律规范的**总称**。

考点2. 税收法律关系:
(1)<u>主体</u>:享有权利和承担义务的当事人。
(2)<u>客体</u>:征税**对象**。
(3)<u>内容</u>:主体享受的**权利**和承担的**义务**,是最实质的东西,也是税法的灵魂。

二、税法要素
★★考点1. 要素：

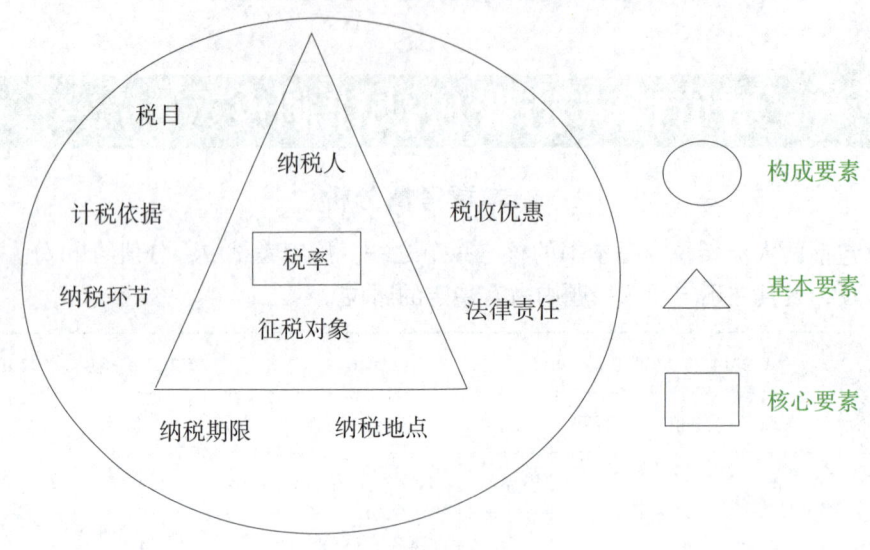

【例1·多选】下列各项中，属于我国现行税法规定的税率形式有（　　）。
A. 全额累进税率　　B. 定额税率　　C. 比例税率　　D. 超率累进税率
【答案】BCD
【解析】我国现行税收法律制度中，已不采用全额累进税率。

三、现行税种与征收机关
★★考点1. 税收征收管理机关：

税务局	①国内增值税　　⑪车船税 ②国内消费税　　⑫车辆购置税 ③企业所得税　　⑬烟叶税 ④个人所得税　　⑭耕地占用税 ⑤资源税　　　　⑮契税 ⑥城镇土地使用税　⑯环境保护税 ⑦城市维护建设税　⑰出口产品退税（增值税、消费税） ⑧印花税　　　　⑱非税收入和社会保险费 ⑨土地增值税 ⑩房产税
海关	①关税 ②船舶吨税 ③委托代征的进口环节增值税、消费税

【记忆口诀】管（关税）伯（船舶吨税）增肥（增值税、消费税）。

【例2·多选】以下属于税务局负责征收的有（　　）。
A. 城镇土地使用税
B. 耕地占用税
C. 土地增值税
D. 房产税
【答案】ABCD
【解析】本题考核税务局负责征收管理工作，税务局负责征收城镇土地使用税、耕地占用税、土地增值税、房产税、契税、车船税等。

第二节　增值税法律制度

一、增值税纳税人

★★考点1. 纳税人的分类：

	小规模纳税人	一般纳税人
年应税销售额	≤500万元	>500万元

【注意1】住宿业、建筑业、鉴证咨询业等行业小规模纳税人试点自行开具增值税专用发票(销售其取得的不动产除外)，税务机关不再为其代开。

【注意2】即使销售额没有达到标准，会计核算健全，也可以成为一般纳税人。

【注意3】已登记为增值税一般纳税人的单位和个人，在2018年12月31日前，可转登记为小规模纳税人，其未抵扣的进项税额作转出处理。

【注意4】下列不属于一般纳税人：

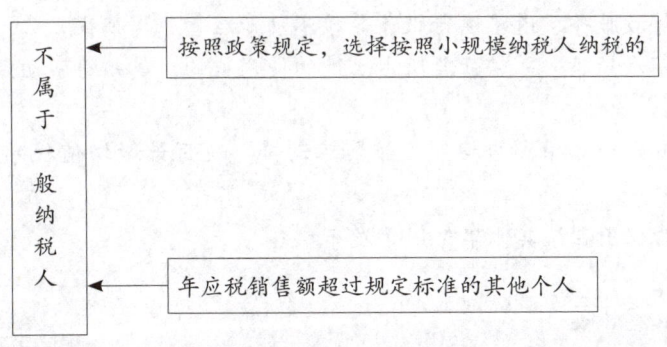

不属于一般纳税人
- 按照政策规定，选择按照小规模纳税人纳税的
- 年应税销售额超过规定标准的其他个人

二、增值税征税范围

★★★考点1. 征税范围：

<table>
<tr><td rowspan="9">一般范围</td><td colspan="2">(1) 销售及进口货物</td><td colspan="2">货物指有形动产,包括电力、热力、气体</td></tr>
<tr><td colspan="2">(2) 提供应税劳务</td><td colspan="2">加工、修理修配劳务</td></tr>
<tr><td rowspan="7">(3) 销售服务</td><td>①运输业</td><td>陆路、水路、航空、管道</td></tr>
<tr><td>②邮政业</td><td>普遍服务、特殊服务、其他服务</td></tr>
<tr><td>③电信业</td><td>基础电信服务、增值电信服务</td></tr>
<tr><td>④建筑业</td><td>工程、修缮、装饰、安装、其他建筑</td></tr>
<tr><td>⑤金融业</td><td>贷款、直接收费金融、保险、金融商品转让</td></tr>
<tr><td>⑥现代服务业</td><td>研发和技术、信息技术、文化创意、物流辅助、租赁、鉴证咨询、广播影视、商务辅助</td></tr>
<tr><td>⑦生活服务业</td><td>文化体育、教育医疗、旅游娱乐、餐饮住宿、居民日常</td></tr>
<tr><td rowspan="2">(4) 销售无形资产、不动产</td><td>①销售无形资产</td><td>技术、商标、著作权、商誉、自然资源使用权和其他权益性无形资产</td></tr>
<tr><td>②销售不动产</td><td>转让不动产所有权</td></tr>
</table>

【注意1】不征收增值税：非营业活动、非境内、存款利息、保险赔付、住宅专项维修资金、资产重组。

【注意2】出租车公司向使用本公司自有出租车的司机收取的管理费，属陆路运输征税。

【注意3】"程租"、"期租"属水路运输；"湿租"属航空运输。

【注意4】无运输工具承运业务，属交通运输。

【注意5】卫星电视信号落地转接服务，按增值电信服务征税。

【注意6】融资性售后回租、以货币资金投资取得的固定（保底）利润，按贷款服务征税。

【注意7】建筑物/构建物等不动产或飞机/车辆等有形动产的广告位出租按经营租赁征税。

【注意8】车辆停放服务、道路通行服务等按不动产经营租赁征税。

【注意9】转让不动产时一并转让其所占土地的使用权的，属销售不动产。

【例1·单选】下列行为中，应按照"销售不动产"税目计缴增值税的是（   ）。（2017年）

A. 将建筑物广告位出租给其他单位用于发布广告
B. 销售底商
C. 转让高速公路经营权
D. 转让国有土地使用权

【答案】B

【解析】选项A：按"现代服务——租赁服务"计缴增值税；选项CD：按照"销售无形资产"计缴增值税。

【例2·多选】下列各项中，属于增值税征税范围的有（　　）。
A. 汽车维修　　　　　　　　B. 手机修配
C. 电力销售　　　　　　　　D. 金银首饰加工
【答案】ABCD
【解析】提供加工、修理修配劳务，电力销售均属于增值税征税范围。

★★考点2. 视同销售行为：

视同销售货物	（1）委托代销 （2）销售代销 （3）异地移送 （4）自产、委托加工的货物对内、对外均视同销售 （5）购进的货物只有对外才视同销售 【注意】对内行为：集体福利、个人消费 　　　　对外行为：投资、分配、无偿赠送
视同销售服务、无形资产或不动产	单位或个体工商户、个人无偿提供服务或无偿转让无形资产、不动产，但用于公益事业或以社会公众为对象除外

【例3·单选】下列行为中，属于视同销售货物行为征收增值税的是（　　）。（2014年、2015年）
A. 购进货物用于个人消费
B. 购进货物用于职工食堂
C. 购进货物用于无偿赠送其他单位
D. 购进货物用于集体福利
【答案】C
【解析】外购的货物用于"投资、分配、赠送"应视同销售，外购的货物用于"集体福利、个人消费"不视同销售。

★考点3. 混合销售和兼营：

	界定标准	特点	税务处理
混合销售	一项销售行为既涉及货物又涉及服务	（1）同一次：交易中发生 （2）同一个：纳税人（销售方）、消费者 【注意】自2017年5月起，纳税人销售活动房、机器、钢结构件等自产货物的同时提供建筑、安装服务，不属于混合销售，分别核算增值税	按经营主业缴纳增值税
兼营	同一纳税主体，既销售货物又涉及服务	不同时发生在同一购买者身上，也不发生在同一项销售行为中	（1）分别核算：分别缴纳 （2）未分别核算：从高适用税率

【例4·多选】下列各项中,属于增值税混合销售行为的有( )。
A. 百货商店在销售商品的同时提供送货服务
B. 餐饮公司提供餐饮服务的同时销售烟酒
C. 建材商店销售建材的同时提供安装服务
D. 歌舞厅在提供娱乐服务的同时销售食品
【答案】ABCD
【解析】根据增值税法律制度的规定,选项ABCD均属于增值税混合销售行为。

三、增值税税率和征收率
★考点1. 税率(2019年调整):

纳税人	税率	税目(项目)
一般纳税人(税率)	16%	销售、进口货物;加工、修理修配劳务;有形动产租赁服务
	10%	粮食等农产品、食用植物油、食用盐;自来水、暖气、冷气、热水、煤气、石油液化气、天然气、二甲醚、沼气、居民用煤炭制品;图书、报纸、杂志、音像制品、电子出版物;饲料、化肥、农药、农机、农膜
		交通运输、邮政、基础电信、建筑、不动产租赁、销售不动产、转让土地使用权
	6%	增值电信、金融、现代服务(租赁服务除外)、生活服务、销售无形资产(转让土地使用权除外)
	5%	①转让、出租2016年4月30日前取得的不动产 ②房地产开发企业销售自行开发的房产老项目 【注意】前提是选择简易计税方法计税的
	3%	一般纳税人采用简易办法征税
	零税率	(1)出口货物 (2)航天运输服务 (3)国际运输服务 (4)跨境应税行为:研发;合同能源管理;设计服务;广播影视节目(作品);软件服务;电路设计及测试;信息系统;业务流程管服务;离岸服务外包业务;转让技术
小规模纳税人(征收率)	5%	①转让、出租(不含个人)其取得的不动产 ②房地产开发企业销售自行开发房产项目
	3%	销售货物、提供应税劳务
	2%	小规模纳税人销售自己使用过的固定资产

【注意】纳税人提供劳务派遣服务,选择差额纳税的,按照5%征收率征收增值税。

【例5·单选】下列项目适用于增值税基本税率16%的是( )。

A. 增值电信服务
B. 有形动产租赁服务
C. 邮政服务
D. 交通运输服务

【答案】B

【解析】根据国家营改增政策规定，有形动产租赁服务适用16%的增值税税率；增值电信服务适用6%的增值税税率；邮政服务适用10%的增值税税率；交通运输服务业适用10%的增值税税率。

【例6·多选】销售下列货物应当按增值税低税率10%征收的有（　　）。
A. 自来水　　　　　　　B. 图书
C. 煤炭　　　　　　　　D. 电力

【答案】AB

【解析】食用植物油、自来水、暖气、图书、报纸、杂志、居民用煤炭等属于增值税低税率10%的征税范围；电力适用于16%的税率。

★ **考点2. 纳税人销售自己使用过的物品和旧货：**

	具体情况		计税公式
小规模	（1）其他个人		免征增值税
	（2）销售自己使用过的固定资产		应缴纳的增值税=含税售价÷（1+3%）×2%
	（3）销售旧货		应缴纳的增值税=含税售价÷（1+3%）×2%
	（4）销售自己使用过的固定资产以外的其他物品		应缴纳的增值税=含税售价÷（1+3%）×3%
一般	自己使用过的物品	（1）固定资产 ①按规定不得抵扣且未抵扣过进项税	应缴纳的增值税=含税售价÷（1+3%）×2%
		②按规定可以抵扣进项税	销项税额=含税售价÷（1+适用税率）×适用税率
		（2）固定资产以外的其他物品	
	旧货		应缴纳的增值税=含税售价÷（1+3%）×2%

四、应纳税额的计算

★★★ **考点1. 一般纳税人应纳税额的计算：**

（1）当期应纳税额=当期销项税额－当期准予抵扣的进项税额
（2）当期销项税额=不含增值税销售额×适用税率

★★★ **考点2. 销售额的确定：**

（1）传统行业销售额的确定：

销售额的构成		全部价款+价外费用 不包括： ①收取的增值税 ②代收代缴的消费税 ③代收符合条件的政府性基金或行政事业性收费 ④代收保险费、车辆购置税和车辆牌照费
价税分离		不含税销售额＝含税销售额÷（1＋增值税税率） 【注意】默认含税销售额：①零售价；②价外费用；③普通发票
视同销售		按下列顺序确定销售额： ①按纳税人最近时期同类货物的平均销售价格确定 ②按其他纳税人最近时期同类货物的平均销售价格确定 ③按组成计税价格确定。其计算公式为： a.组成计税价格＝成本×（1＋成本利润率） b.组成计税价格＝成本×（1＋成本利润率）÷（1－消费税税率）
特殊销售方式	①商业折扣	a.销售额和折扣额在同一张发票上金额栏注明的，按折扣后的销售额计税 b.折扣额另开发票，不得从销售额中减除折扣额
	②以旧换新	按新货物的同期销售价格确定销售额，不得扣减旧货物的收购价格 【注意】金银首饰：按照实际收取的不含增值税的价款征收增值税
	③包装物押金	a.一般货物（包括啤酒、黄酒）：收取的1年以内的押金并且未超过合同规定期限，单独核算，不并入销售额 b.一般货物（包括啤酒、黄酒）：按合同约定逾期或收取1年以上的押金，无论是否退还均并入销售额征税 c.对销售除啤酒、黄酒外的其他酒类产品而收取的包装物押金，均应并入收取当期销售额中征税

【例7·判断】一般纳税人销售货物向购买方收取的包装物租金，应并入销售额计算增值税销项税额。（　　）（2017年）

【答案】√

【解析】本题表述正确。

【例8·单选】甲公司为增值税一般纳税人，2018年10月采取折扣方式销售货物一批，该批货物不含税销售额90 000元，折扣额9 000元，销售额和折扣额在同一张发票上分别注明。已知增值税税率16%。甲公司当月该笔业务增值税销项税额的下列计算列式中，正确的是（　　）。

A.（90 000－9 000）×（1＋16%）×16%＝15 033.6（元）

B. 90 000×16%＝14 400（元）

C. 90 000×（1＋16%）×16%＝16 704（元）

D.（90 000－9 000）×16%＝12 960（元）

【答案】D

【解析】纳税人采取折扣方式销售货物，如果销售额和折扣额在同一张发票上分别注明，可以按折扣后的销售额征收增值税。所以甲公司当月该笔业务增值税销项税额为：（90 000－9 000）×16%＝12 960（元）。

（2）营改增行业销售额的确定：

方式	类型	销售额的确定
全额计税	①贷款	全部利息及利息性质的收入
	②直接收费金融	收取的手续费等各类费用
差额计税	①金融商品转让	卖出价扣除买入价
	②经纪代理	全部价款和价外费用（扣除委托方收取并代付的政府性基金或行政事业性收费）
	③航空运输企业的销售额	不包括代收的机建费和代收转付的价款
	④一般纳税人提供客运场站服务	全部价款和价外费用（扣除给承运方的运费）
	⑤旅游服务	全部价款和价外费用(扣除向旅游服务购买方收取并支付给其他单位或个人的住宿费、餐饮费等的旅游费用)
	⑥房地产开发企业中的一般纳税人销售其开发的房地产项目	全部价款和价外费用（扣除受让土地时向政府支付的土地价款）

【例9·多选】下列关于计税销售额的表述中，正确的有（　　）。
A. 金融企业转让金融商品，按照卖出价扣除买入价后的余额为销售额
B. 银行提供贷款服务，以提供贷款服务取得的全部利息及利息性质的收入为销售额
C. 建筑企业提供建筑服务适用一般计税方法的，以取得的全部价款和价外费用扣除支付的分包款后的余额为销售额
D. 房地产开发企业销售其开发的房地产项目适用一般计税方法的，以取得的全部价款和价外费用扣除受让土地时向政府部门支付的土地价款后的余额为销售额
【答案】ABD
【解析】根据《营业税改征增值税试点实施办法》及相关规定，试点纳税人提供建筑服务适用简易计税方法的，以取得的全部价款和价外费用扣除支付的分包款后的余额为销售额。

★★★考点3. 进项税额的确定：
（1）准予抵扣进项税额：

凭票抵扣	①增值税专用发票（含税控机动车销售统一发票）	
	【注意1】购入自用的"两车一艇（摩托车、汽车、游艇）"进项税额准予抵扣	
	【注意2】2016年5月1日后购入的"不动产"，分两年抵扣，第一年60%，第二年40%	
	②从海关取得的海关进口增值税专用缴款书上注明的增值税额	
	③纳税人从境外单位或者个人购进服务、无形资产或者不动产，从税务机关或者扣缴义务人取得的解缴税款的完税凭证上注明的增值税额	
计算抵扣	购进农产品，除取得增值税专用发票或者海关进口增值税专用缴款书外，进项税额=买价×扣除率(10%)	

（2）**不得抵扣**进项税额：

不得抵扣	①外购货物用于内部消费	
	②管理不善＋被执法部门依法没收、销毁、拆除，造成的非正常损失	
	③购进的"旅客运输服务、贷款服务、餐饮服务、居民日常服务、娱乐服务"	
	④接受贷款服务向贷款方支付的与该笔贷款直接相关的费用	
	⑤按简易办法征收	
	【注意】如果既用于不允许抵扣项目又用于抵扣项目的，该进项税额准予全部抵扣。自2018.1.1起，纳税人**租入固定资产、不动产**，既用于一般计税方法计税项目，又用于简易计税方法计税项目、免征增值税项目、集体福利或个人消费的，其进项税额准予从销项税额中全额抵扣	
	进项税额转出	①知道税额直接转出：进项税额转出＝已抵扣税款
		②不知道税额，先计算出税额还原成"①" a.产品：进项税额转出＝不含税价款×税率 b.运费：进项税额转出＝运费×10% c.农产品：进项税额转出＝成本÷（1－10%）×10% d.固定资产（无形资产、不动产）：进项税额转出＝固定资产（无形资产）净值×适用税率
进项税额转入	不得抵扣且未抵扣进项税额的固定资产、无形资产、不动产，发生用途改变，用于允许抵扣进项税额：可抵扣的进项税额＝固定资产、无形资产、不动产净值/（1＋适用税率）×适用税率	
认证	开具之日起360天内认证，认证通过的次月申报期内抵扣	
留抵税额	上期未抵扣完的进项税额可在下一期继续抵扣	

【例10·多选】根据增值税法律制度的规定，一般纳税人购进货物的下列进项税额中，不得从销项税额中抵扣的有（　　）。（2014年、2016年）

A. 因管理不善造成被盗的购进货物的进项税额

B. 被执法部门强令自行销毁的购进货物的进项税额

C. 被执法部门依法没收的购进货物的进项税额

D. 因地震造成毁损的购进货物的进项税额

【答案】ABC

【解析】自然灾害不属于增值税法律制度中规定的非正常损失，其进项税额正常抵扣。

【例11】某银行为增值税一般纳税人，2017年第二季度发生的有关经济业务如下：

（1）购进5台自助存取款机，取得增值税专用发票注明的金额为40万元，增值税为6.8万元；

（2）租入一处底商作为营业部，租金总额为105万元，取得增值税专用发票注明的金额为100万元，增值税为5万元；

（3）办理公司业务，收取结算手续费（含税）31.8万元，收取账户管理费（含税）26.5万元；

（4）办理贷款业务，取得利息收入（含税）1.06亿元；

（5）吸收存款8亿元。

已知：该银行取得的增值税专用发票均符合规定，并已认证；提供金融服务适用的增值税税率为6%。计算该银行第二季度应纳增值税税额。

【答案】（1）进项税额＝6.8＋5＝11.8（万元）

（2）销项税额＝31.8÷（1＋6%）×6%＋26.5÷（1＋6%）×6%＋1.06÷（1＋6%）×6%×10 000＝1.8＋1.5＋600＝603.3（万元）

（3）应纳增值税税额＝603.3－11.8＝591.5（万元）

【解析】根据《营业税改征增值税试点实施办法》及相关规定：

（1）购进自助存取款机的进项税额允许抵扣。

（2）租入办公用房的进项税额允许抵扣。

（3）办理公司业务，收取的手续费和账户管理费属于直接收费金融服务，应缴纳增值税。

（4）办理贷款业务收取利息收入，属于贷款服务，应缴纳增值税。

（5）吸收存款不属于增值税征收范围。

★★★考点4．进口货物应纳税额的计算：

应纳税额＝组成计税价格×税率

（1）一般货物组成计税价格：

组成计税价格＝关税完税价格＋关税

（2）应税消费品组成计税价格：

组成计税价格＝关税完税价格＋关税＋消费税
　　　　　　＝（关税完税价格＋关税）÷（1－消费税比例税率）

【例12·单选】M公司为增值税一般纳税人。2018年10月进口一批高档化妆品，海关核定的关税完税价格63万元，缴纳关税税额6.3万元。已知高档化妆品增值税税率为16%，消费税税率为15%。M公司该笔业务应缴纳增值税税额的下列计算列式中，正确的是（　　）。

A. 63÷(1－15%)×16%＝11.86（万元）

B. 63×16%＝10.08（万元）

C. (63＋6.3)÷(1－15%)×16%＝13.04（万元）

D. (63＋6.3)×16%＝11.088（万元）

【答案】C

【解析】进口货物的增值税＝（关税完税价格＋关税＋消费税）×增值税税率。

【例13·不定项】甲建筑公司为增值税一般纳税人，机构所在地设在W市。2018年7月有关经营情况如下：

（1）承包位于Y市的一项建筑工程，含增值税总价款9 900 000元。按合同约定，当月实际预收含增值税价款3 300 000元。

（2）购进工程所用材料取得增值税专用发票注明税额160 000元，购进施工现场修建临时建筑物所用材料取得增值税专用发票注明税额8 500元，购进工程设计服务取得增值税专用发票注明税额600元，购进办公用品取得增值税普通发票注明税额180元。

（3）向乙公司出租闲置施工设备，含增值税租金11 600元/月，一次性收取6个月租金共计69 600元。已知：建筑服务增值税税率为10%，有形动产租赁服务增值税税率为16%。要求：根据上述资料，不考虑其他因素，分析回答下列小题。

1.计算甲建筑公司当月承包Y市建筑工程增值税销项税额的下列算式中，正确的是（   ）。

A. 9 900 000÷（1＋10%）×10%＝900 000（元）
B. 3 300 000÷(1＋10%)×10%＝300 000（元）
C. 9 900 000×10%＝990 000（元）
D. 3 300 000×10%＝330 000（元）

【答案】B

【解析】纳税人提供建筑服务采取预收款方式的，其增值税纳税义务发生时间为收到预收款的当天；甲建筑公司当月承包Y市建筑工程增值税销项税额＝3 300 000÷（1＋10%）×10%＝300 000（元）。

2.甲建筑公司当月下列增值税进项税额中，准予从进项税额中抵扣的是（   ）。

A. 购进工程所用材料税额160 000元
B. 购进办公用品税额180元
C. 购进工程设计服务税额600元
D. 购进施工现场修建临时建筑物所用材料税额8 500元

【答案】ACD

【解析】增值税普通发票不能作为进项税额的抵扣凭证。

3.计算甲建筑公司当月出租闲置施工设备增值税销项税额的下列算式中，正确的是（   ）。

A. 69 600×16%＝11 136（元）
B. 11 600÷(1＋16%)×16%＝1 600（元）
C. 11 600×16%＝1 856（元）
D. 69 600÷(1＋16%)×16%＝9 600（元）

【答案】D

【解析】纳税人提供租赁服务采取预收款方式的，其增值税纳税义务发生时间为收到预收款的当天；甲建筑公司当月出租闲置施工设备增值税销项税额＝69 600÷（1＋16%）×16%＝96 00（元）。

4.甲建筑公司承包Y市建筑工程增值税申报纳税的主管税务机关是（   ）。

A. Y市税务局或W市税务局　　　　　　B. Y市税务局
C. W市税务局　　　　　　　　　　　　D. Y市税务局和W市税务局

【答案】C
【解析】纳税人提供建筑服务,应向建筑公司所在地主管税务机关申报纳税。

五、增值税税收优惠
★★★考点1. 免税项目:

(1) 法定免税	①农业生产者销售自产农产品 ②避孕药品和用具 ③古旧图书 ④用于科研教学的进口仪器、设备 ⑤外国政府、国际组织无偿援助的进口物资和设备 ⑥由残疾人的组织直接进口供残疾人专用物品 ⑦销售自己已用物品	
(2) 营改增	①公共服务类	a.托儿所、幼儿园的服务 b.养老服务 c.婚姻介绍 d.殡葬服务 e.医疗服务 f.从事学历教育的学校(不包括职业培训机构)提供的教育服务
	②公益服务类	a.农业以及相关技术培训业务,家禽、牲畜、水生动物的配种和疾病防治 b.纪念馆、博物馆、文化馆、美术馆、展览馆、图书馆在自己的场所提供文化体育服务取得的第一道门票收入 c.寺院、宫观、清真寺和教堂举办文化、宗教活动的门票收入 d.残疾人福利机构提供的育养服务 e.家政服务企业由员工制家政服务员提供家政服务取得的收入
	③特殊服务	a.残疾人员本人为社会提供的服务 b.学生勤工俭学提供的服务 c.福利彩票、体育彩票的发行收入
	④无形资产	a.个人转让著作权 b.提供四技合同服务:技术转让、技术开发和与之相关的技术咨询、技术服务
(3) 小微企业免税	月销售额≤3万元,季销售额(按季纳税)≤9万元	

【记忆口诀】"生老病死"皆福利,"婚介家政"真给力。"科教文卫"要支持,"研发创作"要鼓励。"非经营"的不征税,"残疾农业"要照顾。

【注意】个人购买住房对外销售:

地区	购置时间	住房性质	税务处理
北、上、广、深	个人将购买<2年的住房对外销售	不区分住房性质	按5%征收率全额缴纳增值税
	个人将购买≥2年的住房对外销售	非普通住房	以销售收入减去购买住房价款后的差额,按照5%征收率缴纳增值税
		普通住房	免增值税
其他城市	个人将购买<2年的住房对外销售	不区分住房性质	按5%征收率全额缴纳增值税
	个人将购买≥2年的住房对外销售	不区分住房性质	免增值税

【例14·单选】下列各项中，不属于免税项目的是（　　）。（2016年）
A. 养老机构提供的养老服务
B. 装修公司提供的装饰服务
C. 婚介所提供的婚姻介绍服务
D. 托儿所提供的保育服务
【答案】B
【解析】选项ACD均免征增值税。

六、增值税征收管理
★★考点1．纳税义务发生时间：

销售方式	纳税义务发生时间
（1）直接收款	收到销售款或取得索取销售款项凭据的当天
（2）托收承付和委托收款	发出货物并办妥托收手续的当天
（3）赊销和分期收款	合同约定日期的当天
（4）预收货款	货物发出的当天
（5）委托其他纳税人代销货物	收到代销单位的代销清单或收到全部或部分货款的当天
	未收到代销清单的，为发出代销货物满180天的当天
（6）销售应税劳务	提供劳务同时收讫销售款或取得索取销售款项凭据的当天
（7）视同销售货物	货物移送的当天
（8）进口货物	报关进口的当天
（9）销售服务、无形资产、不动产	发生应税行为并收讫销售款项或取得索取销售款项凭据的当天；先开发票的，为开发票的当天
（10）提供建筑、租赁服务采取预收款	收到预收款的当天
（11）从事金融商品转让	金融商品所有权转移的当天
（12）视同销售服务、无形资产或者不动产情形	服务、无形资产转让完成的当天或不动产权属变更的当天

【例15·判断】采取委托银行收款方式销售货物时，增值税纳税义务发生时间是银行收到货款的当天。（　　）（2016年）
【答案】×
【解析】纳税人采取委托银行收款方式销售货物时，增值税纳税义务发生时间是发出货物并办妥托收手续的当天。

★考点2．纳税地点：

固定业户	（1）一般	机构所在地
	（2）总、分机构**不在同一县市**	**分别申报**或**总机构总申报**
	（3）到外县（市）经营有报告	机构所在地
	（4）到外县（市）经营**未报告**	**销售地**或**劳务发生地**
非固定业户	销售地或劳务发生地	
进口货物	报关地海关	
扣缴义务人	**机构所在地**或**居住地**	

★考点3．纳税期限：

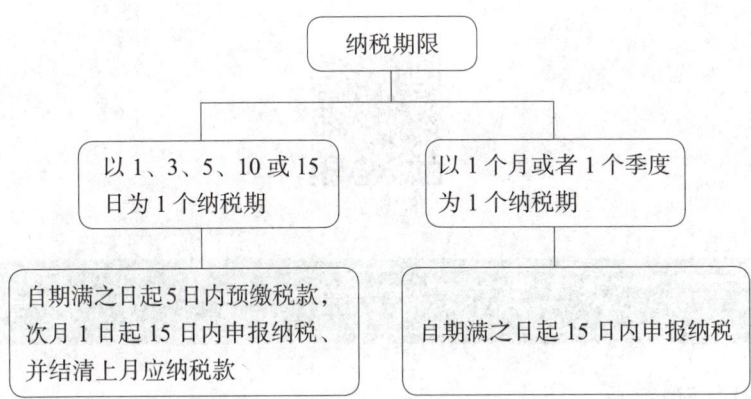

七、增值税专用发票使用规定

★考点1．增值税专用发票的联次及用途：

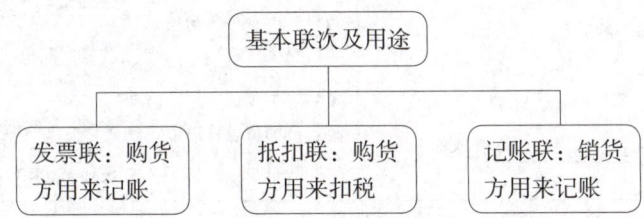

【例16·单选】下列关于增值税专用发票记账联用途的表述中，正确的是（　　）。（2016年）

A．作为购买方核算采购成本的记账凭证

B．作为销售方核算销售收入和增值税销项税额的记账凭证

C．作为购买方报送主管税务机关认证和留存备查的扣税凭证

D．作为购买方核算增值税进项税额的记账凭证

【答案】B

【解析】选项AD属于发票联的用途；选项C属于抵扣联的用途。

★★★考点2. 不得开具增值税专用发票的情形：
（1）一般纳税人<u>零售</u>烟、酒、食品、服装、鞋帽（不包括劳保专用部分）、化妆品等。
（2）应税销售行为的购买方为消费者<u>个人</u>的。
（3）发生应税销售行为适用<u>免税</u>规定的。
（4）<u>小规模纳税人</u>发生应税销售行为的（需要开具专票的，可向税务机关申请代开）。

【例17·单选】增值税一般纳税人向消费者个人销售货物，不得开具增值税专用发票。（　　）
【答案】√
【解析】本题表述正确。

检测2-1

第三节　消费税法律制度

一、消费税征税范围

★★★考点1. 自己生产的应税消费品：

用途		举例	税务处理要点
（1）用于连续生产应税消费品		将自产的香水精移送生产口红	①移送时不征收消费税 ②终端产品出厂销售时征收消费税
（2）其他方面	①用于连续生产非应税消费品	将自产的黄酒移送生产调味料酒	a.移送时征收消费税 b.终端产品出厂销售时不征收消费税
	②用于在建工程、提供劳务、馈赠、赞助、集资、职工福利、奖励等	将自产的白酒发放职工福利	移送时征收消费税

【例1·多选】2016年12月甲酒厂发生的下列业务中，应缴纳消费税的有（　　）。（2017年）
A. 以自产低度白酒用于奖励职工
B. 以自产低度白酒用于市场推广
C. 以自产高度白酒用于连续加工低度白酒
D. 以自产高度白酒用于馈赠客户

【答案】ABD

【解析】纳税人自产的应税消费品,用于连续生产应税消费品的,不纳税(选项C);凡用于其他方面的,于移送使用时照章缴纳消费税(选项ABD)。

★考点2. 委托加工应税消费品:

受托方	消费税纳税人	消费税的征收
个人	委托方	由<u>委托方</u>收回后缴纳
单位		由<u>受托方</u>在向委托方交货时代收代缴

【例2·判断】委托加工的应税消费品,除受托方为个人的外,应由受托方在向委托方交货时代收代缴消费税。(   )(2016年)

【答案】√

【解析】本题表述正确。

★考点3. 零售应税消费品:

(1)<u>金银首饰</u>、<u>铂金首饰</u>和<u>钻石及钻石饰品</u>。

【注意】金银首饰在零售环节缴纳,生产环节不再缴纳。

(2)零售<u>超豪华</u>小汽车(2016.12.1起):

①**界定**:零售价<u>130万元以上</u>(不含增值税);

②**纳税人**:将超豪华小汽车销售给消费者的单位和个人;

③**政策**:对超豪华小汽车,在生产(进口)环节,按现行税率征收消费税的基础上,在<u>零售环节加征消费税</u>,税率为10%。

★考点4. 批发销售卷烟:

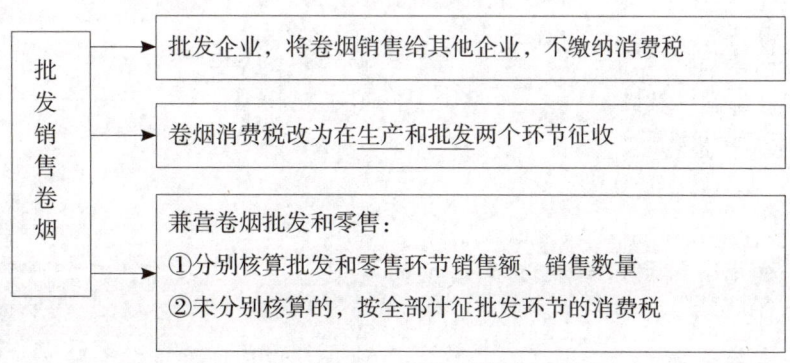

【总结】消费税征税环节：

征税环节		适用范围
基本环节	生产环节	除按照规定在零售环节纳税的应税消费品以外的其他应税消费品
	进口环节	
	委托加工环节	
特殊环节	零售环节	金银首饰、钻石及钻石饰品、铂金首饰，超豪华小汽车加征
	批发环节	卷烟在批发环节加征一道消费税

二、消费税税目

★★★考点1．税目：15个。

包括：烟、酒、鞭炮和焰火、高档化妆品、贵重首饰及珠宝玉石、高档手表、电池、成品油、小汽车、摩托车、高尔夫球及球具、游艇、木制一次性筷子、实木地板、涂料。

【注意1】酒不包括调味料酒。

【注意2】高档化妆品不包括演员用的上妆油、卸妆油、油彩、普通护肤、护发产品。

【注意3】鞭炮和焰火不包括体育上用的发令纸、鞭炮药引线。

【注意4】小汽车不包括电动汽车、沙滩车、雪地车、卡丁车、高尔夫车，企业购进货车或厢式货车改装生产的商务车、卫星通讯车等"专用汽车"。

【注意5】注意"木制一次性筷子""实木地板"的说法。

【记忆口诀】三男（烟、酒、鞭炮焰火）两女（化妆品、贵重首饰及珠宝玉石）带着高档手表（电池），开车（小汽车、摩托车、成品油）去打高球（高尔夫球及球具），乘游艇去吃饭，用木制一次性筷子，坐实木地板（涂料、地板）。

【例3·多选】下列各项中，应按照"高档化妆品"税目计缴消费税的有（　　）。（2015年）

A．高档护肤类化妆品　　　　B．高档美容类化妆品

C．高档修饰类化妆品　　　　D．成套化妆品

【答案】ABCD

【解析】以上答案均正确。

【例4·单选】根据消费税法律制度的规定，下列各项中，应征收消费税的是（　　）。（2017年）

A．超市零售白酒　　　　　　B．汽车厂销售自产电动汽车

C．地板厂销售自产实木地板　　D．百货公司零售高档化妆品

【答案】C

【解析】选项AD：白酒、高档化妆品在生产销售、委托加工或进口环节征收消费税，

在零售环节不征收消费税；选项B：电动汽车不属于消费税的征税范围。

三、税率

★★★**考点1. 消费税税率**：比例税率和定额税率。

税率形式	适用税目	计税公式
从价定率	除适用从量计税、复合计税以外的其他项目	应纳税额=销售额或组成计税价格×比例税率
从量定额	<u>啤酒</u>、<u>黄酒</u>、<u>成品油</u>	应纳税额=销售数量×定额税率
复合计税	<u>卷烟</u>、<u>白酒</u>	应纳税额=销售数量×定额税率+销售额或组成计税价格×比例税率

【记忆口诀】计税标准不能错，从量从价与复合；
　　　　　　复合卷烟和白酒，从量液体数量多；
　　　　　　除了复合和从量，剩下都是从价的。

【例5·多选】根据消费税法律制度的规定，下列消费品中，实行从量定额与从价定率相结合的复合计征办法征收消费税的有（　　）。（2015年、2017年）
A. 白酒　　　　　B. 成品油　　　　　C. 卷烟　　　　　D. 小汽车
【答案】AC
【解析】选项B采用定额税率实行从量定额；选项D采用比例税率实行从价定率。

四、消费税应纳税额的计算

★★**考点1. 从价计征销售额的确定**：销售额为纳税人销售应税消费品向购买方收取的<u>全部价款和价外费用</u>，<u>不包括</u>应向购买方收取的增值税税款。

【例6·单选】甲酒厂为增值税一般纳税人，2018年8月销售果木酒，取得不含增值税销售额100 000元，同时收取包装物租金5 850元、优质费23 400元。已知果木酒消费税税率为10%，增值税税率为16%，甲酒厂当月销售果木酒应缴纳消费税税额的下列计算中，正确的是（　　）。
A.（100 000＋5 850＋23 400）×10%＝12 925（元）
B.（100 000＋5 850）×10%＝10 585（元）
C. [100 000＋（5 850＋23 400）÷（1＋16%）]×10%＝12 521.55（元）
D. [100 000＋5 850÷（1＋16%）]×10%＝10 504.31（元）
【答案】C
【解析】纳税人销售应税消费品向购买方收取的全部价款和价外费用构成销售额，但不包括增值税税款。本题中，包装物租金、优质费属于价外费用，在计入销售额的时候需要换算为不含税的价款。则甲酒厂当月销售果木酒应缴纳消费税税额＝[100 000＋（5 850＋23 400）÷（1＋16%）]×10%＝12 521.55（元）。

经济法基础

★ **考点2. 从量计征销售数量的确定：**

从量计征销售数量的确定
- （1）销售应税消费品→销售数量
- （2）自产自用应税消费品→移送使用数量
- （3）<u>委托加工应税消费品→纳税人收回的应税消费品数量</u>
- （4）进口应税消费品→海关核定征税数量

★★★ **考点3. 特殊销售额和销售数量的确定：**

（1）通过自设非独立核算门市部销售的自产应税消费品		按照门市部<u>对外销售额／销售数量</u>征税
（2）纳税人用于**换投抵**方面（换：换取；投：投资；抵：抵偿）		按同类应税消费品的<u>最高销售价格征税</u>
（3）白酒生产企业向商业销售单位收取的品牌使用费		应并入白酒的销售额中缴纳消费税
（4）包装物押金	①非酒类产品	如包装物不随同产品销售，而是收取押金，则不征税；但逾期未收回包装物不再退还的或<u>已收取时间超12个月的押金</u>，应并入销售额，缴纳消费税
	②啤酒、黄酒	实行<u>从量定额</u>征收消费税，与销售额无关
	③其他（除啤／黄酒）	收取的包装物押金，在<u>收取时并入销售额</u>，征收消费税

【例7·多选】根据消费税法律制度的规定，下列情形中，应当以纳税人同类应税消费品的最高销售价格作为计税依据计算消费税的有（　　）。（2014年）

A. 将自产小汽车用于投资入股
B. 将自产实木地板用于换取消费资料
C. 将自产白酒用于抵偿债务
D. 将自产化妆品用于换取生产资料

【答案】ABCD
【解析】纳税人用于"换抵投"方面（换：换取，投：投资，抵：抵偿），按同类应税消费品的最高销售价格计算。

【例8·单选】甲汽车厂将1辆生产成本5万元的自产小汽车用于抵偿债务，同型号小汽车不含增值税平均售价10万元/辆，不含增值税最高售价12万元/辆。已知小汽车消费税税率5%。甲汽车厂该笔业务应缴纳消费税税额的下列计算列式中，正确的是（　　）。（2016年）

A. 1×10×5%=0.5（万元）
B. 1×12×5%=0.6（万元）
C. 1×5×5%=0.25（万元）
D. 1×5×（1+5%）×5%=0.2625（万元）

【答案】B

【解析】消费税纳税人将生产的应税消费品用于抵偿债务的，应当以纳税人同类应税消费品的最高销售价格作为计税依据计算消费税。

★★考点4．消费税应纳税额的计算：

计税价格	从价定率	复合计税
（1）自产自用	组成计税价格=（成本+利润）÷（1-比例税率） 应纳税额=组成计税价格×比例税率	组成计税价格=（成本+利润+自产自用数量×定额税率）÷（1-比例税率） 应纳税额=组成计税价格×比例税率+自产自用数量×定额税率
（2）委托加工	组成计税价格=（材料成本+加工费）÷（1-比例税率） 应纳税额=组成计税价格×比例税率	组成计税价格=（材料成本+加工费+**委托加工数量**×定额税率）÷（1-比例税率） 应纳税额=组成计税价格×比例税率+**委托加工数量**×定额税率
（3）进口环节	组成计税价格=（关税完税价格+关税）÷（1-消费税比例税率） 应纳税额=组成计税价格×比例税率	组成计税价格=（关税完税价格+关税+进口数量×定额税率）÷（1-比例税率） 应纳税额=组成计税价格×比例税率+进口数量×定额税率

【例9·单选】2018年10月，甲公司受托加工一批高档化妆品，收取不含增值税加工费14万元，委托方提供主要材料成本56万元。甲公司无同类化妆品销售价格。已知高档化妆品消费税税率为15%。甲公司当月受托加工业务应代收代缴消费税税额的下列计算中，正确的是（　　）。

A.（56+14）÷（1-15%）×15%=12.35（万元）
B. 56÷（1-15%）×15%=9.88（万元）
C. 56×15%=8.4（万元）
D.（56+14）×15%=10.5（万元）

【答案】A

【解析】化妆品实行从价定率，组成计税价格=（材料成本+加工费）÷（1-比例税率）=（56+14）÷（1-15%）=82.35（万元），应纳消费税=组成计税价格×比例税率=82.35×15%=12.35（万元）。

★考点5．已纳消费税的扣除：

用外购和委托加工收回应税消费品，"<u>连续生产应税消费品</u>"，在计征消费税时，可以按"当期生产领用数量"计算准予扣除外购和委托加工的应税消费品已纳消费税税款。

（1）扣除范围：

外购 或 委托加工收回	①已税烟丝为原料生产的卷烟
	②已税高档化妆品原料生产的高档化妆品
	③已税珠宝、玉石原料生产的贵重首饰及珠宝、玉石
	④已税鞭炮、焰火原料生产的鞭炮、焰火
	⑤已税杆头、杆身和握把为原料生产的高尔夫球杆
	⑥已税木制一次性筷子原料生产的木制一次性筷子
	⑦已税实木地板原料生产的实木地板
	⑧已税石脑油、润滑油、燃料油为原料生产的成品油
	⑨已税汽油、柴油为原料生产的汽油、柴油

（2）计算公式：

当期准予扣除的应税消费品已纳税款＝当期生产领用数量×单价×应税消费品的适用税率

【注意】扣除范围不包括酒类产品、高档手表、摩托车、小汽车、游艇、电池、涂料；纳税环节不同不得扣除；用于生产非应税消费品不得扣除。

五、征收管理

★★考点1．纳税义务发生时间（同增值税）：

纳税人销售应税消费品的	（1）采取赊销和分期收款	①书面合同约定的收款日期的当天
		②书面合同没有约定收款日期或无书面合同，为发出应税消费品的当天
	（2）采取预收货款	发出应税消费品的当天
	（3）采取托收承付、委托银行收款	发出应税消费品并办妥托收手续的当天
	（4）采取其他结算方式	收讫销售款或取得索取销售款凭据的当天
（5）自产自用的应税消费品的		移送使用的当天
（6）委托加工应税消费品的		纳税人提货的当天
（7）进口应税消费品的		报关进口的当天

【例10·不定项】甲企业为增值税一般纳税人，主要从事小汽车的制造和销售业务。2018年7月有关业务如下：

（1）销售1辆定制小汽车取得含增值税价款234 000元，另收取手续费35 100元。

（2）将20辆小汽车对外投资，小汽车生产成本100 000元/辆，甲企业同类小汽车不含增值税最高销售价格160 000元/辆，平均销售价格150 000元/辆、最低销售价格140 000元/辆。

（3）采取预收款方式销售给4S店一批小汽车，当月5日签订合同，当月10日收到预收款，当月15日发出小汽车，当月20日开具发票。

（4）生产中轻型商用客车500辆，其中480辆用于销售、10辆用于广告、8辆用于企业管理部门、2辆用于赞助。

已知：小汽车增值税税率为16%，消费税税率为5%。

要求：根据上述资料，不考虑其他因素，分析回答下列小题。

1.关于甲企业销售定制小汽车应缴纳的消费税，下列计算正确的是（　　）。

A. 234 000×5%＝11 700（元）

B.（234 000＋35 100）÷（1＋16%）×5%＝11 599.14（元）

C. 234 000÷（1＋16%）×5%＝10 086.21（元）

D.（234 000＋35 100）×5%＝13 455（元）

【答案】B

【解析】销售小汽车同时收取的手续费应作为价外收入，价税分离后计入销售额征收消费税；甲企业销售定制小汽车应缴纳消费税＝（234 000＋35 100）÷（1＋16%）×5%＝11 599.14（元）。

2.关于甲企业以小汽车投资应缴纳的消费税税额，下列计算正确的是（　　）。

A. 20×16×5%＝16（万元）

B. 20×15×5%＝15（万元）

C. 20×10×5%＝10（万元）

D. 20×14×5%＝14（万元）

【答案】A

【解析】纳税人用于换取生产资料和消费资料、投资入股和抵偿债务等方面的应税消费品，应当以纳税人同类应税消费品的"最高"销售价格作为计税依据计算消费税。

3.甲企业采用预收款方式销售小汽车，消费税的纳税义务发生时间是（　　）。

A. 7月5日　　　B. 7月10日　　　C. 7月15日　　　D. 7月20日

【答案】C

【解析】采取预收货款结算方式的，消费税纳税义务发生时间为发出应税消费品的当天。

4.甲企业的下列行为中，应当缴纳消费税的是（　　）。

A.将480辆自产中轻型商用客车用于销售

B.将10辆自产中轻型商用客车用于广告

C. 将8辆自产中轻型商用客车用于企业管理

D. 将2辆自产中轻型商用客车用于赞助

【答案】ABCD

【解析】中轻型商用客车按"小汽车"征收消费税。选项A:"小汽车"在生产销售环节应当征收消费税;选项BCD:纳税人将自产的应税消费品用于生产非应税消费品、在建工程、管理部门、非生产机构、提供劳务、馈赠、赞助、集资、广告、样品、职工福利、奖励等方面,视同销售应税消费品,于移送使用时纳税。

阶段2测评

第三阶段学习方案

学习方案一

阶段—模块	学习、复习计划	检测	完成日期	定制调整内容
	承第二阶段学习方案一			
3-32	学习第五章第一节	—		
3-33	学习第五章第一节	—		
3-34	学习第五章第一节	—		
3-35	学习第五章第一节	—		
3-36	学习第五章第一节	—		
3-37	学习第五章第一节	—		
3-38	学习第五章第一节	—		
3-39	学习第五章第一节 复习第五章第一节	3-1		
3-40	学习第五章第二节	—		
3-41	学习第五章第二节	—		
3-42	学习第五章第二节	—		
3-43	学习第五章第二节	—		
3-44	学习第五章第二节	—		
3-45	学习第五章第二节	—		
3-46	学习第五章第二节 复习第五章	阶段3测评		

学习方案二

承第二阶段学习方案二				
阶段—模块	学习、复习计划	检测	完成日期	定制调整内容
3-23	学习第五章第一节	—		
3-24	学习第五章第一节	—		
3-25	学习第五章第一节	—		
3-26	学习第五章第一节	—		
3-27	学习第五章第一节 复习第五章第一节	3-1		
3-28	学习第五章第二节	—		
3-29	学习第五章第二节	—		
3-30	学习第五章第二节	—		
3-31	学习第五章第二节	—		
3-32	学习第五章第二节 复习第五章	阶段3测评		

学习方案三

承第二阶段学习方案三				
阶段—模块	学习、复习计划	检测	完成日期	定制调整内容
3-13	学习第五章第一节	—		
3-14	学习第五章第一节	—		
3-15	学习第五章第一节 复习第五章第一节	3-1		
3-16	学习第五章第二节	—		
3-17	学习第五章第二节	—		
3-18	学习第五章第二节 复习第五章	阶段3测评		

第三阶段通关宝典

第五章 企业所得税、个人所得税法律制度

本章考情分析

历年考试中本章属于非常重要章节,考核分值在20分左右,各种题型都会涉及。考生需对应纳税所得额的形成、扣除项目的确定、应纳税额的计算、税收优惠等熟练掌握。

年份 题型	2014年		2015年		2016年		2017年		2018年	
	题量	分值	题量	分值	题量	分值	题量	分值	题量	分值
单选题	4	6	4	6	5	7.5	4	6	4	6
多选题	2	4	2	4	2	4	2	4	3	6
判断题	2	2	2	2	2	2	1	1	1	1
不定项选择题	4	8	4	8	4	8	4	8	4	8
合计	12	20	12	20	13	21.5	11	19	12	21

第一节 企业所得税法律制度

一、纳税人

★★考点1. 纳税人:

(1)各企业、事业单位、社会团体、民办非企业单位、从事经营活动的其他组织。

【注意】不包括个人独资企业和合伙企业。

(2)纳税人分为居民企业、非居民企业,分别承担不同的纳税义务。

【例1·单选】下列不应缴纳企业所得税的是( )。(2014年)
A.社会团体　　　B.事业单位　　　C.合伙企业　　　D.民办非企业单位
【答案】C
【解析】合伙企业、个人独资企业不缴纳企业所得税。

二、征税对象

★★考点1. 征税对象:

类型	判定标准		纳税义务
(1)居民企业	①依法在中国境内成立	无限	来源于境内、外的所得
	②依外国(地区)法律成立但实际管理机构在中国境内		
(2)非居民企业	①依外国(地区)法律成立且实际管理机构不在中国境内,但在中国境内设立机构、场所	有限	a.来源于境内所得 b.发生在境外但与境内机构、场所有实际联系的所得
	②在中国境内未设立机构、场所,但有来源于中国境内所得		来源于境内所得

【注意】非居民企业,就是将居民企业的判定条件否定后的结果。

【例2·单选】根据企业所得税法律制度的规定,以下属于非居民企业的是( )。(2015年)

A. 根据我国法律成立,实际管理机构在中国的丙公司
B. 根据我国法律成立,在国外设立机构场所的乙公司
C. 根据外国法律成立且实际管理机构在国外,在我国设立机构场所的丁公司
D. 根据外国法律成立,实际管理机构在我国的甲公司

【答案】C
【解析】非民民企业是指依照外国(地区)法律成立且实际管理机构不在境内,但在境内设立机构、场所的,或在境内未设立机构场所,但有来源于境内所得的企业。

★ **考点2. 所得来源地的确定:**

所得类型		来源地确定
(1) 销售货物		交易发生地
(2) 提供劳务		劳务发生地
(3) 转让财产	①不动产	不动产所在地
	②动产	转让动产的企业/机构、场所所在地
	③权益性投资资产	被投资企业所在地
(4) 股息、红利等权益性投资		分配所得的企业所在地
(5) 利息		负担、支付所得的企业/机构、场所所在地/负担、支付所得的个人住所地
(6) 租金		
(7) 特许权使用费		

【例3·单选】关于确定来源于中国境内、境外所得的下列表述中,不正确的是( )。

A. 提供劳务所得,按照劳务发生地确定
B. 股息、红利等权益性投资所得,按照分配所得的企业所在地确定
C. 销售货物所得,按照交易活动发生地确定
D. 转让不动产所得,按照转让不动产的企业或者机构、场所所在地确定

【答案】D
【解析】不动产转让所得按照不动产所在地确定,动产转让所得按照转让动产的企业或者机构、场所所在地确定。

三、税率

★ **考点1. 税率:**

税率	适用对象
(1) 25%	①居民企业 ②在中国境内设立机构、场所且所得与机构、场所有实际联系的非居民企业
(2) 20%	小型微利企业
(3) 15%	①高新技术企业 ②技术先进型服务企业(服务贸易类)(2018.1.1起)
(4) 10%	①在中国境内未设立机构、场所的非居民企业 ②设立机构、场所,但所得与机构、场所无实际联系的非居民企业 【注意】原税率20%,减按10%征收

【注意】自2018.1.1—2020.12.31，对年应纳税所得额低于100万元（含100万元）的小型微利企业，其所得减按50%计入应纳税所得额，按20%的税率缴纳企业所得税。

四、应纳税所得额的计算

★★★考点1．应纳税所得额的计算：

（1）<u>直接法</u>：

应纳税所得额＝收入总额－不征税收入－免税收入－各项扣除－以前年度亏损

【记忆口诀】总减不征免扣损。

（2）<u>间接法</u>：

应纳税所得额＝利润总额＋纳税调增额－纳税调减额

★★★考点2．收入总额：是指以货币形式和非货币形式从各种来源取得的收入。

（1）<u>货币</u>形式：现金、存款、应收账款、应收票据、准备持有至到期的债券等。

（2）<u>非货币</u>形式：固定资产、生物资产、无形资产、股权投资、存货等。

【注意】非货币形式收入应当按照<u>公允价值</u>确定收入额。

（3）收入确认时间：

收入类型		收入确认时间
①销售货物	a.托收承付	发出货物并办妥托收手续时
	b.商品<u>需要安装</u>和<u>检验</u>	一般情况：安装和检验完毕时确认 安装比较简单的：发出商品时确认
	c.售后回购	符合收入确认条件：按售价确认收入，回购的商品作为购进商品处理 不符合收入确认条件：收到的货款为负债，回购价格大于原售价的，差额为利息费用
	d.<u>以旧换新</u>	按销售商品确认收入，回购的商品作为购进处理
②提供劳务		期末采用完工百分比法确认
③股息、红利等权益性投资收益		按被投资方作出利润分配决定的日期确认（另有规定除外）
④利息		
⑤租金		按合同约定日期确认
⑥特许权使用费		
⑦接受捐赠		按<u>实际收到</u>捐赠资产的日期确认
⑧分期收款		按合同<u>约定的收款日期</u>确认
⑨产品分成		按企业分得产品日确认
⑩<u>商业折扣</u>		按折扣<u>后</u>的金额确认
⑪<u>现金折扣</u>		按折扣<u>前</u>的金额确认

【注意】企业以"买一赠一"等方式组合销售本企业商品的，不属于捐赠，应将总

的销售金额按各项商品的公允价值的比例来分摊确认各项的销售收入。

【例4·单选】2018年9月M电子公司销售一批产品，含增值税价格464 000元。由于购买数量多，M电子公司给予购买方9折优惠。已知增值税税率为16%，M电子公司在计算企业所得税应纳税所得额时，应确认的产品销售收入为（　　）。
A. 360 000元
B. 400 000元
C. 428 000元
D. 464 000元

【答案】A

【解析】商品销售涉及商业折扣的，应当按照扣除商业折扣后的金额确定销售商品收入金额；应确认的产品销售收入＝464 000÷（1＋16%）×90%＝360 000（元）。

【例5·多选】根据规定，下列关于收入确认的表述中，正确的有（　　）。（2017年）
A. 销售商品采用支付手续费方式委托代销的，在收到代销清单时确认收入
B. 销售商品采用托收承付方式的，在办妥托收手续时确认收入
C. 销售商品采用预收款方式的，在收到预收款时确认收入
D. 销售商品需要安装和检验的，在收到款项时确认收入

【答案】AB

【解析】选项C：销售商品采取预收款方式的，在发出商品时确认收入。选项D：销售商品需要安装和检验的，在购买方接受商品以及安装和检验完毕时确认收入；如果安装程序比较简单，可在发出商品时确认收入。

★★★考点3．**不征税收入**：
（1）财政<u>拨款</u>。
（2）<u>行政事业性收费</u>、<u>政府性基金</u>。
（3）国务院规定的<u>其他</u>不征税收入。

【注意】必须区分不征税收入与免税收入。

★★★考点4．税前扣除项目：

项目	基本内容
（1）<u>成本</u>	销售成本、销货成本、业务支出、其他耗费
（2）<u>费用</u>	期间费用
（3）<u>税金</u>	增值税（**不得抵扣计入成本等的除外**）、企业所得税不得扣除
（4）<u>损失</u>	固定资产和存货的盘亏、毁损、报废损失，转让财产损失，坏账损失，自然灾害等造成的其他损失
（5）<u>其他</u>	与生产经营活动有关的、合理的支出

★★★考点5. 扣除标准：

分类	项目		扣除规定
（1）与人员报酬、福利等相关	①工资薪金		实际发生且合理，准予扣除
	②三费		a.职工福利费不超过工资薪金总额14%的部分准予扣除 b.工会经费不超过2%的部分准予扣除 c.职工教育经费不超过8%的部分，准予扣除 【注意1】职工教育经费超过部分，准予在以后纳税年度结转扣除 【注意2】超出限额，按限额扣除；未超出限额，按实际扣除
	③社保		a.五险一金，准予扣除 b.补充养老保险费、补充医疗保险费，分别不超过职工工资总额5%的部分，准予扣除 c.为特殊工种支付的人身安全保险费，准予扣除 d.企业为投资者或职工支付的商业保险费，不得扣除 【注意】因公出差乘坐交通工具发生的人身意外保险费支出，准予扣除
（2）与生产经营直接相关	①利息费用	a.据实扣除	非金融企业向金融企业借款的利息、金融企业的存款利息、同业拆借利息、企业经批准发行债券的利息
		b.不得超额扣除	非金融企业向非金融企业、内部职工、自然人借款的利息，不超过金融企业同期同类贷款利率部分，准予扣除 企业向关联企业借款：支付给关联方的利息，不超过规定比例（债资比）的部分，才准予扣除
	②公益性捐赠支出		a.不超过年度利润总额12%的部分，准予扣除 b.超过的部分，准予结转以后3年内扣除 【注意】指通过公益性社会组织或县级（含）以上人民政府及其组成部门和直属机构，用于慈善活动、公益事业的捐赠支出
	③广告费和业务宣传费		a.不超过当年销售（营业）收入15%的部分，准予扣除 b.超过的部分，准予在以后纳税年度结转扣除 【注意1】企业筹建期间的广告费和业务宣传费，可按实际发生额计入企业筹办费，税前扣除 【注意2】自2016年1月1日起至2020年12月31日，化妆品制造或销售、医药制造和饮料制造（不含酒类制造）发生的广告费和业务宣传费，不超过当年销售（营业）收入30%的部分准予扣除，超过部分准予在以后纳税年度结转扣除 【注意3】烟草企业的烟草广告费和业务宣传费支出，不得扣除
	④业务招待费		与生产、经营有关的业务招待费，按发生额的60%扣除 【注意】最高不得超过当年销售（营业）收入的5‰
	⑤租赁费		a.经营租赁：按租赁期限均匀扣除 b.融资租赁：按规定提取折旧费，分期扣除
	⑥借款费用		无需资本化的借款费用，准予扣除

【注意】企业参加雇主责任险、公众责任险等责任保险，在2018年度及以后年度企业所得税汇算清缴时准予税前扣除。

【例6·单选】A企业利润总额为30万元，对外直接捐赠6万元，通过国家机构捐赠4万元，该企业捐赠支出可以在计算当年应纳税额的税前扣除的金额为（　　）元。（2017年）

A. 3.6万　　　　　B. 4万　　　　　C. 6万　　　　　D. 10万

【答案】A

【解析】企业通过公益性团体或者县级及以上人民政府及其部门，用于规定的公益事业的捐赠支出，不超过其年度会计利润总额12%的部分准予扣除。对外直接捐赠的6万元不得扣除。通过国家机构捐赠的部分，按利润总额×12%＝30×12%＝3.6万元，超出部分不予扣除，因此，企业捐赠支出可以在当年税前扣除的金额为3.6万元。

【例7·单选】下列关于企业所得税税前扣除的表述中，不正确的是（　　）。

A. 企业发生的职工福利费超过工资薪金总额的14%的部分，准予在以后纳税年度结转扣除
B. 企业发生的合理的工资薪金的支出，准予扣除
C. 企业发生的合理的劳动保护支出，准予扣除
D. 企业参加财产保险，按照规定缴纳的保险费，准予扣除

【答案】A

【解析】企业发生的职工福利费支出超过工资薪金总额的14%的部分，不得在以后纳税年度结转扣除。

【例8·单选】甲公司2016年实现会计利润总额300万元，预缴企业所得税税额60万元，在"营业外支出"账目中列支了通过公益性社会团体向灾区的捐款38万元。已知企业所得税税率为25%，公益性捐赠支出不超过年度利润总额12%的部分，准予在计算企业所得税应纳税所得额时扣除，计算甲公司当年应补缴企业所得税税额的下列算式中，正确的是（　　）。

A.（300＋38）×25%－60＝24.5（万元）
B. 300×25%－60＝15（万元）
C.（300＋300×12%）×25%－60＝24（万元）
D. [300＋（38－300×12%）]×25%－60＝15.5（万元）

【答案】D

【解析】公益性捐赠税前扣除限额＝300×12%＝36（万元）＜实际发生额38万元，故公益性捐赠支出税前可以扣除36万元，需要纳税调增2万元；应纳企业所得税税额＝[300＋（38－300×12%）]×25%－60＝15.5（万元）。

★★★考点6. 不得扣除项目：

（1）向投资者支付的**股息**、**红利**等权益性投资收益。
（2）**企业所得税**税款。
（3）**税收滞纳金**。
（4）**罚金**、**罚款**和被没收财物的损失。
（5）**超过**规定标准的捐赠支出。
（6）与生产经营活动无关的**非广告性质赞助支出**。

（7）**未经核定**的准备金支出。

（8）**企业之间**支付的**管理费**、**企业内营业机构之间**支付的租金和**特许权使用费**、**非银行企业内营业机构之间**支付的利息。

（9）与取得收入无关的其他支出。

【注意】合同违约金、银行罚息、法院判决由企业承担的诉讼费可据实在税前扣除。

【例9·单选】根据企业所得税法律制度规定，在计算所得税时，准予扣除的有（ ）。

A. 向税务机关支付的税收滞纳金
B. 向公安部门缴纳的交通违章罚款
C. 向银行支付的逾期利息
D. 向客户支付的合同违约金

【答案】CD

【解析】税收滞纳金（选项A），罚金、罚款和被没收财物的损失（选项B）是纳税人承担行政责任或刑事责任的支出，在企业所得税税前不得扣除；如果是合同违约金、银行罚息、法院判决由企业承担的诉讼费等民事性质的款项，可以据实在企业所得税税前扣除。

★**考点7. 非居民企业的应纳税所得额：**
（1）**全额**计税：股息、红利、利息、租金、特许权使用费所得。
（2）**余额**计税：财产转让所得。

【例10·不定项】M公司为居民企业，主要从事不锈钢用品的生产和销售业务，2018年有关经营情况如下：

（1）产品销售收入800万元，销售边角料收入40万元，国债利息收入5万元。

（2）以产品抵偿债务，该批产品不含增值税售价60万元。

（3）实发合理工资、薪金总额100万元，发生职工福利费支出15万元、职工教育经费支出1.5万元，拨缴工会经费2万元。

（4）支付法院诉讼费3万元，税收滞纳金4万元，合同违约金5万元，银行逾期利息6万元。

（5）因管理不善导致一批原材料被盗，原材料成本10万元，增值税进项税额1.6万元，取得保险公司赔款6万元，原材料损失已经税务机关核准。已知，职工福利费支出、职工教育经费支出和拨缴的工会经费分别不超过工资、薪金总额的14%、8%和2%的部分，准予扣除。

要求：根据上述资料，不考虑其他因素，分析回答下列小题。

1. M公司的下列收益中，在计算2018年度应纳税所得额时，应计入收入总额的是（ ）。

A. 销售边角料收入40万元　　　　B. 产品销售收入800万元

C. 抵债产品售价60万元　　　　D. 国债利息收入5万元

【答案】ABCD

【解析】企业以货币形式和非货币形式从各种来源取得的收入，为收入总额。包括：

（1）销售货物收入（选项AB，选项C为视同销售货物取得的收入）。

（2）提供劳务收入。

（3）转让财产收入。

（4）股息、红利等权益性投资收益。

（5）利息收入（选项D）。

（6）租金收入。

（7）特许权使用费收入。

（8）接受捐赠收入。

（9）其他收入。

2. M公司的下列支出中，在计算2018年度应纳税所得额时，准予全额扣除的是（　　）。

A. 职工教育经费1.5万元　　　　B. 工会经费2万元

C. 工资、薪金100万元　　　　D. 职工福利费15万元

【答案】ABC

【解析】企业发生的职工福利费、工会经费、职工教育经费按标准扣除，未超过标准的按实际数扣除，超过标准的只能按标准扣除。

（1）企业发生的职工福利费支出，不超过工资、薪金总额14%的部分准予扣除。

（2）企业拨缴的工会经费，不超过工资、薪金总额2%的部分准予扣除。

（3）企业发生的职工教育经费没有超出扣除限额，可以据实扣除；职工教育经费扣除限额 = 100×8% = 8（万元），实际发生额1.5万元，未超过扣除限额，可以据实扣除。职工教育经费支出，不超过工资、薪金总额8%的部分，准予扣除；超过部分，准予结转以后纳税年度扣除。职工福利费扣除限额 = 100×14% = 14（万元），实际发生额为15万元，不能据实扣除，只能扣除14万元；工会经费扣除限额 = 100×2% = 2（万元），实际发生额为2万元，未超过扣除限额。

3. M公司的下列支出中，在计算2018年度应纳税所得额时，不得扣除的是（　　）。

A. 税收滞纳金4万元　　　　B. 银行逾期利息6万元

C. 法院诉讼费3万元　　　　D. 合同违约金5万元

【答案】A

【解析】选项A属于行政性质的罚款，不得税前扣除；选项C属于企业的合理支出，可以在税前扣除；选项BD属于经济性质罚款，可以在税前扣除。

4. M公司在计算2018年度应纳税所得额时，准予扣除原材料损失金额的下列算式中，正确的是（　　）。

A. 10－6＝4（万元）　　　B. 10－1.6－6＝2.4（万元）
C. 10＋1.6－6＝5.6（万元）　　D. 10＋1.6＝11.6（万元）
【答案】C
【解析】企业因存货盘亏、毁损、报废等原因不得从销项税额中抵扣的进项税额，应视同企业财产损失，准予与存货损失一起在企业所得税前按规定扣除；企业发生的损失，减除责任人赔偿和保险赔款后的余额，依照规定在税前扣除。因此，选项C正确。

五、资产的税务处理
（一）固定资产

★★ **考点1. 不得计算折旧扣除：**

（1）<u>房屋</u>、<u>建筑物以外未投入使用</u>的。
（2）以<u>经营租赁</u>方式租入的。
（3）以<u>融资租赁</u>方式租出的。
（4）已提足折旧仍继续使用的。
（5）与<u>经营活动无关</u>的。
（6）<u>单独估价</u>作为固定资产入账的<u>土地</u>。
（7）<u>其他</u>不得计提折旧扣除的。

【例11·单选】下列固定资产中，在计算应纳税所得额时准予扣除折旧费的是（　　）。（2016年）
A. 未投入使用的机器设备
B. 以经营租赁方式租入的固定资产
C. 未投入使用的房屋
D. 以融资租赁方式租出的固定资产
【答案】C
【解析】房屋、建筑物，不论是否投入使用，均可按税法规定计算折旧费在税前扣除。

★ **考点2. 固定资产计税基础的确定方法：**

取得方式	计税基础
（1）<u>外购</u>	购买**价款**＋支付的相关**税费**＋其他支出
（2）<u>自行建造</u>	竣工结算前发生的支出
（3）<u>融资租入</u>	①合同<u>约定</u>：付款总额和承租人在签订租赁合同过程中发生的相关费用
	②合同<u>未约定</u>：以该资产的公允价值和承租人在签订租赁合同过程中发生的相关费用
（4）<u>盘盈</u>	重置成本
（5）<u>捐赠</u>、<u>债务重组等</u>	公允价值和支付的相关**税费**

★ **考点 3. 最低折旧年限:**

固定资产类别	最低折旧年限（年）
(1) 房屋、建筑物	20
(2) 飞机、火车、轮船、机器、机械和其他生产设备	10
(3) 与生产经营活动有关的器具、工具、家具等	5
(4) 飞机、火车、轮船以外的运输工具	4
(5) 电子设备	3

【记忆口诀】：房、建二零电子三；
飞、火、轮船整十年，外加两机和设备；
器、工、家具五个year；
运输四年换新胎。

【例 12·单选】大卡车的最低折旧年限是（　　）年。
A. 20　　　　　B. 10　　　　　C. 4　　　　　D. 5
【答案】C
【解析】飞机、火车、轮船以外的运输工具的最低折旧年限为4年。

(二) 无形资产

★ **考点 1. 不得计算摊销费用扣除:**
(1) 自行开发的支出已经扣除的。
(2) 自创商誉。
(3) 与经营活动无关的。
(4) 其他。

【注意1】外购商誉支出，在企业整体转让或清算时准予扣除。
【注意2】摊销年限不得低于10年。
【注意3】按直线法计算的摊销费用，准予扣除。

★ **考点 2. 计税基础:**

取得方式	计税基础
(1) 外购	购买价款+支付的相关税费+其他支出
(2) 自行开发	符合资本化条件后至达到预定用途前发生的支出
(3) 捐赠、债务重组等	公允价值+相关税费

(三) 长期待摊费用

★ **考点 1. 准予扣除:**

（1）已足额提取折旧的固定资产改建支出：按预计尚可使用年限分期摊销。
（2）租入固定资产的改建支出：按合同约定的剩余租赁期限分期摊销。
（3）固定资产的大修理支出：按尚可使用年限分期摊销。
（4）其他长期待摊费用支出，自支出月份的次月起，分期摊销，年限不得低于3年。

【例13·多选】根据企业所得税法律制度的规定，下列选项中，属于长期待摊费用的有（　　）。
A. 固定资产的大修理支出　　　　B. 购入固定资产的支出
C. 租入固定资产的改建支出　　　D. 已足额提取折旧的固定资产的改建支出
【答案】ACD
【解析】在计算应纳税所得额时，企业发生的下列支出，作为长期待摊费用，按照规定摊销的，准予扣除：（1）已足额提取折旧的固定资产的改建支出，按照固定资产预计尚可使用年限分期摊销。（2）租入固定资产的改建支出，按照合同约定的剩余租赁期限分期摊销。（3）固定资产的大修理支出，按照固定资产尚可使用年限分期摊销。

六、应纳税额的计算

★★★考点1. 应纳税额的计算：
应纳税额＝应纳税所得额×适用税率－减免税额－抵免税额
（1）直接法：
应纳税所得额＝收入总额－不征税收入－免税收入－各项扣除－以前年度亏损
【注意】自2018.1.1起，当年具备高新技术企业或科技型中小企业资格的企业，其具备资格年度之前5个年度发生的尚未弥补完的亏损，准予结转以后年度弥补，最长结转年限由5年延长至10年。
（2）间接法：
应纳税所得额＝利润总额＋纳税调增额－纳税调减额
（3）税收抵免：
①按国（地区）别分别计算——分国（地区）不分项；
②不按国（地区）别汇总计算——不分国（地区）不分项。
【注意】一经选择，5年不变。

【例14·不定项】A为居民企业，从事服装生产和销售业务。2014年有关收支情况如下：
（1）取得销售货物收入9 000万元、技术服务收入700万元、出租设备收入60万元、出售房产收入400万元、国债利息收入40万元。
（2）缴纳增值税900万元、资源税20万元、城市维护建设税和教育费附加92万元、房产税25万元。
（3）发生广告费和业务宣传费1 500万元、其他可在企业所得税前扣除的成本和费用4 100万元。

已知：在计算企业所得税应纳税所得额时，广告费和业务宣传费支出不超过当年销售（营业）收入的15%。

要求：根据上述资料，不考虑其他因素，分析回答下列小题。

1. A企业下列收入中，属于企业所得税免税收入的是（　　）。
   A. 出租设备收入60万元　　　　B. 国债利息收入40万元
   C. 技术服务收入700万元　　　　D. 出售房产收入400万元
   【答案】B
   【解析】国债利息收入属于企业所得税免税收入。

2. A企业缴纳的下列税费中，计算2014年企业所得税应纳税所得额时，准予扣除的是（　　）。
   A. 增值税900万元　　　　　　　B. 房产税25万元
   C. 资源税20万元　　　　　　　 D. 城市维护建设税和教育费附加92万元
   【答案】BCD
   【解析】在计算企业所得税时不得扣除的税金：（1）增值税；（2）企业所得税。

3. A企业计算2014年度企业所得税应纳税所得额时，准予扣除的广告费和业务宣传费为（　　）。
   A. 1 356万元　　B. 1 530万元　　C. 1 500万元　　D. 1 464万元
   【答案】D
   【解析】扣除限额＝当年销售（营业）收入的15%＝（9 000＋700＋60）×15%＝1 464（万元）＜实际发生的广告费和业务宣传费1 500万元，准予扣除的广告费和业务宣传费为1 464万元。

4. A企业2014年度企业所得税应纳税所得额的下列计算中，正确的是（　　）。
   A. 9 000＋400＋60－25－4 100－1 530＝3 805（万元）
   B. 9 000＋400＋40－900－92－25－4 100－1 356＝2 967（万元）
   C. 9 000＋700＋400＋60－20－92－25－4 100－1 464＝4 459（万元）
   D. 9 000＋700＋40－900－20－92－4 100－1 500＝3 128（万元）
   【答案】C
   【解析】甲企业2014年度企业所得应纳所得税额＝9 000（销售货物收入）＋700（技术服务收入）＋60（出租设备收入）＋400（出售房产收入）－20（资源税）－92（城建税和教育费附加）－25（房产税）－4 100（其他成本和费用）－1 464（准予扣除的广告费和业务宣传费）＝4 459（万元）。

七、税收优惠

★★★**考点1. 免税收入**：

（1）<u>国债利息收入</u>。

（2）符合条件的居民企业之间的**股息**、**红利收入**（条件：持有12个月以上）。
（3）在境内设立机构、场所的**非居民企业**，从居民企业取得与该机构、场所有实际联系的股息、红利收入。
（4）符合条件的**非营利组织的收入**。
【注意】必须区分不征税收入和免税收入。

【易混点】不征税收入VS免税收入：

不征税收入	免税收入
（1）财政拨款 （2）行政事业性收费、政府性基金 （3）专项用途并经批准的财政性资金	（1）国债利息 （2）符合条件的居民企业之间的股息、红利等权益性投资收益 （3）在中国境内设立机构、场所的非居民企业从居民取得与该机构、场所有实际联系的股息、红利等权益性投资收益 （4）符合条件的非营利组织的收入

【例15·多选】根据企业所得税法律制度的规定，下列各项中，属于不征税收入的有（　　）。
A．依法收取并纳入财政管理的行政事业性收费
B．国债利息收入
C．财政拨款
D．接受捐赠收入
【答案】AC
【解析】选项B属于免税收入；选项D属于应税收入。

★★**考点2．免征＋减半征收**：
（1）**免征**：
①蔬菜、谷物、薯类、油料、豆类、棉花、麻类、糖料、水果、坚果的种植；
②农作物新品种的选育；
③中药材的种植；
④林木的培育和种植；
⑤牲畜、家禽的饲养；
⑥林产品的采集；
⑦灌溉、农产品初加工、兽医、农技推广、农机作业和维修等农/林/牧/渔业；
⑧远洋捕捞。
（2）**减半征收**：
①花卉、茶及其他饮料作物和香料作物的种植；
②海水养殖、内陆养殖。
【注意】技术转让所得不超过500万元的部分，免征；超过500万元的部分，减半征收。

★★★考点3. 加计扣除：

（1）三"新"研发费：开发新技术、新产品、新工艺。（2019年调整）

情形	一般规定	特殊规定
未形成无形资产	50%加计扣除	75%加计扣除
形成无形资产	150%税前摊销	175%税前摊销

【注意1】加计扣除特殊规定适用期间为2018年1月1日至2020年12月31日。

【注意2】下列行业不适用税前加计扣除政策：烟草制造业；住宿和餐饮业；批发和零售业；房地产业；租赁和商务服务业；娱乐业；财政部和国家税务总局规定的其他行业。

（2）安置残疾人员的工资：在据实扣除的基础上，按工资的100%加计扣除。

★考点4. 应纳税所得额抵扣：

（1）创业投资企业以股权投资方式投资于未上市的中小高新技术企业2年以上的，可按其投资额的70%在股权持有满2年的当年抵扣该投资企业的应纳税所得额。

（2）公司制创业投资企业以股权投资方式直接投资于种子期、初创期科技型企业满2年的，可按照投资额的70%在股权持有满2年的当年抵扣该投资企业的应纳税所得额。

（3）有限合伙制创业投资企业采取股权投资方式直接投资于初创科技型企业满2年的，其法人合伙人可按照其投资额的70%抵扣该法人合伙人从合伙创投企业分得的所得。

（4）有限合伙制创业投资企业采取股权投资方式投资于未上市的中小高新技术企业满2年的，其法人合伙人可按照其投资额的70%抵扣该法人合伙人从该有限合伙制创业投资企业分得的应纳税所得额。

【注意】以上当年不足抵扣的，可在以后纳税年度结转抵扣。

【例16·单选】M企业为创业投资企业，2014年2月采取股权投资方式向N公司（未上市的中小高新技术企业）投资300万元，至2016年12月31日仍持有该股权。M企业2016年在未享受股权投资应纳税所得额抵扣的税收优惠政策前的企业所得税应纳税所得额为2 000万元。已知企业所得税税率为25%，M企业享受股权投资应纳税所得额抵扣的税收优惠政策。计算M企业2016年度应缴纳企业所得税税额的下列算式中，正确的是（ ）。（2016年）

A.（2 000×70%－300）×25%＝275（万元）

B. 2 000×70%×25%＝350（万元）

C.（2 000－300）×25%＝425（万元）

D.（2 000－300×70%）×25%＝447.5（万元）

【答案】D

【解析】（1）创业投资企业采取股权投资方式投资于未上市的中小高新技术企业2年以上的，可以按照其投资额的70%在股权持有满2年的当年抵扣该创业投资企业的应纳税所得额；当年不足抵扣的，可以在以后纳税年度结转抵扣。
（2）M企业2016年度应缴纳企业所得税税额＝（2 000－300×70%）×25%＝447.5（万元）。

★★★**考点5．加速折旧和设备、器具一次性税前扣除：**
（1）可以采取<u>缩短折旧年限</u>或<u>加速折旧方法</u>：
①技术进步，产品更新换代较快；
②常年处于强震动、高腐蚀状态。
【注意】缩短折旧年限方法的，最低折旧年限不得低于法定折旧年限的60%。
（2）<u>加速折旧方法</u>：双倍余额递减法或年数总和法。
（3）2018.1.1至2020.12.31新购进（包括自行建造）的设备、器具，单位价值<u>不超过500万元的</u>，允许<u>一次性</u>计入当期成本费用在计算应纳税所得额时扣除，不再分年度计算折旧。

★**考点6．减计收入：**
以规定的资源作为主要原材料，生产国家非限制和非禁止、并符合相关标准的产品，<u>减按90%</u>计入收入总额。

【例17·判断】企业综合利用资源，生产符合国家产业政策规定的产品所取得的收入，免征企业所得税。（　　）（2015年）
【答案】×
【解析】企业以规定的资源作为主要原材料，生产国家非限制和禁止并符合国家和行业相关标准的产品取得的收入，减按90%计入收入总额。

★**考点7．应纳税额抵免：**
企业购置并实际使用规定的环境保护、节能节水、安全生产等<u>专用设备</u>的，该<u>投资额的10%</u>，可从企业当年的应纳税额中抵免。
【注意】当年不足抵免的，可在以后5个纳税年度结转抵免。

八、征收管理
★**考点1．纳税地点：**

（1）<u>居民</u>企业	①登记注册地
	②登记注册地在境外——实际管理机构所在地
（2）<u>非居民</u>企业	①有机构、场所，有联系——机构、场所所在地
	②未设立机构、场所的，没有实际联系——扣缴义务人所在地

★★★**考点2．纳税期限：**
（1）按<u>年</u>计征，按<u>月</u>或按<u>季</u>预缴，年终汇算清缴，多退少补。
（2）在一个纳税年度的中间，开业或结业，使该纳税年度的实际经营期不足12个月的，应以其实际经营期为1个纳税年度。

（3）应自年度终了之日起5个月内，报送年度企业所得税纳税申报表，并汇算清缴，结清应缴应退税款。

（4）年度中间终止经营活动，应自实际经营终止之日起60日内，办理当期汇算清缴。

★考点3．纳税申报：

按月或按季预缴的，自月份或季度终了之日起15日内，报送纳税申报表，预缴税款。

【例18·多选】根据规定，下列关于企业所得税纳税期限的表述中，正确的是（　　）。（2016年）

A. 企业所得税按年计征，分月或者分季预缴，年终汇算清缴，多退少补

B. 企业在一个纳税年度中间开业，若该纳税年度的实际经营期不足12个月的，应当以其实际经营期为1个纳税年度

C. 企业在年度中间终止经营活动的，应当自实际经营终止之日起60日内，向税务机关办理当期企业所得税汇算清缴

D. 企业依法清算时，应当以清算期间作为1个纳税年度

【答案】ABCD

【解析】以上答案均正确。

检测 3–1

第二节　个人所得税法律制度

一、纳税人

★★考点1．纳税人：

类型	判定标准	纳税义务
（1）居民	①在中国境内有住所	无限
	②在中国境内无住所而在境内居住累计满183天	
（2）非居民	①在中国境内无住所又不居住	有限
	②在中国境内无住所而又居住累计不满183天	

【注意】上述居住期间指在一个纳税年度内，即自公历1月1日—12月31日。

★★考点2. **所得来源地的确定**：下列所得，不论支付地点是否在中国境内，均为来源于**中国境内**的所得。
（1）因任职、受雇、履约等而在中国境内提供劳务取得的所得。
（2）在中国境内开展经营活动而取得与经营活动相关的所得。
（3）将**财产**出租给承租人在中国境内使用而取得的所得。
（4）许可各种**特许权**在中国境内使用而取得的所得。
（5）转让中国境内**不动产**、**土地使用权**、**权益性资产**或者在中国境内转让动产及其他财产取得的所得。
（6）由中国境内企事业单位和其他经济组织以及居民个人支付或负担的稿酬所得、偶然所得。
（7）从中国境内企事业单位和其他经济组织或居民个人取得的利息、股息、红利所得。

二、综合考点

★★★考点1. **工资、薪金所得**：
（1）征税范围一般规定：因**任职**或**受雇**而取得。
【注意】不属于工资、薪金补贴，不征个税：
①独生子女补贴；
②执行公务员工资制度未纳入基本工资总额的补贴、津贴差额和家属成员的副食补贴；
③托儿补助；
④差旅费津贴、误餐补助。

【例1·单选】根据规定，下列各项中，应征收个人所得税的是（　　）。（2016年）
A. 托儿补助费　　　　　　　　B. 离退休人员从原任职单位取得的补贴
C. 独生子女补贴　　　　　　　D. 差旅费津贴
【答案】B
【解析】选项ACD不属于工资、薪金补贴，不征收个人所得税。

（2）特殊规定：
①解除劳动关系取得一次性补偿收入：
a.超过当地上年职工平均工资3倍数额部分的，按规定计税；
b.3倍数额以内的部分，可免税。
②**退休人员**：
a.安家费、退职费、退休工资、离休工资、离休生活补助费，免税；
b.再任职取得的收入，按"工资、薪金所得"征税；
c.从原任职单位取得的各类补贴、奖金、实物，按"工资、薪金所得"纳税。
③**科技成果转化**：
非营利性研究开发机构和高等学校，从职务科技成果转化收入中给予科技人员的现

金奖励，减按50%计入"工资、薪金所得"。

【例2·判断】退休人员再任职取得的收入，免征个人所得税。（　　）

【答案】×

【解析】退休人员再任职取得的收入，在减除按税法规定的费用扣除标准后，按"工资、薪金所得"税目计征个人所得税。

★★★考点2．劳务报酬所得：
（1）从事非雇佣的各种劳务所得。
（2）个人兼职取得的收入。
与"工资、薪金所得"的辨析：

情形		税目
教师、演员	单位内	工资薪金
	在外	劳务报酬
受雇于律师个人		劳务报酬
证券经纪人的佣金，扣除40%的展业成本		
个人保险代理人的佣金、奖励和劳务费，扣除40%的展业成本		

★★考点3．稿酬所得：
（1）个人出版、发表取得的所得。
（2）作者去世后，财产继承人取得的遗作稿酬。

【例3·判断】个人出版书画作品取得的所得，应按劳务报酬所得税目计缴个人所得税。（　　）

【答案】×

【解析】个人出版书画作品取得的所得，应按稿酬所得税目计缴个人所得税。

★★考点4．特许权使用费所得：
（1）个人提供专利权、商标权、著作权、非专利技术的使用权取得的所得。
（2）作者将自己的文字作品手稿原件或复印件公开拍卖（竞价）取得的所得。
（3）个人取得特许权的经济赔偿收入。
（4）编剧从电视剧的制作单位取得的剧本使用费。

★★★考点5．税率：7级超额累进税率（3%—45%）。

个人所得税税率表
（综合所得适用）

级数	全年应纳税所得额	税率（%）
1	不超过36 000元的	3
2	超过36 000元至144 000元的部分	10
3	超过144 000元至300 000元的部分	20
4	超过300 000元至420 000元的部分	25
5	超过420 000元至660 000元的部分	30
6	超过660 000元至960 000元的部分	35
7	超过960 000元的部分	45

【注意】对纳税人在2018年第四季度【2018.10.1（含）后】实际取得的工资、薪金所得，减除费用统一按照5 000元/月执行，并按照下表计算应纳税额。

个人所得税税率表（工资薪金所得适用）

级数	全月应纳税所得额	税率（%）	速算扣除数
1	不超过3 000元的	3	0
2	超过3 000元至12 000元的部分	10	210
3	超过12 000元至25 000元的部分	20	1 410
4	超过25 000元至35 000元的部分	25	2 660
5	超过35 000元至55 000元的部分	30	4 410
6	超过55 000元至80 000元的部分	35	7 160
7	超过80 000元的部分	45	15 160

★★★**考点6．计税依据：**

（1）居民个人的综合所得，以每一纳税年度的收入额减除费用6万元以及专项扣除、专项附加扣除和依法确定的其他扣除后的余额，为应纳税所得额。

①专项扣除：基本养老保险、基本医疗保险、失业保险等社会保险费和住房公积金等；

②专项附加扣除：子女教育、继续教育、大病医疗、住房贷款利息、住房租金和赡养老人。

专项附加扣除项目	扣除标准	扣除方法
子女教育	每个子女每年12 000元（每月1 000元）	可由父母分别按50%扣除，也可由其中一方按100%扣除；扣除方式在一个纳税年度内不得变更
继续教育	学 历：每年4 800元（每月400元）	同一学历教育，可由其父母按照子女教育支出扣除，也可由本人按照继续教育支出扣除，但不得同时扣除
	职业资格：每年3 600元	在取得相关证书的年度扣除

续表

专项附加扣除项目	扣除标准	扣除方法
大病医疗（个人负担部分超过15 000元）	每年60 000元	由纳税人本人办理汇算清缴时扣除
住房贷款利息	每年12 000元（每月1 000元）	首套住房贷款利息
住房租金	①直辖市、省会城市、计划单列市：每年14 400元（每月1 200元） ②其他城市（人口>100万）：每年12 000元（每月1 000元） ③其他城市（人口≤100万）：每年9 600元（每月800元）	①由签订租赁住房合同的承租人扣除 ②纳税人及其配偶不得同时分别享受住房贷款利息专项附加扣除和住房租金专项附加扣除
赡养老人 【60岁（含）以上】	①独生子女：每年24 000元（每月2 000元） ②非独生子女：每年不超过12 000元（每月1 000元）	赡养两个及以上老人的，不按老人人数加倍扣除

（2）<u>非居民个人</u>的工资、薪金所得，以<u>每月收入额减除费用5 000元</u>后的余额为应纳税所得额。

★★★**考点7. 应纳税额的计算：**

应纳税额＝应纳税所得额×适用税率－速算扣除数
　　　　＝（每一纳税年度的收入额－费用6万元－专项扣除－专项附加扣除－依法确定的其他扣除）×适用税率－速算扣除数

【注意1】劳务报酬所得、稿酬所得、特许权使用费所得以收入<u>减除20%的费用</u>后的余额为收入额；稿酬所得的收入额<u>减按70%</u>计算。

【注意2】非居民个人取得的劳务报酬所得、稿酬所得、特许权使用费所得，属于<u>一次性收入</u>的，以取得<u>该项收入</u>为一次；属于<u>同一项目连续性收入</u>的，以<u>一个月内</u>取得的收入为一次。

三、经营所得

考点1. 征税范围：

（1）<u>个人</u>通过在中国境内注册登记的个体工商户、个人独资企业、合伙企业从事生产、经营活动取得的所得。

（2）<u>个人</u>依法取得执照，从事办学、医疗、咨询以及其他有偿服务活动取得的所得。

（3）<u>个人</u>承包、承租、转包、转租取得的所得。

（4）<u>个人</u>从事其他生产、经营活动取得的所得。

考点2. 税率：<u>5级</u>超额累进税率（5%—35%）。

个人所得税税率表
（经营所得适用）

级数	全月应纳税所得额（含税级距）	税率（%）
1	不超过30 000元的	5
2	超过30 000元至90 000元的部分	10
3	超过90 000元至300 000元的部分	20
4	超过300 000元至500 000元的部分	30
5	超过500 000元的部分	35

★考点3．计税依据：
（1）个体工商户生产经营所得与企业所得税的应纳税所得额计算类似。
（2）个体工商户业主、个人独资企业投资者、合伙企业个人合伙人以及从事其他生产、经营活动的个人，以其每一纳税年度来源于个体工商户、个人独资企业、合伙企业以及其他生产、经营活动的所得，减除<u>费用6万元</u>、<u>专项扣除</u>以及依法确定的其他扣除后的余额，为应纳税所得额。
【注意】个体工商户业主2018年第四季度取得的生产经营所得，减除费用按照5 000元/月执行，前三季度减除费用按照3 500元/月执行。
（3）个体工商户业主的工资薪金支出不得税前扣除。

考点4．应纳税额的计算：
（1）个体工商户的生产、经营所得：
应纳税所得额＝应纳税所得额×适用税率－速算扣除数
　　　　　＝（全年收入总额－成本、费用、税金、损失、其他支出及以前年度亏损）×适用税率－速算扣除数
（2）对企业单位的承包经营、承租经营所得
应纳税额＝（纳税年度收入总额－必要费用）×适用税率－速算扣除数

四、利息、股息、红利所得

★考点1．征税范围：个人拥有<u>债权</u>、<u>股权</u>而取得的利息、股息、红利所得。
【注意】国债和国家发行的金融债券利息、储蓄存款利息所得，不征税。

考点2．税率：20%。

★考点3．计征方法：以支付利息、股息、红利时取得的收入为一次（全额征税）。

考点4．应纳税额的计算：应纳税额＝应纳税所得额×20%＝每次收入额×20%。

考点5. 个人从公开发行和转让市场取得上市公司的股息红利：

持股期限	应纳税所得额确定
1个月以内（含1个月）	全额计征
1个月以上至1年（含1年）	减按50%计征
超过1年的	暂免征税

五、财产租赁所得

★考点1. 征税范围：个人<u>出租</u>/<u>转租</u>取得的所得。

★考点2. 计征方法：按次征收，1个月内取得的收入为一次。

★考点3. 税率：20%。
【注意】个人出租住房取得的所得暂减按10%的税率征收。

★★★考点4. 应纳税额的计算：
（1）每次（月）收入<u>≤4 000元</u>：
应纳税额=[每次（月）收入额－税费－修缮费用（800元为限）－800元]×20%（或10%）

（2）每次（月）收入<u>≥4 000元</u>：
应纳税额=[每次（月）收入额－税费－修缮费用（800元为限）]×（1－20%）×20%（或10%）

【注意1】个人出租房屋的个人所得税应税收入不含增值税，计算房屋出租所得可扣除的税费不包括本次出租缴纳的增值税。

【注意2】个人转租房屋的，其支付的租金及增值税税额，在计算转租所得时予以扣除。

【例4·单选】2016年7月，简某出租住房取得不含增值税租金收入3 000元，房屋租赁过程中缴纳的可以税前扣除的相关税费120元，支付出租住房维修费1 000元，已知个人出租住房取得的所得按10%的税率征收个人所得税，每次收入不超过4 000元减除费用800元。简某当月出租住房应缴纳个人所得税税额的下列计算列式中，正确的是（　　）。
A.（3 000－120－1 000－800）×10%＝108（元）
B.（3 000－120－800－800）×10%＝128（元）
C.（3 000－120－1 000）×10%＝188（元）
D.（3 000－120－800）×10%＝208（元）
【答案】B
【解析】（1）每次（月）收入不超过4 000元的应纳税额=[每次（月）收入额－财产租赁过程中缴纳的税费－由纳税人负担的租赁财产实际开支的修缮费用（800元为限）－

800]×20%；（2）简某出租住房应缴纳个人所得税税额＝（3 000－120－800－800）×10%
＝128（元）。

六、财产转让所得
★★考点1．征税范围：
（1）个人<u>转让财产</u>取得的收入。
（2）个人<u>转让非货币性资产</u>的所得。
（3）通过<u>招标</u>、<u>竞拍</u>或其他方式购置债权以后，**通过合法程序主张债权**的所得。
（4）通过网络收购玩家的<u>虚拟货币</u>，<u>加价</u>后向他人出售的收入。
（5）<u>转让上市公司限售股</u>的所得。
【注意1】个人转让自用达5年以上，且是唯一的家庭生活用房取得的所得，暂免征个税。
【注意2】股票转让所得，暂不征收个税。

【例5·判断】个人通过网络收购玩家的虚拟货币，加价后向他人出售取得的收入，不征收个人所得税。（   ）
【答案】×
【解析】个人通过网络收购玩家的虚拟货币，加价后向他人出售取得的收入，属于个人所得税应税所得，应按照"财产转让所得"项目计算缴纳个人所得税。

考点2．税率：20%。

★★考点3．计征方法：按次计征。

★★考点4．应纳税额的计算：
应纳税额＝（收入总额－财产原值－合理费用）×20%
【注意】个人转让房屋的个人所得税应税收入不含增值税，其取得房屋时所支付价款中包含的增值税计入财产原值，计算转让所得时可扣除的税费不包括本次转让缴纳的增值税。

七、偶然所得
★★考点1．征税范围：个人得奖、中奖、中彩及其他<u>偶然</u>性质的所得。
（1）个人取得单张有奖发票奖金所得<u>≤800元</u>，暂免征个税；<u>＞800元</u>，全额征税。
（2）个人购买福利彩票、赈灾彩票、体育彩票，<u>一次中奖收入≤1万元</u>的暂免征个税；<u>超过1万元的</u>，全额征收。
【注意】个人举报、协查各种违法、犯罪行为而获得的奖金，免征个税。

★考点2．应纳税额的计算：
应纳税额＝应纳税所得额×20%＝每次收入额×20%

八、公益性捐赠支出的个人所得税处理

★★考点1. 公益性捐赠支出：

捐赠对象		税前扣除处理
个人通过非营利性的社会团体和国家机关捐赠	（1）红十字	全额扣除
	（2）农村义务教育	
	（3）公益性青少年活动场所的捐赠	
	（4）福利性、非营利性老年服务机构	
	（5）通过特定的基金会用于公益救济性的捐赠，符合相关条件的	
	（6）教育、扶贫、济困等公益慈善事业	不超过应纳税所得额的30%部分
个人直接向受赠人的捐赠		不得从税前扣除

【注意】（1）自2017年7月1日起，对个人购买符合规定的商业健康保险产品的支出，允许在当年（月）计算应纳税所得额时予以税前扣除，扣除限额为2 400元/年（200元/月）。单位统一为员工购买符合规定的商业健康保险产品的支出，应分别计入员工个人工资薪金，视同个人购买，按上述限额予以扣除。

（2）2 400元/年（200元/月）的限额扣除为个人所得税法律规定减除费用标准之外的扣除。

（3）适用商业健康保险税收优惠政策的纳税人，是指取得工资薪金所得、连续性劳务报酬所得的个人，以及取得个体工商户生产经营所得、对企事业单位的承包承租经营所得的个体工商户业主、个人独资企业投资者、合伙企业合伙人和承包承租经营者。

【例6·判断】个人通过非营利性的社会团体和国家机关向红十字事业的捐赠，准予在税前的所得额中全额扣除。（ ）

【答案】√

【解析】个人通过非营利性的社会团体和国家机关向红十字事业的捐赠，准予在税前的所得额中全额扣除。

【总结】各征税项目综述：

应税项目	应纳税所得额	税率	计征方法	应纳税额
（1）工资、薪金所得	（每年度收入额—费用6万元—专项扣除—专项附加扣除—其他扣除）×适用税率—速算扣除数	7级超额累进税率（3%—45%）	按年	应纳税额=应纳税所得额×适用税率—速算扣除数
（2）劳务报酬所得				
（3）稿酬所得				
（4）特许权使用费所得				
（5）个体工商户生产、经营所得	（全年收入总额—成本、费用及损失等）×适用税率—速算扣除数	5级超额累进税率（5%—35%）		

续表

应税项目	应纳税所得额	税率	计征方法	应纳税额
（6）对企事业单位承包经营、承租经营所得	全年收入—必要费用	5级超额累进税率（5%—35%）	按年	应纳税额=应纳税所得额×适用税率—速算扣除数
（7）财产租赁所得	①每次收入额＜4 000元：每次（月）收入额—财产租赁过程中缴纳的税费—由纳税人负担的租赁财产实际开支的修缮费用（800元为限）—800元 ②每次收入额≥4 000元：[每次（月）收入额—财产租赁过程中缴纳的税费—由纳税人负担的租赁财产实际开支的修缮费用（800元为限）]×（1—20%）	20% 【注意】个人出租住房取得的所得暂减按10%的税率	按次	应纳税额=应纳税所得额×20%
（8）财产转让所得	收入总额—财产原值—合理费用			
（9）利息、股息、红利所得	每次收入额			
（10）偶然所得				

九、税收优惠

★★★**考点1. 免税项目：**

（1）<u>省级</u>人民政府、<u>国务院部委</u>和中国人民解放军<u>军以上</u>单位，及外国组织、国际组织颁发的科学、教育、技术、文化、卫生、体育、环境保护等方面的<u>奖金</u>。

（2）<u>国债</u>和国家发行的金融债券利息。

（3）按规定发给的补贴、津贴。

（4）福利费、抚恤金、救济金。

（5）<u>保险赔款</u>。

（6）军人的转业费、复员费、退役金。

（7）按规定发给干部、职工的<u>安家费</u>、<u>退职费</u>、<u>退休工资</u>、<u>离休工资</u>、<u>离休生活补助</u>。

（8）个人取得的<u>拆迁补偿款</u>按规定免税。

（9）外籍个人：

①<u>非现金</u>形式取得住房补贴、伙食补贴、搬迁费、洗衣费；

②合理取得的境内、境外出差补贴；

③语言训练费、子女教育费等，经当地税务机关审核批准为合理的部分；

④从外商投资企业取得的<u>股息</u>、<u>红利</u>。

【例7·多选】下列各项中，暂免征收个人所得税的有（　　）。
A.外籍个人以现金形式取得的住房补贴
B.外籍个人从外商投资企业取得的股息、红利所得
C.个人转让自用3年，并且是唯一的家庭生活用房取得的所得
D.个人购买福利彩票，一次中奖收入1 000元的
【答案】BD
【解析】外籍个人以非现金方式或实报实销形式取得的住房补贴、伙食补贴、搬迁费、洗衣费暂免征收个人所得税，因此选项A错误；个人转让自用达5年以上，并且是唯一的家庭生活用房取得的所得，暂免征收个人所得税。

十、征收管理

★★★**考点1．纳税申报**：
（1）自行申报：
①取得综合所得需要办理汇算清缴；
②取得应税所得没有扣缴义务人；
③取得应税所得，扣缴义务人未扣缴税款；
④取得境外所得；
⑤因移居境外注销中国户籍；
⑥非居民个人在中国境内从两处以上取得工资、薪金所得；
⑦国务院规定的其他情形。
（2）需要办理汇算清缴的情形：
①在两处或两处以上取得综合所得，且综合所得年收入额减去专项扣除的余额超过6万元；
②取得劳务报酬所得、稿酬所得、特许权使用费所得中一项或多项所得，且综合所得年收入额减去专项扣除的余额超过6万元；
③纳税年度内预缴税额低于应纳税额的。
（3）纳税人同时从两处以上取得工资、薪金所得，并由扣缴义务人办理专项附加扣除的，对同一专项附加扣除项目，纳税人只能选择从其中一处扣除。
（4）税务机关不予办理退税的情形：
①纳税申报或者提供的汇算清缴信息，经税务机关核实为虚假信息，并拒不改正的；
②法定汇算清缴期结束后申报退税的。

【例8·多选】根据个人所得税法律制度的规定，纳税人应当按照规定到主管税务机关办理自行纳税申报的有（　　）。
A.取得应纳税所得，没有扣缴义务人的
B.因移居境外注销中国户籍的
C.从中国境外取得所得的
D.从中国境内两处或者两处以上取得工资、薪金所得的

【答案】ABCD

【解析】以上四个选项均正确。

★ **考点2. 纳税期限：**

（1）代扣代缴、没有扣缴义务人、非居民个人在中国境内从两处以上取得工资、薪金所得：次月15日内。

（2）需办理汇算清缴：

①居民个人取得综合所得：次年3月1日至6月30日内；

②经营所得：次年3月31日前。

（3）从中国境外取得所得：次年3月1日至6月30内。

【注意】所得为人民币以外货币的，按照办理纳税申报或扣缴申报的上一月最后一日人民币汇率中间价，折合成人民币计算应纳税所得额。年度终了后办理汇算清缴的，对已经按月、按季或者按次预缴税款的人民币以外货币所得，不再重新折算；对应当补缴税款的所得部分，按照上一纳税年度最后一日人民币汇率中间价，折合成人民币计算应纳税所得额。

阶段3测评

第四阶段学习方案

学习方案一

承第三阶段学习方案一				
阶段—模块	学习、复习计划	检测	完成日期	定制调整内容
4-47	学习第六章第一节	—		
4-48	学习第六章第二节	—		
4-49	学习第六章第三节	—		
4-50	学习第六章第四节 复习第一至第四节	4-1		
4-51	学习第六章第五节	—		
4-52	学习第六章第六节	—		
4-53	学习第六章第七节	—		
4-54	学习第六章第八节	—		
4-55	学习第六章第八节 复习第六章	4-2		
4-56	学习第七章第一节	—		
4-57	学习第七章第二节	—		
4-58	学习第七章第三节	—		
4-59	学习第七章第四节 复习第六、第七章	4-3		
4-60	学习第八章第一节	—		
4-61	学习第八章第一节	—		
4-62	学习第八章第一节	—		
4-63	学习第八章第一节	—		
4-64	学习第八章第一节	—		
4-65	学习第八章第二节	—		
4-66	学习第八章第二节	—		
4-67	学习第八章第二节	—		
4-68	学习第八章第二节	—		
4-69	学习考霸手稿	—		
4-70	完成模拟试卷 复习全书内容	线上诊断		

学习方案二

阶段—模块	学习、复习计划	检测	完成日期	定制调整内容
	承第三阶段学习方案二			
4-33	学习第六章第一、第二节	—		
4-34	学习第六章第三节	—		
4-35	学习第六章四节 复习第一至第四节	4-1		
4-36	学习第六章第五、第六节	—		
4-37	学习第六章第七节	—		
4-38	学习第六章第八节	—		
4-39	学习第六章第八节 复习第六章	4-2		
4-40	学习第七章第一节	—		
4-41	学习第七章第二节	—		
4-42	学习第七章第三、第四节 复习第六、第七章	4-3		
4-43	学习第八章第一节	—		
4-44	学习第八章第一节	—		
4-45	学习第八章第一节	—		
4-46	学习第八章第二节	—		
4-47	学习第八章第二节	—		
4-48	学习第八章第二节	—		
4-49	学习考霸手稿	—		
4-50	完成模拟试卷 复习全书内容	线上诊断		

学习方案三

阶段—模块	学习、复习计划	检测	完成日期	定制调整内容
	承第三阶段学习方案三			
4-19	学习第六章第一、第二节	—		
4-20	学习第六章第三、第四节 复习第一至第四节	4-1		
4-21	学习第六章第五、第六节	—		
4-22	学习第六章第七节	—		
4-23	学习第六章第八节 复习第六章	4-2		
4-24	学习第七章 复习第六、第七章	4-3		
4-25	学习第八章第一节	—		
4-26	学习第八章第一节	—		
4-27	学习第八章第二节	—		
4-28	学习第八章第二节	—		
4-29	学习考霸手稿	—		
4-30	完成模拟试卷 复习全书内容	线上诊断		

第四阶段通关宝典

第六章 其他税收法律制度

本章考情分析

本章内容涉及较多，考点分散，分值在13分左右，通常不单独涉及不定项选择题。考生需重点掌握各个税种的纳税人、征税范围、计税依据及应纳税额的计算。

年份 题型	2014		2015		2016		2017		2018	
	题量	分值	题量	分值	题量	分值	题量	分值	题量	分值
单选题	5	7.5	5	7.5	5	7.5	5	7.5	5	7.5
多选题	2	4	2	4	2	4	3	6	1	2
判断题	2	2	2	2	3	3	2	2	1	1
不定项选择题	—	—	—	—	—	—	—	—	1	2
合计	9	13.5	9	13.5	10	14.5	10	15.5	8	12.5

第一节 房产税法律制度

一、房产税纳税人

★★★**考点1. 纳税人**：在<u>城市</u>、<u>县城</u>、<u>建制镇</u>、<u>工矿区</u>内拥有房屋产权的单位和个人。包括：产权所有人、承典人、房产代管人或使用人。

产权	（1）属国家所有，其经营管理的单位为纳税人
	（2）属集体和个人，集体单位和个人为纳税人
	（3）出典的，承典人为纳税人
	（4）所有人、承典人均不在房产所在地，房产代管人或使用人为纳税人
	（5）未确定以及租典纠纷未解决，房产代管人或使用人为纳税人

【注意】纳税单位和个人"无租使用"房产管理部门、免税单位及纳税单位的房产，由使用人代为缴纳房产税。

【记忆口诀】受益人纳税。

【例1·单选】关于房产税纳税人的下列表述中，不符合法律制度规定的是（ ）。（2014年）

A. 房屋产权未确定的，房产代管人为纳税人
B. 房屋产权所有人不在房屋所在地的，房产代管人为纳税人
C. 房屋产权属于国家的，其经营管理单位为纳税人
D. 房屋出租的，承租人为纳税人

【答案】D

【解析】本题考核房产税的纳税义务人。房产出租的，出租人按照租金收入缴纳从租计征的房产税，出租人为房产税的纳税义务人。

二、房产税征税范围

★★考点1．范围：<u>城市</u>、<u>县城</u>、<u>建制镇</u>、<u>工矿区的房屋</u>，不包括农村。

【注意1】独立于房屋之外的围墙、烟囱、水塔、室外游泳池等，不征房产税。

【注意2】房地产开发企业建造的商品房，在出售前，不征房产税。

【注意3】对出售前房地产开发企业已使用或出租、出借的商品房，征收房产税。

【例2·判断】房地产开发企业建造的商品房，售出前已使用的，不征收房产税。（   ）

【答案】×

【解析】对房地产开发企业建造的商品房，在售出前，不征收房产税；但对售出前房地产开发企业已使用或出租、出借的商品房应按规定征收房产税。

三、房产税应纳税额的计算

★★★考点1．应纳税额的计算：

计税方法	计税依据	税率	计税公式
（1）<u>从价计征</u>	房产余值	<u>1.2%</u>	应纳税额＝房产原值×（1－扣除比例）×1.2%
（2）<u>从租计征</u>	<u>租金收入</u>（不含增值税）	<u>12%（或4%）</u>	应纳税额＝租金收入×12%（或4%）

【注意1】个人出租住房，减按4%的税率征收。

【注意2】对于融资租赁的房屋，以房产余值计征房产税。

【注意3】关于投资联营：

（1）对以房产投资联营、投资者参与投资利润分红、共担风险的，按房产余值作为计税依据计缴房产税。

（2）对以房产投资收取固定收入、不承担经营风险的，应以出租方取得的租金收入为计税依据计缴房产税。

【例3·单选】甲公司厂房原值500万元，已提折旧200万元。已知房产原值减除比例为30%，房产税从价计征税率为1.2%，计算甲公司年度应缴纳房产税税额的下列算式中，正确的是（   ）。（2015年）

A．200×（1－30%）×1.2%＝1.68（万元）

B．500×（1－30%）×1.2%＝4.2（万元）

C．（500－200）×（1－30%）×1.2%＝2.52（万元）

D．500×1.2%＝6（万元）

【答案】B

【解析】从价计征房产税的，以房产原值一次减除10%—30%后的余值为计税依据；甲公司年度应缴纳房产税税额＝500×（1－30%）×1.2%＝4.2（万元）。

【例4·单选】2016年7月1日，A公司出租商铺，租期半年，一次性收取含增值税租金126 000元。已知增值税征收率为5%，房产税从租计征的税率为12%。计算A公司出租商铺应缴纳房产税税额的下列算式中，正确的是（　　）。（2017年）

A. 126 000×12%＝15 120（元）
B. 126 000÷（1＋5%）×12%＝14 400（元）
C. 126 000×（1－30%）×12%＝10 584（元）
D. 126 000÷（1＋5%）×（1－30%）×12%＝10 080（元）

【答案】B

【解析】出租房产计征房产税的租金收入不含增值税；甲公司应纳房产税税额＝126 000÷（1＋5%）×12%＝14 400（元）。

四、房产税税收优惠

★★考点1. 可以免税的：

（1）国家机关、人民团体、军队自用的房产；
（2）财政部门拨付事业经费的单位所有的本身业务范围内使用的房产；
（3）宗教寺庙、公园、名胜古迹自用的房产；
（4）个人所有非营业用的房产；
（5）军队空余房产租赁收入。（2019年新增）

【例5·单选】根据房产税法律制度的规定，下列各项中，不予免征房产税的是（　　）。

A. 公园自用的办公用房
B. 名胜古迹中附设的经营性茶社
C. 国家机关的职工食堂
D. 个人所有的唯一普通居住用房

【答案】B

【解析】宗教寺庙、公园、名胜古迹中附设的营业单位，如影剧院、饮食部、茶社、照相馆等所使用的房产及出租的房产，不属于免税范围，应照章征税。

五、房产税征收管理

★★考点1. 纳税义务发生时间：

情形	时间
（1）原有房产用于生产经营	从生产经营之月起
（2）自行新建房屋用于生产经营	自×××之次月起
（3）委托施工企业建设的房屋	
（4）购置新建商品房	
（5）购置存量房	
（6）纳税人出租、出借房产	
（7）房地产开发企业自用、出租、出借本企业建造的商品房	

【总结】只有纳税人将原有房产用于生产经营是当月征收，其余均从次月征收。

第二节 契税法律制度

一、契税纳税人

★★考点1．纳税人：在我国境内<u>承受</u>（受让、购买、受赠、交换等）<u>土地</u>、房屋权属转移的<u>单位</u>和<u>个人</u>。

【例1·单选】根据契税法律制度的规定，以下不属于契税纳税人的是（　　）。
A．受让土地使用权的企业　　B．购买房屋的个人
C．受赠土地使用权的企业　　D．出售房屋的个人
【答案】D
【解析】契税纳税人是指在我国境内承受（受让、购买、受赠、交换等）土地、房屋权属转移的单位和个人。

二、征税范围

★★★考点1．一般范围：
（1）国有土地使用权<u>出让</u>。
（2）土地使用权<u>转让</u>，但不包括农村集体土地承包经营权的转移。
（3）房屋<u>买卖</u>、赠予、交换。

【例2·多选】根据契税法律制度的规定，下列行为中，属于契税征税范围的有（　　）。
A．国有土地使用权出让
B．房屋交换
C．土地使用权赠与
D．农村集体土地承包经营权转移
【答案】ABC
【解析】农村集体土地承包经营权转移，不属于契税的征税范围。

★考点2．视同发生应税行为：
（1）以土地、房屋权属作价<u>投资</u>、入股。
（2）以土地、房屋权属<u>抵债</u>。
（3）以<u>获奖</u>方式承受土地、房屋权属。
（4）以<u>预购</u>方式或<u>预付集资建房款</u>方式承受土地、房屋权属。
【注意】不征：土地、房屋典当、继承、分拆（分割）、抵押、出租等行为。

三、契税应纳税额的计算

★考点1．计算公式：应纳税额＝计税依据×税率。

★★★**考点2. 计税依据**：

项目	纳税人	计税依据
（1）国有土地使用权<u>出让</u>	承受方	<u>成交价格</u>（不含增值税）
（2）土地使用权<u>出售</u>		
（3）<u>房屋买卖</u>		
（4）土地使用权<u>赠与</u>	受赠人	<u>市场价格</u>
（5）<u>房屋赠与</u>		
（6）土地使用权<u>交换</u>	多支付的一方	<u>价格差额</u>（交换价格相等的，免征契税）
（7）<u>房屋交换</u>		
（8）以<u>划拨方式取得</u>的土地使用权	房地产转让者	补交的<u>土地使用权出让费用</u>或<u>土地收益</u>

【总结】有成交价按成交价，没有成交价按市场价，交换的按差额，补交的按补交金额。

【例3·多选】关于契税计税依据的下列表述中，符合法律制度规定的有（　　）。
A. 受让国有土地使用权的，以成交价格为计税依据
B. 受赠房屋的，由征收机关参照房屋买卖的市场价格规定计税依据
C. 交换土地使用权的，以交换土地使用权的价格差额为计税依据
D. 购入土地使用权的，以评估价格为计税依据
【答案】ABC
【解析】选项AD：国有土地使用权出让、土地使用权出售、房屋买卖，以成交价格作为计税依据；选项B：土地使用权赠与、房屋赠与，计税依据由征税机关参照土地使用权出售、房屋买卖的市场价格确定；选项C：土地使用权交换、房屋交换计税依据按价格差额。

【例4·单选】2016年2月周某以150万元价格出售自有住房一套，购进价格200万元住房一套。已知契税适用税率为5%，计算周某上述行为应缴纳契税税额的下列算式中，正确的是（　　）。（2017年）
A. 200×5%＝10万元　　　　　　B. 150×5%＝7.5万元
C. 150×5%＋200×5%＝17.5万元　D. 200×5%－150×5%＝2.5万元
【答案】A
【解析】（1）契税由房屋、土地权属的承受人缴纳；
（2）本题中，周某出售住房应由承受方缴纳契税，周某不必缴纳；
（3）周某购进住房应照章缴纳契税＝200×5%＝10（万元）。

四、契税税收优惠
★**考点1. 免征**：

（1）**国家机关**、**事业单位**、**社会团体**、**军事单位**承受土地、房屋用于办公、教学、医疗、科研和军事设施。

（2）城镇职工按规定**第一次**购买公有住房。

（3）纳税人承受荒山、荒沟、荒丘、荒滩土地使用权，用于**农**、**林**、**牧**、**渔**业生产。

【例5·多选】根据契税法律制度的规定，下列各项中免征契税的有（　　）。（2015年）

A. 国家机关承受房屋用于办公

B. 纳税人承受荒山土地使用权用于农业生产

C. 城镇居民购买商品房用于居住

D. 军事单位承受土地用于军事设施

【答案】ABD

【解析】城镇职工按规定第一次购买公有住房的，免征契税，故选项C不对。

五、契税征收管理

★考点1. 纳税义务发生时间：

（1）**签订**土地、房屋权属转移合同的当天。

（2）**取得**其他具有土地、**房屋权属转移合同性质凭证**的当天。

★考点2. 纳税地点：土地、房屋**所在地**的税务征收机关。

★★考点3. 纳税期限：纳税义务发生之日起 **10日内**。

【例6·单选】纳税人应当自契税纳税义务发生之日起（　　）日内，向土地、房屋所在地的税收征收机关办理纳税申报。（2014年）

A. 5　　　　　　B. 7　　　　　　C. 10　　　　　　D. 15

【答案】C

【解析】契税纳税期限自纳税义务发生之日起10日内。

第三节　土地增值税法律制度

一、土地增值税纳税人

★考点1. 纳税人：**转让**国有土地使用权、地上建筑物及附着物并**取得收入**的单位和个人。

【例1·单选】下列各项中，不属于土地增值税纳税人的是（　　）。（2015年）

A. 出售商铺的潘某　　　　　　　　　B. 转让国有土地使用权的甲公司

C. 出租住房的孙某　　　　　　D. 出售写字楼的乙公司

【答案】C

【解析】选项C：房地产出租，没有发生房屋产权、土地使用权的转让，不属于土地增值税的征税范围，故孙某不属于土地增值税纳税人。选项ABD：土地增值税的纳税人为转让国有土地使用权、地上建筑物及其附着物并取得收入的单位和个人。

二、土地增值税征税范围

★★★考点1. 范围：

事项		土地增值税	
		不征	征
（1）土地使用权<u>出让</u>		√	
（2）土地使用权<u>转让</u>			√
（3）<u>转让建筑物产权</u>			√
（4）<u>继承</u>		√	
（5）<u>赠与</u>		①<u>直</u>系亲属或承担<u>直接</u>赡养义务人 ②通过境内非营利的社会团体、国家机关将产权赠与教育、民政和其他社会福利、公益事业	赠与其他人
（6）<u>改制</u>	①整体改建	暂不征收	
	②合并		
	③分立		
	④投资		
	⑤房地产开发企业		√
（7）房地产<u>开发企业</u>		将部分开发房产自用或出租	出售
（8）房地产<u>交换</u>		个人互换自有居住用房	<u>企业互换</u>
（9）<u>合作</u>建房		建成后自用	建成后<u>转让</u>
（10）<u>出租</u>		√	
（11）<u>抵押</u>		抵押<u>期间</u>	抵押<u>期满且发生权属转移</u>
（12）<u>代建</u>		√	
（13）<u>评估</u>增值		√	

【注意】一般企业改制重组不征。房地产开发企业改制重组征收。

【总结】土地增值税在发生权属转移且有增值额的情况下才予以征收。

三、土地增值税应纳税额的计算

★考点1. 应纳税额计算：

（1）确定<u>扣除项目</u>金额。

（2）<u>计算增值额</u>：

增值额＝房地产转让收入－扣除项目金额

【注意1】纳税人转让房地产取得的应税收入，应包括转让房地产的全部价款及有关的经济收益。包括货币收入、实物收入和其他收入。

【注意2】土地增值税纳税人转让房地产取得的收入为不含增值税收入。
（3）**计算增值率**：
增值率＝增值额÷扣除项目金额×100%
（4）**计算应纳税额**：
应纳税额＝增值额×适用税率－扣除项目金额×速算扣除系数
（5）土地增值税实行**4级超率累进**税率，税率表如下：

土地增值税4级超率累进税率表

级数	增值额与扣除项目金额的比率	税率（%）	速算扣除系数（%）
1	不超过50%的部分	30	0
2	超过50%至100%的部分	40	5
3	超过100%至200%的部分	50	15
4	超过200%的部分	60	35

【例2·单选】M房地产公司2016年11月销售自行开发的商业房地产项目，取得不含增值税收入20 000万元，准予从房地产转让收入额减除的扣除项目金额12 000万元。已知土地增值税税率为40%，速算扣除系数为5%，M房地产公司该笔业务应缴纳土地增值税税额的下列计算列式中，正确的是（　　）。（2015年、2016年）
A. 20 000×40%－（20 000－12 000）×5%＝7 600（万元）
B. (20 000－12 000)×40%－12 000×5%＝2 600（万元）
C. (20 000－12 000)×40%－20 000×5%＝2 200（万元）
D. 20 000×40%－12 000×5%＝7 400（万元）
【答案】B
【解析】土地增值税应纳税额＝增值额×适用税率－扣除项目金额×速算扣除系数。

四、土地增值税扣除项目及其金额
★★**考点1．房地产企业新建房项目**：
（1）**取得土地使用权**所支付的金额。
（2）房地产**开发成本**。
（3）房地产**开发费用**。
①财务费用中的利息支出——**能分摊且能证明**：
允许扣除的费用＝利息＋（取得土地使用权所支付的金额＋房地产开发成本）×5%以内
②财务费用中的利息支出——**不能分摊或不能证明**：
允许扣除的费用＝（取得土地使用权所支付的金额＋房地产开发成本）×10%以内
（4）与转让房地产有关的**税金**：城市维护建设税及教育费附加（**不包括印花税**）。
【注意】土地增值税扣除项目涉及的不允许在销项税额中计算抵扣的增值税进项税额，可以计入扣除项目。

（5）<u>加计扣除</u>：（取得土地使用权所支付的金额＋房地产开发成本）×20%。

【注意】非房地产开发企业扣除项目与房地产开发企业扣除项目类似（少了加计扣除）。

【例3·单选】M公司开发一项房地产项目，取得土地使用权支付的金额为1 000万元，发生开发成本6 000万元，发生开发费用2 000万元，其中利息支出900万元无法提供金融机构贷款利息证明。已知，当地房地产开发费用的计算扣除比例为10%。M公司计算缴纳土地增值税时，可以扣除的房地产开发费用为（　　）万元。（2015年）

A. 2 000×10%＝200
B. 6 000×10%＝600
C. (1 000＋6 000)×10%＝700
D. 2 000－900＝1 100

【答案】C

【解析】财务费用中的利息支出，凡不能按转让房地产项目计算分摊或不能提供金融机构证明的，允许扣除的房地产开发费用＝（取得土地使用权所支付的金额＋房地产开发成本）×所在省、自治区、直辖市人民政府规定的扣除比例。因此，M公司可以扣除的房地产开发费用＝(1 000＋6 000)×10%＝700（万元）。

★考点2. 销售旧房扣除项目：

转让项目	扣除项目	
存量项目	<u>房屋</u>	房	（1）房屋及建筑物的评估价格
		地	（2）取得土地使用权所支付的地价款和缴纳的有关费用
		销售	（3）与转让房地产有关的税金
	<u>土地</u>	地	（1）取得土地使用权所支付的地价款和缴纳的有关费用
		销售	（2）与转让房地产有关的税金

【总结】扣除项目汇总表：

情形	扣除项目	取得土地使用权所支付的金额	开发成本	开发费用	有关税金	加计扣除	评估价格
新建	<u>房地产</u>（5项）	√	√	√	√	√	—
	<u>非房地产</u>（4项）	√	√	√	√	—	—
存量	<u>旧房及建筑物</u>（3项）	√	—	—	√	—	√
	<u>土地</u>（2项）	√	—	—	√	—	—

五、土地增值税税收优惠

★考点1. 免征：

（1）纳税人建造普通标准住宅出售，增值额<u>未超过</u>扣除项目金额20%的。

【注意】超过20%的，应按全部增值额缴纳。

（2）因国家建设需要依法征用、收回的房地产。

【注意】因上述原因而"自行转让"比照国家收回处理。

（3）企事业单位、社会团体以及其他组织转让旧房作为廉租住房、经济适用住房房源且增值额未超过扣除项目金额20%的。

（4）居民个人转让住房免征。

【例4·单选】根据土地增值税法律制度的规定，下列各项中，免征土地增值税的是（　　）。

A. 由一方出地，另一方出资金，企业双方合作建房，建成后转让的房地产
B. 企业以房地产抵债而发生权属转移的房地产
C. 企业之间交换的房地产
D. 因城市实施规划、国家建设的需要而搬迁，企业自行转让的原房地产

【答案】D

【解析】选项ABC：照章征收土地增值税。选项D：因国家建设需要依法征用、收回的房地产，免征土地增值税；因城市实施规划、国家建设的需要而搬迁，由纳税人自行转让原房地产的，比照本规定免征土地增值税。

★★考点2. 土地增值税的清算：

清算条件	情形
（1）应当	①房地产开发项目全部竣工、完成销售 ②整体转让未竣工决算房地产开发项目 ③直接转让土地使用权
（2）可要求	①已竣工验收的房地产开发项目，已转让的房地产建筑面积占整个项目可售建筑面积的比例在85%以上，或该比例虽未超过85%，但剩余的可售建筑面积已经出租或自用 ②取得销售（预售）许可证满3年仍未销售完毕 ③纳税人申请注销税务登记但未办理土地增值税清算手续

【例5·单选】根据土地增值税法律制度的规定，下列各项中，不属于纳税人应当进行土地增值税清算的是（　　）。

A. 房地产开发项目全部竣工、完全销售的
B. 直接转让土地使用权的
C. 纳税人申请注销税务登记但未办理土地增值税清算手续的
D. 整体转让未竣工决算房地产开发项目的

【答案】C

【解析】选项C属于主管税务机关"可要求"纳税人进行土地增值税清算的情形。

第四节 城镇土地使用税法律制度

一、城镇土地使用税纳税人
★★考点1. 纳税人：受益人纳税原则，谁使用，谁受益，谁纳税。

【例1·多选】城镇土地使用税纳税人下列表述中，符合法律制度规定的有（　　）。
A. 拥有土地使用权的单位或个人为纳税人
B. 拥有土地使用权的单位或个人不在土地所在地的，以代管人或实际使用人为纳税人
C. 土地使用权未确定或权属纠纷未解决的，以实际使用人为纳税人
D. 土地使用权共有的，以共有各方为纳税人
【答案】ABCD
【解析】以上四个选项均正确。

二、征税范围
★★★考点1. 征税范围：城市、县城、建制镇和工矿区范围内的土地。
【注意1】包括集体所有的土地，但不包括农村的土地。
【注意2】建制镇的范围为镇人民政府所在地的地区，不包括镇政府所在地所辖行政村。

【例2·多选】下列各项中，属于城镇土地使用税征税范围的有（　　）。（2014年）
A. 集体所有的位于建制镇的土地
B. 集体所有的位于农村的土地
C. 国家所有的位于工矿区的土地
D. 集体所有的位于城市的土地
【答案】ACD
【解析】凡是"城市、县城、建制镇和工矿区"范围内（不包括农村）的土地，不论是国家所有的土地，还是集体所有的土地，都是城镇土地使用税的征税范围。因此选项B不选。

三、城镇土地使用税计税依据
★★★考点1. 计税依据：实际占用土地面积。
（1）有测定土地面积，以测定土地面积为准。
（2）未测定，有土地使用权证书，以证书确定土地面积为准。
（3）未核发土地使用权证书，纳税人据实申报土地面积，待核发证书后再作调整。

【例3·多选】下列关于城镇土地使用税的计税依据,描述正确的有(   )。(2014年)
A. 城镇土地使用税以实际占用的应税土地面积核算
B. 尚未核发土地使用证书的,应由纳税人据实申报土地面积,并据以纳税,待核发土地使用证书后再作调整
C. 凡由省级人民政府确定的单位组织测定土地面积的,以测定的土地面积为准
D. 尚未组织测定,但纳税人持有政府部门核发土地使用证书的,以证书确定土地面积为准
【答案】ABCD
【解析】以上四个选项均正确。

【例4·单选】M房地产开发企业开发一住宅项目,实际占地面积12 000平方米,建筑面积24 000平方米,容积率为2,M房地产开发企业缴纳城镇土地使用税的计税依据为(   )。
A. 12 000平方米   B. 18 000平方米   C. 24 000平方米   D. 36 000平方米
【答案】A
【解析】城镇土地使用税的计税依据是纳税人实际占用的土地面积,故选A。

四、城镇土地使用税应纳税额的计算
★★考点1. 执行从量计征:
年应纳税额＝实际占用应税土地面积(平方米)×适用税额
【注意】计算与税收优惠的结合。

【例5·单选】甲盐场占地面积为300 000平方米,其中办公用地35 000平方米,生活区用地15 000平方米,盐滩用地250 000平方米。已知当地规定的城镇土地使用税每平方米年税额为0.8元。当年应缴纳城镇土地使用税税额的下列计算中,正确的是(   )。
A. (35 000＋250 000)×0.8＝228 000(元)
B. 300 000×0.8＝240 000(元)
C. (35 000＋15 000)×0.8＝40 000(元)
D. (15 000＋250 000)×0.8＝212 000(元)
【答案】C
【解析】甲盐场当年应缴纳城镇土地使用税税额＝(35 000＋15 000)×0.8＝40 000(元)。盐滩用地暂免征收城镇土地使用税。

五、城镇土地使用税税收优惠
★★考点1. 一般规定免征情形:
(1) 国家机关、人民团体、军队自用的土地。
(2) 由国家财政部门拨付事业经费的单位自用的土地。
(3) 宗教寺庙、公园、名胜古迹自用的土地。

（4）市政街道、广场、绿化地带等公共用地。
（5）直接用于农、林、牧、渔业的生产用地。
【注意】公园、名胜古迹内的索道公司经营用地，应按规定缴纳城镇土地使用税。

★ 考点2．特殊规定（21项）：

项目	具体内容	
税收优惠特殊规定	（1）免税单位无偿使用纳税单位土地——免征	
	（2）纳税单位无偿使用免税单位土地——征	
	（3）林业：林地、防火用——免征	
	（4）火电厂：围墙外的灰场用地——免征	
	（5）铁路专用线、公路等用地企业厂区内——征，厂区外——免征	
	（6）对港口的码头用地——免征	
	（7）老年服务机构自用土地——免征	
	（8）盐场、盐矿用地	①对盐场、盐矿的生产厂房、办公、生活区用地——征
		②盐场的盐滩、盐矿的矿井用地——免征
	（9）民航机场用地	①机场飞行区用地、场内外通信导航设施用地和飞行区四周排水防洪设施用地——免征
		②机场工作区用地、生活区用地、绿化用地、场内道路用地——征

【注意1】自2018年5月1日起至2019年12月31日止，对物流企业承租用于大宗商品仓储设施的土地，减按所属土地等级适用税额标准的50%计征。（2019年新增）

【注意2】考生把握常考的考点即可，采取轻重缓急的原则，无需全部掌握。

【例6·多选】下列城市用地中，应缴纳城镇土地使用税的有（　　）。（2014年）
A. 市政街道公共用地　　　　　B. 商业企业经营用地
C. 火电厂厂区围墙内用地　　　D. 民航机场场内道路用地
【答案】BCD
【解析】选项A：免征城镇土地使用税；选项BCD：应照章缴纳城镇土地使用税。

六、城镇土地使用税征收管理

★★ 考点1．纳税义务发生时间：

情形	纳税义务发生时间
（1）购置新建商品房	
（2）购置存量房	
（3）出租、出借房产	自×××之次月起
（4）以出让或转让方式有偿取得土地使用权的	
（5）新征用的非耕地	
（6）新征用的耕地	自批准征用之日起满1年时

【例7·多选】下列关于城镇土地使用税纳税义务发生时间的说法中,正确的有( )。
A. 纳税人购置新建商品房,自房屋交付使用之次月起缴纳城镇土地使用税
B. 纳税人以出让方式有偿取得土地使用权,应从合同约定交付土地时间的次月起缴纳城镇土地使用税
C. 纳税人新征用的耕地,自批准征用之日起满1年时开始缴纳城镇土地使用税
D. 纳税人新征用的非耕地,自批准征用次月起缴纳城镇土地使用税

【答案】ABCD
【解析】以上四个选项均正确。

【总结】房产税、城镇土地使用税、契税对比:

	房产税	城镇土地使用税	契税
纳税人	受益人纳税原则		承受方纳税
征税对象	房屋	土地	土地、房屋
税率	比例税率	定额税率	比例税率
计税依据	从价计征(余值) 从租计征(租金)	实际占用的土地面积(从量计征)	成交价格、市场价格、补交价格、差额(从价计征)
税额计算	(1)从价计征: 应纳税额=应税房产原值×(1-扣除比例)×1.2% (2)从租计征: 应纳税额=租金收入×12%(或4%)	年应纳税额=实际占用应税土地面积(平方米)×适用税额	应纳税额=计税依据×税率
纳税时间	除将原有住房用于生产经营是从<u>当月</u>计税外,其他情况均从<u>次月</u>开始计税	除新征用的耕地,自批准征用之日起1年时开始,其他全部从次月计税	签订土地房屋权属转移合同的<u>当天</u>
纳税地点	<u>房产</u>所在地	土地所在地	<u>土地、房屋</u>所在地
纳税期限	<u>按年计算,分期缴纳</u>	按年计算,分期缴纳	纳税义务发生之日起<u>10日</u>内

检测4-1

第五节　车船税法律制度

一、车船税纳税人
★考点1．纳税人：指在我国境内属于税法规定的车辆、船舶的所有人或管理人。

二、车船税应纳税额计算
★★★考点1．应纳税额计算：

税目	计税单位	应纳税额
(1) 乘用车、客车和摩托车	辆	辆数 × 适用年基准税额
(2) 货车、专用作业车和轮式专用机械车（不包括拖拉机）	整备质量每吨	整备质量吨位数 × 适用年基准税额
(3) 挂车	整备质量每吨	整备质量吨位数 × 货车适用年基准税额 × 50%
(4) 机动船舶	净吨位每吨	①净吨位数 × 适用年基准税额
(5) 非机动驳船、拖船	净吨位每吨	②净吨位数 × 适用年基准税额 × 50%
(6) 游艇	艇身长度每米	艇身长度 × 适用年基准税额

【注意】新车船自购入当月计征车船税。应纳税额＝年应纳税额÷12×应纳税月份数。

【记忆口诀】乘用客车摩托车，按辆计税没的说；其他车辆整备算，挂车计算要折半；船舶要用净吨位，游艇艇身长度对。

【例1·多选】根据车船税法律制度的规定，下列车船中，以"辆数"为计税依据的有（　　）。

A．摩托车　　B．机动船舶　　C．商用货车　　D．商用客车

【答案】AD

【解析】选项AD：摩托车、商用客车以辆数为计税依据；选项B：机动船舶以净吨位数为计税依据；选项C：商用货车以整备质量吨位数为计税依据。

【例2·单选】M公司2016年拥有机动船舶10艘，每艘净吨位为150吨；非机动驳船5艘，每艘净吨位为80吨。已知机动船舶适用年基准税额为每吨3元，计算M公司当年应缴纳车船税税额的下列算式中，正确的是（　　）。（2016年）

A．(10×150＋5×80)×3＝5 700（元）

B．10×150×3＋5×80×3×50%＝5 100（元）

C．10×150×3×50%＋5×80×3＝3 450（元）

D．(10×150＋5×80)×3×50%＝2 850（元）

【答案】B

【解析】非机动驳船的车船税税额按照机动船舶税额的50%计算；M公司当年应缴

纳车船税税额 = 10×150×3 + 5×80×3×50% = 5 100（元）。

三、车船税税收优惠
★★★ **考点1．税收优惠：**

（1）免税	①捕捞、养殖渔船（农业生产）
	②军队、武装警察部队专用的车船（白牌）
	③警用车船（白牌）
	④外国驻华使领馆、国际组织驻华代表机构及其有关人员的车船（黑牌）
	⑤新能源车船
（2）减半	①1.6升以下小排量节约能源车船
	②拖船、非机动驳船

【注意1】纯电动乘用车和燃料电池乘用车不属于车船税的征税范围，不征收车船税。

【注意2】免征车船税的新能源汽车是指纯电动商用车、插电式（含增程式）混合动力汽车、燃料电池商用车。

【例3·单选】根据车船税法律制度的规定，下列车辆中，免征车船税的是（　　）。（2016年）
A. 人民法院警务用车　　　　　　B. 物流公司货车
C. 商场管理部门用车　　　　　　D. 建筑公司专用作业车
【答案】A
【解析】选项A属于免征车船税范围。

第六节　印花税法律制度

（2019年重大调整）

一、印花税纳税人
★★ **考点1．纳税人：** 订立、领受在我国境内具有法律效力的应税凭证或者在我国境内进行证券交易的单位和个人。
（1）立合同人——合同的当事人（不包括合同的担保人、证人、鉴定人）。
（2）立账簿人——该"账簿"指营业账簿，包括资金账簿和其他营业账簿。
（3）立据人——产权转移书据。
（4）领受人——权利证照。
（5）使用人——国外订立合同国内使用。
【注意】对证券交易的出让方征收，不对证券交易的受让方征收。（2019年新增）

【例1·单选】A向B购买一批货物,合同约定C为鉴定人,D为担保人,关于该合同印花税纳税人的下列表述中,正确的是( )。(2016年)

A. A和B为纳税人
B. A和C为纳税人
C. B和D为纳税人
D. A和D为纳税人

【答案】A

【解析】合同印花税纳税人为合同的当事人,不包括合同的担保人、证人、鉴定人。

二、印花税征税范围(2019年修改)

★★★考点1. 征税范围:

分类	内容
(1)合同(11类)	买卖、租赁、融资租赁、借款、承揽、建设工程、运输、技术、保管、仓储、财产保险合同
(2)产权转移书据	土地使用权出让和转让书据,房屋等建筑物、构筑物所有权,股权(不包括上市和挂牌公司股票),商标专用权、著作权、专利权、专有技术使用权转让书据
(3)营业账簿(2类)	资金账簿(征),其他营业账簿(不征)
(4)权利、许可证照	不动产权证书、营业执照、商标注册证、专利证书等
(5)证券交易	在证券交易所转让公司股票、以股票为基础发行的存托凭证

【注意1】对发电厂与电网之间、电网与电网之间签订的购售电合同,按购销合同征收印花税。电网与用户之间签订的供用电合同不征印花税。

【注意2】租赁合同不包括企业与主管部门签订的租赁承包合同。

【注意3】借款合同不包括银行同业拆借合同和借款展期合同。

【注意4】运输合同不包括管道运输合同。

【注意5】"专利申请转让、非专利技术转让"属于技术合同;"专利权转让、专利实施许可"属于产权转移书据。

【注意6】法律、会计、审计等合同及出版合同、委托代理合同不属于印花税列举范围,不贴印花。

【注意7】财产保险合同不包括再保险合同。

【注意8】对纳税人以电子形式签订的各类应税凭证按规定征收印花税。

【例2·多选】根据印花税法律制度的规定,下列属于印花税征税范围的有( )。

A. 土地使用权转让合同
B. 土地使用权出让合同
C. 房屋产权证
D. 商品房销售合同

【答案】ABCD

【解析】以上四个选项均正确。

三、印花税计税依据（2019年修改）

★★★考点1. 印花税计税依据

（1）计税依据：

税目	计税依据	说明
合同	列明的价款或报酬（不包括**增值税**）	①承揽合同：报酬（不包括材料价值） ②租赁合同：租金（不包括租赁财产价值） ③运输合同：运费（不包括装卸费） ④保管合同：保管费（不包括所保管物品价值） ⑤借款合同：借款金额（非利息） ⑥保险合同：保费（不包括保险物价值）
产权转移书据	列明的价款（不包括**增值税**）	—
营业账簿	实收资本+资本公积	记载资金的营业账簿**征税**，其他营业账簿**不征税**
权利、许可证照	件数	税率5元/件
证券交易	成交金额	—

【注意1】价款或报酬与增值税税款未分开列明的，按照合计金额确定计税依据。

（2）合同、产权转移书据**未列明**价款或报酬的，按下列方法确定计税依据：

①按订立时的**市场价格**确定；应执行政府定价的，从其规定。

②不能按照上述方法确定的，按**实际结算**的价款或报酬确定。

（3）同一应税凭证记载有两个或两个以上经济事项的：

①如**分别列明**价款或报酬的，应**分别**按照各自适用税目税率**计算**应纳税额；

②如**未分别列明**价款或报酬的，按**税率高**的计算应纳税额。

（4）同一应税凭证由多方（≥2）当事人订立的，应当按各自涉及的价款或报酬**分别**计算应纳税额。

【例3·单选】印花税的一个加工承揽合同，材料金额30万元，加工费10万元；一个财产保险合同，财产1 000万元，保险费1万元。加工合同印花税税率0.3‰，保险合同印花税税率1‰。则应缴纳的印花税为（　　）万元。

A. 10×0.3‰＋1×1‰＝0.004

B. 10×0.3‰＋1000×1‰＝1.003

C. 30×0.3‰＋1×1‰＝0.01

D. 30×0.3‰＋1000×1‰＝1.009

【答案】A

【解析】加工承揽合同——加工承揽收入（不包括材料价值），故加工费10万元要缴纳印花税。保险合同——保费（不包括保险物价值），故保险费1万元要缴纳印花税，所以应缴纳的印花税为10×0.3‰＋1×1‰＝0.004（万元）。

【例4·多选】下列关于印花税计税依据的表述中符合法律制度规定的有（　　）。

A. 租赁合同以租赁金额为计税依据

B.财产保险合同以保险费为计税依据
C.商标注册证以件数为计税依据
D.工商营业执照以注册资金为计税依据

【答案】ABC

【解析】工商营业执照是按件贴花,5元/件,故选项D错误。

四、印花税税收优惠(2019年修改)

★★考点1. 免征:

(1)应税凭证的<u>副本或抄本</u>。

(2)财产所有人将财产赠与政府、社会福利机构、学校订立的产权转移<u>书据</u>。

(3)应纳税额<u>不足1角</u>的。

(4)农民、农民专业合作社、农村集体经济组织、村委会购买农业生产资料或者销售自产农产品订立的买卖合同和<u>农业保险合同</u>。

(5)无息或贴息借款合同;国际金融组织向我国提供优惠贷款、金融机构与小微企业订立的<u>借款合同</u>。

(6)<u>军队、武警部队</u>订立、领受的应税凭证。

(7)<u>转让、租赁住房</u>订立的应税凭证,<u>个人</u>(不包括个体工商户)免征。

(8)对商店、门市部的零星加工修理业务开具的<u>修理单</u>。

(9)电话和<u>联网购物</u>。

(10)书、报、刊发行单位之间,发行单位与订阅单位或个人之间书立的<u>凭证</u>。

(11)铁路、公路、航运、水路承运快件行李、包裹开具的<u>托运单据</u>。

【注意】另一部分免税政策在"征税范围"的注意事项中,须一并掌握。

【例5·多选】下列合同和凭证中,免征印花税的有( )。(2017年)
A.农林作物保险合同　　B.军事物资运输结算凭证
C.租赁合同　　　　　　D.仓储保管合同

【答案】AB

【解析】选项CD属于经济合同,正常征税,没有免税规定。

五、印花税征收管理(2019年修改)

★考点1. 纳税义务发生时间:纳税人订立、领受应税凭证或完成证券交易的<u>当日</u>。

【注意】证券交易印花税扣缴义务发生时间为证券交易完成的当日。证券登记结算机构为扣缴义务人。(2019年新增)

【例6·判断】证券交易印花税扣缴义务发生时间为证券交易完成的当周。( )

【答案】×

【解析】证券交易印花税扣缴义务发生时间为证券交易完成的当日。

★考点2. 纳税地点：

单位	机构所在地
个人	订立、领受地或居住地
扣缴义务人	机构所在地

【注意】出让或转让不动产产权的：向不动产所在地的税务机关申报缴纳印花税。

★★考点3. 纳税期限：

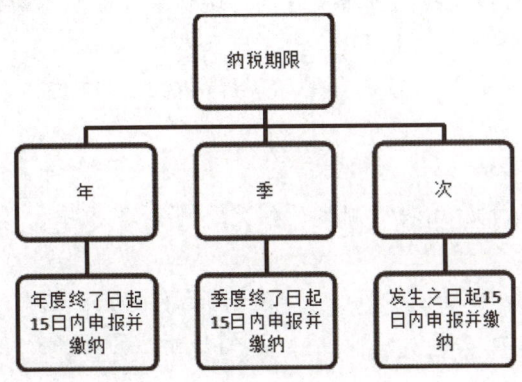

【注意1】证券交易印花税按周解缴，其扣缴义务人应当于每周终了之日起5日内申报解缴税款及孳息。（2019年新增）

【注意2】已缴纳印花税的凭证所载价款或报酬增加的，纳税人应当补缴印花税；减少的，纳税人可申请退还印花税。（2019年新增）

【例7·多选】下列关于印花税征收管理的表述中，正确的是（　　）。
A. 印花税纳税义务发生时间为纳税人订立、领受应税凭证或完成证券交易的当日
B. 证券交易印花税按季解缴
C. 已缴纳印花税的凭证所载价款或报酬减少的，纳税人可以向主管税务机关申请退还印花税税款
D. 实行按季、按年计征的，纳税人应当于季度、年度终了之日起15日内申报并缴纳税款
【答案】ACD
【解析】证券交易印花税按周解缴。

★★考点4. 缴纳方法
三种缴纳方法：自行贴花、汇贴汇缴、委托代征。

【例8·单选】不属于印花税缴税方式的是（　　）。（2018年）
A. 汇贴汇缴　　B. 自行贴花　　C. 委托代征　　D. 代扣代缴
【答案】D

【解析】根据税额大小、应税项目纳税次数多少以及税源管控的需要，印花税分别采用自行贴花、汇贴汇缴和委托代征三种缴纳方法。

第七节　资源税法律制度

一、资源税纳税人

★★考点1. 纳税人：在我国领域及管辖海域<u>开采</u>《资源税暂行条例》规定的矿产品或生产盐的单位和个人。

【注意】在生产（开采）销售或自用环节计算缴纳，在进口、批发、零售等环节不缴纳。

【例1·单选】根据资源税法律制度的规定，下列各项中，属于资源税纳税人的是（　　）。
A. 进口金属矿石的冶炼企业　　B. 开采原煤的公司
C. 销售石油制品的加油站　　　D. 销售精盐的商场
【答案】B
【解析】选项A：进口矿产品不征收资源税；选项CD：对生产盐或者开采应税矿产品的单位或者个人征收资源税，对零售商不征收资源税。另外，精盐不属于资源税的征税范围。

二、资源税征税范围

★★★考点1. 征税范围：

项目	征税	不征税
（1）<u>原油</u>	天然原油	①人造石油 ②开采原油过程中用于加热、修井的原油
（2）<u>天然气</u>	专门与原油同时开采	—
（3）<u>煤炭</u>	原煤、未税原煤加工的洗选煤	已税原煤加工的洗选煤
（4）<u>其他非金属、金属矿、海盐</u>	√	—

【注意】"水"目前在河北试点征收，其他地区暂不征收。

【例2·多选】根据资源税法律制度的规定，下列各项中应征收资源税的是（　　）。
A. 井矿盐　　　　　　　　　　B. 人造石油
C. 已税原煤加工的洗选煤　　　D. 煤层气
【答案】AD
【解析】按照规定，人造石油和已税原煤加工的洗选煤不征税，而井矿盐和煤层气均属于资源税征收范围。

【例3·多选】根据资源税法律制度的规定，下列各项中，免征资源税的有（   ）。
A. 开采原油过程中用于修井的原油
B. 开采原油过程中用于加热的原油
C. 开采后销售的原油
D. 开采后出口的原油
【答案】AB
【解析】选项AB：开采原油过程中用于加热、修井的原油免税；选项CD：开采后出口和销售的原油正常纳税。

★★考点2．视同销售：
（1）开采或生产应税产品，用于连续生产应税产品的，不纳税，在销售或自用时纳税。
【注意】用于其他方面的，视同销售，缴纳资源税。
（2）将开采的原煤自用于连续生产洗选煤的，在原煤移送使用环节不缴纳。
【注意】将其开采的原煤加工为洗选煤自用的，视同销售，按规定核定其销售额。

【例4·判断】纳税人将开采的原煤，自用于连续生产洗选煤的，在原煤移送使用环节缴纳资源税。（   ）（2014年）
【答案】×
【解析】纳税人将开采的原煤自用于连续生产洗选煤的，在原煤移送使用环节不缴纳资源税；将开采的原煤加工为洗选煤销售的，应当计算缴纳资源税。

三、资源税的征税对象与税率形式
★★考点1．征收对象：原矿、精矿、金锭、氯化钠初级产品。
★考点2．税率形式：比例税率+定额税率。

征收方式	具体品目	计算公式
（1）从价定率 （比例税率）	以下列举名称的金属矿和非金属矿（共27种）： ①原油、天然气、煤炭 ②非金属矿，包括：石墨、硅藻土、高岭土、萤石、石灰石、硫铁矿、磷矿、氯化钾、硫酸钾、井矿盐、湖盐、提取地下卤水晒制的盐、煤层（成）气 ③金属矿，包括：稀土、钨、钼、铁矿、金矿、铜矿、铝土矿、铅锌矿、镍矿、锡矿 ④海盐（海水晒制的盐，不包括提取地下卤水晒制的盐） 未列举名称的其他金属矿	应纳税额=应税产品的销售额×适用的比例税率
（2）从量定额 （定额税率）	粘土、砂石（非金属矿）	应纳税额=应税产品的销售数量×适用的定额税率

【注意】纳税人开采或生产不同税目应税产品，应当分别核算不同税目应税产品的

销售额，未分别核算的从高适用税率。

四、资源税计税依据

★★★考点1. 销售额：

（1）<u>一般情况</u>下：销售额的确定同增值税。

【例5·多选】纳税人销售应税矿产品向购买方收取的款项中，应计入销售额纳税的有（   ）。
A. 向购买方收取的不含增值税价款
B. 向购买方收取的手续费
C. 向购买方收取的包装费
D. 向购买方收取的增值税销项税额
【答案】ABC
【解析】销售额是指纳税人销售应税产品向购买方收取的全部价款和价外费用，不含增值税和运杂费。

（2）销售<u>洗选煤时</u>，应税煤炭销售额的确定：将开采的原煤加工为洗选煤销售，煤炭销售额=洗选煤销售额×折算率。

【注意1】洗选煤销售额包括洗选副产品的销售额，不包括洗选煤从洗选煤厂到车站、码头等运输费用。

【注意2】纳税人同时以自采未税原煤和外购已税原煤加工洗选煤的，应分别核算；未分别核算的，计算缴纳资源税。

（3）征税对象为<u>原矿</u>，销售自采原矿加工的精矿，将其销售额折算为原矿销售额纳税。

（4）征税对象为<u>精矿</u>，销售原矿时，将原矿销售额换算为精矿销售额缴纳资源税。

（5）征税对象为<u>标准金锭</u>，销售金原矿、金精矿，将销售额换算为金锭的销售额纳税。

【注意】看清它的征税对象是什么，再进行折算。

【例6·单选】某煤矿本月共开采原煤6 500吨，对外销售2 000吨，取得不含税销售额20万元，剩余4 500吨全部移送生产洗选煤，本月销售洗选煤1 500吨，取得不含税销售额25万元。已知，煤矿的计税依据为原煤，该企业开采煤炭适用的资源税税率为4%，当地政府规定的折算率为80%，则该企业本月应纳资源税为（   ）万元。
A. 0.8   B. 1.8   C. 1.6   D. 2.05
【答案】C
【解析】该煤矿当月应缴纳资源税=（20+25×80%）×4%=1.6（万元）。

（6）<u>销售自采原矿</u>的：可采用成本法/市场法将销售额换算为精矿销售额计算纳税：

①成本法：精矿销售额＝原矿销售额＋原矿加工为精矿的成本×（1＋成本利润率）；
②市场法：精矿销售额＝原矿销售额×换算比。

★考点2．销售数量：
（1）开采或生产应税产品销售，实际销售数量为销售数量。
（2）开采或生产应税产品自用，移送使用时的自用数量为销售数量。
（3）不能提供销售数量或移送使用数量，以产量或按折算比换算成的数量为销售数量。
（4）开采的矿产品原矿用于连续生产精矿，无法提供移送使用原矿数量的，将其按选矿比折算成原矿数量为销售数量。

第八节　其他相关税收法律制度

一、城市维护建设税（2019年修改）
★考点1．纳税人：是指我国境内缴纳增值税、消费税的单位和个人，包括外商投资企业、外国企业、外籍个人。
【注意】其扣缴义务人为负有增值税、消费税扣缴义务的单位和个人。

★考点2．税率：地区差别比例税率，分两档（7%、5%）。

★★★考点3．应纳税额的计算：
（1）计税依据：实际缴纳的增值税、消费税税额，以及出口货物、劳务或者跨境销售服务、无形资产增值税免抵税额。
（2）应纳税额＝计税依据×适用税率。
【注意】对实行增值税期末留抵退税的纳税人，允许其从城市维护建设税的计税依据中扣除退还的增值税税额。

★★★考点4．税收优惠：
（1）对进口货物或者境外单位和个人向境内销售劳务、服务、无形资产缴纳的增值税、消费税税额，不征收城市维护建设税。
（2）对出口货物、劳务和跨境销售服务、无形资产以及因优惠政策退还增值税、消费税的，不退还已缴纳的城市维护建设税。
【记忆口诀】进口不征，出口不退。

【例1·单选】2018年10月M公司向税务机关实际缴纳增值税70 000元、消费税50 000元；向海关缴纳进口环节增值税40 000元、消费税30 000元。已知城市维护建设税适用税率为7%，计算M公司当月应缴纳城市维护建设税税额的下列算式中，正确的是（　　）。
　　A.（70 000＋40 000）×7%＝7 700（元）
　　B.（50 000＋30 000）×7%＝5 600（元）
　　C.（70 000＋50 000）×7%＝8 400（元）
　　D.（70 000＋50 000＋40 000＋30 000）×7%＝13 300（元）
【答案】C
【解析】城市维护建设税的计税依据是纳税人实际缴纳的增值税、消费税税额，以及出口货物、劳务或者跨境销售服务、无形资产增值税免抵税额；进口货物缴纳的增值税、消费税税额，不征收城市维护建设税；甲公司当月应缴纳城市维护建设税税额＝（70 000＋50 000）×7%＝8 400（元）。

【例2·判断】对出口产品退还增值税、消费税的，应同时退还已缴纳的城建税。（　　）
【答案】×
【解析】对出口产品退还增值税、消费税的，不退还已缴纳的城建税。

★考点5.纳税期限：按**月**或者按**季**计征，不能按固定期限计征的，可以按**次**计征。
（1）按月或者按季计征的：月度或者季度终了之日起**15日内**申报并缴纳税款。
（2）按次计征的：纳税义务发生之日起**15日内**申报并缴纳税款。
扣缴义务人解缴税款的期限，依照上述规定执行。

二、教育费附加

★考点1.征收范围：税法规定**征收增值税**、**消费税**的单位和个人。包括外商投资企业、外国企业及外籍个人。

★★★考点2.计算公式：

计征依据	征收比例	应纳教育费附加
实际缴纳的增值税、消费税税额	3%	（实际缴纳的增值税＋实际缴纳的消费税）×3%

★★考点3.减免规定：
（1）海关对**进口**产品代征的增值税、消费税，**不征**教育费附加。
（2）对由于减免增值税、消费税而**发生退税的**，可同时**退还**已征收的教育费附加，但对**出口**产品退还增值税、消费税的，**不退**还已征的教育费附加。
【记忆口诀】进口不征，出口不退。

三、关税法律制度

★★考点1.税率（进口税率）：

种类	特点
（1）普通税率	①原产于未与我国共同适用或订立最惠国税率、特惠税率或协定税率的国家或地区 ②原产地不明
（2）最惠国税率	①原产于共同适用最惠国条款的世贸组织成员 ②原产于与我国签订最惠国待遇双边协定的国家 ③原产于我国
（3）协定税率	原产于与我国签订含有关税优惠条款的国家
（4）特惠税率	原产于与我国签订含有特殊关税优惠条款的国家
（5）关税配额税率	配额与税率结合，配额内税率较低，配额外税率较高（限制进口）
（6）暂定税率	在最惠国税率的基础上，对特殊货物可执行暂定税率

【例3·单选】根据关税的规定，对原产于与我国签订含有关税优惠条款的区域性贸易协定的国家或地区的进口货物，适用的税率为（   ）。（2014年、2015年）

A. 暂定税率　　B. 协定税率　　C. 特惠税率　　D. 最惠国税率

【答案】B

【解析】对原产于与我国签订含有关税优惠条款的区域性贸易协定的国家或地区的进口货物，适用协定税率。

★★★考点2. 进口货物的完税价格：

应计入完税价格	不应计入完税价格
（1）货价	（1）向境外采购代理人支付的买方佣金
（2）货物运抵我国关境内输入地点起卸前的包装费、运费、保险费和其他劳务费	（2）进口货物运抵境内输入地点起卸之后的运输及其相关费用、保险费
（3）进口人在成交价格外另支付给卖方的佣金	（3）卖方付给进口人的正常回扣，应从成交价格中扣除。但是卖方延期交货的罚款，不得从成交价格中扣除
（4）为了在境内特殊的目的向境外支付的与该进口货物有关的专利、商标、著作权，以及专有技术、计算机软件和资料等费用	

【例4·判断】在进口货物成交过程中，卖方付给进口人的正常回扣，在计算进口货物完税价格时不得从成交价格中扣除。（   ）（2016年）

【答案】×

【解析】卖方付给进口人的正常回扣，应从成交价格中扣除。

【例5·单选】进口货物的核定货价为90万元。货物运抵我国关境内输入地点起卸前

的包装费2万元,运费5万元,保险费0.3万元,关税税率为10%,以下应纳关税的列式中正确的是( )。(2015年)

A.(90+2+5+0.3)×10%　　　B.(90+5+0.3)×10%
C.(90+2+5)×10%　　　　　D.(30+2)×10%

【答案】A

【解析】货物运抵我国关境内输入地点起卸前的包装费、运费、保险费和其他劳务费应计入计税价格,所以计税价格为(90+2+5+0.3)×10%。

★★考点3. 应纳税额的计算:

方法	税目	计算公式
从价税	一般的进(出)口货物	应纳税额＝应税进(出)口货物数量×单位完税价格×适用税率
从量税	进口啤酒、原油等	应纳税额＝应税进口货物数量×关税单位税额
复合税	进口广播用录像机、放像机、摄像机等	应纳税额＝应税进口货物数量×关税单位税额+应税进口货物数量×单位完税价格×适用税率
滑准税	进口规定适用滑准税的货物	进口商品价格越高,比例税率越低;税率与商品进口价格反方向变动

【例6·多选】根据关税法律制度的规定,下列进口货物中,实行从价加从量复合税率计征进口关税的有( )。(2014年、2016年)

A.啤酒　　　B.摄影机　　　C.放像机　　　D.广播用录像机

【答案】BCD

【解析】选项A实行从量计征关税。

★★考点4. 法定性减免税:
(1)一票货物关税税额、进口环节增值税或消费税税额在人民币50元以下的。
(2)无商业价值的广告品及货样。
(3)国际组织、外国政府无偿赠送的物资。
(4)进出境运输工具装载的途中必需的燃料、物料和饮食用品。
(5)因故退还的出口货物,可免征进口关税,但已征收的出口关税不退还。
(6)因故退还的进口货物,可免征出口关税,但已征收的进口关税不退还。

【例7·判断】进出境运输工具装载的途中必需的燃料、物料和饮食用品,经海关审查无误后可以免予缴纳关税。( )(2015年)

【答案】√

【解析】进出境运输工具装载的途中必需的燃料、物料和饮食用品,经海关审查无误后可以免予缴纳关税。

【例8·多选】根据关税法律制度的规定，下列属于法定减免关税的有（　　）。
A. 外国政府无偿赠送的物资
B. 进出境运输工具装载的途中必需的燃料、物料和饮食用品
C. 无商业价值的货样
D. 无商业价值的广告品
【答案】ABCD
【解析】以上四个选项均正确。

★考点5．海关暂不予放行旅客行李物品：
（1）旅客不能<u>当场缴纳</u>进境物品税款。
（2）进出境的物品属于许可证件管理的范围，但旅客不能<u>当场提交</u>。
（3）进出境的物品<u>超出自用合理数量</u>，按规定应办理货物报关手续或其他海关手续，其尚未办理。
（4）对进出境物品的属性、内容存疑，需要由有关主管部门进行<u>认定</u>、<u>鉴定</u>、<u>验核</u>。
（5）<u>按规定</u>暂不予以放行的其他行李物品。

四、环境保护税

★考点1．纳税人：<u>环境排放应税污染物</u>的企业事业单位和其他生产经营者。
【注意】按规定征收环境保护税，不再征收排污费。

★★★考点2．征税范围：<u>大气</u>污染物、<u>水</u>污染物、<u>固体废物</u>和<u>噪声</u>等应税污染物。
【注意】不缴纳情形：
（1）企事业单位和其他生产经营者向<u>依法</u>设立的污水集中处理、生活垃圾集中处理场所排放应税污染物的。
（2）企业事业单位和其他生产经营者在<u>符合</u>国家和地方环境保护标准的设施、场所储存或处置固体废物的。

★★★考点3．应纳税额的计算：

征税对象	计税依据	计算方法
<u>大气</u>污染物	排放量折合的污染<u>当量数</u>	应纳税额＝污染当量数×适用税额
<u>水</u>污染物	排放量折合的污染<u>当量数</u>	应纳税额＝污染当量数×适用税额
<u>固体废物</u>	固体废物的排放量	应纳税额＝固体废物排放量×适用税额
<u>噪声</u>	超过国家规定标准的<u>分贝数</u>	应纳税额＝超过国家规定标准的分贝数×适用税额

★考点4. 税收优惠：

暂予免征环境保护税	（1）农业生产（不包括规模化养殖）排放应税污染物的
	（2）机动车、铁路机车、非道路移动机械、船舶等流动污染源排放应税污染物的
	（3）依法设立的城乡污水集中处理、生活垃圾集中处理场所排放相应的应税污染物，不超过国家和地方规定的排放标准的
	（4）纳税人综合利用的固体废物，符合国家和地方环境保护标准的

【注意】纳税人排放应税大气污染物或水污染物的浓度值低于国家和地方规定的污染物排放标准30%的，减按75%征收环境保护税。浓度值低于国家和地方规定的污染物排放标准50%的，减按50%征收环境保护税。

五、车辆购置税

★★考点1. 纳税人：在我国境内购置规定的车辆的单位和个人。

【注意】购置包括：购买、进口、自产、受赠、获奖、其他（拍卖、抵债、走私、罚没等）方式取得并自用的行为。

★★★考点2. 征收范围：汽车、摩托车、电车、挂车、农用运输车。

【注意1】外国驻华使馆、领事馆和国际组织驻华机构及其外交人员自用车辆，免税。

【注意2】自2018年1月1日至2020年12月31日，购置的新能源汽车，免税。

【例9·单选】下列各项中，不属于车辆购置税征税范围的是（　　）。（2016年）
A. 挂车　　　　　　　　　　B. 三轮农用运输车
C. 电动自行车　　　　　　　D. 无轨电车
【答案】C
【解析】车辆购置税的"应税车辆"包括汽车、摩托车、电车、挂车、农用运输车，不包括电动自行车。

★★★考点3. 应纳税额的计算：
（1）基本规定：

情形	计税依据	应纳税额
购买自用	全部价款+价外费用（不包括增值税）	应纳税额=计税依据×税率（10%）
进口自用	计税价格=关税完税价格+关税+消费税	

【注意1】购买自用的计算同增值税。
【注意2】纳税人自产、受赠、获奖或以其他方式取得并自用的应税车辆的计税价

格,由主管税务机关参照国家税务总局规定的最低计税价格核定。

【注意3】纳税人购买自用或进口自用应税车辆,申报的计税价格低于同类型应税车辆的最低计税价格,又无正当理由的,计税价格为最低计税价格。

★考点4．纳税期限：自购买、进口、取得之日起60天内。

★考点5．纳税环节：纳税人应当在向公安机关车辆管理机构办理车辆登记注册前缴纳。

【总结】车辆购置税VS车船税：

	车辆购置税	车船税
税收性质	行为税	财产税
纳税人	购置规定的车辆的<u>单位和个人</u>	车辆、船舶的"<u>所有人或管理人</u>"
征税范围	汽车、摩托车、电车、挂车、农用运输车	客车、货车、其他车辆（包括专用作业车和轮式专用机械车）、摩托车、船舶,但<u>不包括拖拉机</u>
计税依据	应税车辆的计税价格（<u>从价</u>定率计征）	车船的计税单位数量（<u>从量定额计征</u>）
征收管理	实行"<u>一次性</u>"征收制度,税款应当一次性缴清	按年申报,分月计算,一次性缴纳
	购置<u>已征</u>车辆购置税的车辆,<u>不再征</u>收车辆购置税	已缴纳车船税的车船在同一纳税年度内<u>办理转让过户</u>的,不另纳税,也不退税
	"<u>国家税务局</u>"征收	"<u>地方税务机关</u>"征收
	自×××之日起<u>60日内</u>	为取得车船所有权或管理权的<u>当月</u>

六、耕地占用税

★考点1．纳税人：在我国境内<u>占用耕地建房</u>或从事非农业建设的单位或个人。

★★考点2．征税范围：**为建房**/从事其他非农业建设而占用的国家所有和集体所有的耕地。

（1）<u>耕地</u>指用于种植农作物的土地。

（2）占用园地、林地、草地、农田水利用地、养殖水面、养殖滩涂等其他农用地建房或者从事非农业建设,应征税,但可适当低于当地的适用税额征税。

【注意】建设直接为农业生产服务的生产设施占用前款上述农用地的,不征收耕地占用税。

★考点3．应纳税额的计算：按<u>实际占用耕地面积</u>从量计征。

应纳税额=实际占用耕地面积（平方米）×适用定额税率

★★考点4. 税收优惠：

(1) 免征	①军事设施占用耕地
	②学校、幼儿园、养老院、医院占用耕地
(2) 减按每平方米2元	铁路线路、公路线路、飞机场跑道、停机坪、港口、航道
(3) 减半征收	农村居民经批准在户口所在地按照规定标准占用耕地建设自用住宅

【注意1】学校内经营性场所和教职工住房占用耕地的，应按当地适用税率征收耕地占用税。

【注意2】医院内职工住房占用耕地，应按当地适用税率征收耕地占用税。

【注意3】按规定免征或减征耕地占用税后，纳税人改变原占地用途，不再属于免征或减征耕地占用税情形的，应当补缴耕地占用税。

【注意4】农村居民经批准搬迁或者经批准的整体搬迁，原宅基地恢复耕种，凡新建住宅占用耕地不超过原宅基地面积的，免征耕地占用税；超过原宅基地面积的，超过部分按照当地适用税额减半征收耕地占用税。（2019年新增）

【注意5】临时占用耕地，应当缴纳耕地占用税。纳税人在批准临时占用耕地期满之日起1年内恢复所占用耕地原状的，全额退还已经缴纳的耕地占用税。（2019年新增）

【注意6】因污染、取土、采矿塌陷等损毁耕地的，比照临时占用耕地的情况，由造成损毁的单位或者个人缴纳耕地占用税。纳税人自损毁耕地之日起3年内恢复所损毁耕地原状的，全额退还已经缴纳的耕地占用税。（2019年新增）

【例10·单选】2016年7月M公司开发住宅社区经批准共占用耕地150 000平方米，其中800平方米兴建幼儿园，5 000平方米修建学校，已知耕地占用税适用税率为30元/平方米，M公司应缴纳耕地占用税税额的下列算式中，正确的是（　　）。（2016年）

A. 150 000×30＝4 500 000（元）

B.（150 000－800）×30＝4 476 000（元）

C.（150 000－5 000）×30＝4 350 000（元）

D.（150 000－800－5 000）×30＝4 326 000（元）

【答案】D

【解析】学校、幼儿园占用耕地，免征耕地占用税；M公司应缴纳耕地占用税＝（150 000－800－5 000）×30＝4 326 000（元）。

【例11·多选】下列项目免征耕地占用税的有（　　）。（2014年）

A. 铁路线路　　　　　　　　B. 老年服务机构

C. 医院　　　　　　　　　　D. 学校

【答案】BCD

【解析】铁路线路减按每平方米2元的税额标准征收耕地占用税，故不是免征。

七、烟叶税

★考点1. 烟叶税：

要素	具体规定
纳税人	中国境内收购烟叶的单位（包括受委托收购烟叶的单位）
征税范围	晾晒烟叶、烤烟叶
征税税率	比例税率20%
计税依据	价款总额=收购价款×（1+10%）

【例12·判断】烟叶税在烟叶收购环节征收。（　　）（2016年）

【答案】√

【解析】烟叶税在烟叶收购环节征收。

八、船舶吨税（2019年新增）

★★考点1. 纳税人与税率：

要素		内容
纳税人		自我国境外港口进入我国境内港口的船舶负责人
税率 （定额税率）	优惠税率	①我国国籍的应税船舶 ②船籍国（地区）与我国签订给予船舶税费最惠国待遇条款的条约或协定的应税船舶
	普通税率	其他应税船舶

【注意】船舶吨税按照30日、90日、1年的三类期限，具体分为普通税率和优惠税率。

★★★考点2. 应纳税额的计算：

（1）计税依据：船舶净吨位。

（2）应纳税额=应税船舶净吨位×适用税率。

【注意】拖船和非机动驳船分别按相同净吨位船舶税率的50%计征。

★★★考点3. 税收优惠：

免征：

（1）应纳税额在50元以下的船舶。

（2）自境外以购买、受赠、继承等方式取得船舶所有权的初次进口到港的空载船舶。

（3）吨税执照期满后24小时内不上下客货的船舶。

（4）非机动船舶(不包括非机动驳船)。

（5）捕捞、养殖渔船。
（6）避难、防疫隔离、修理、终止运营或者拆解，并不上下客货的船舶。
（7）军队、武装警察部队专用或者征用的船舶。
（8）警用船舶。
（9）依照法律规定应当予以免税的外国驻华使领馆、国际组织驻华代表机构及其有关人员的船舶。

【例13·多选】下列船舶中，免征船舶吨税的有（　　）。
A. 养殖渔船
B. 非机动驳船
C. 军队征用的船舶
D. 应纳税额为人民币30元的船舶
【答案】ACD
【解析】选项B，非机动船舶（不包括非机动驳船）免征船舶吨税。

★考点4. 征收管理：
（1）纳税义务发生时间：进入境内港口的当日。
【注意】应税船舶在吨税执照期满后尚未离开港口的，应当申领新的吨税执照，自上一执照期满的次日起续缴吨税。
（2）应税船舶负责人申领吨税执照时，应当向海关提供下列文件：
①船舶国籍证书或者海事部门签发的船舶国籍证书收存证明；
②船舶吨位证明。
（3）纳税期限：自海关填发吨税缴款凭证之日起15日内缴清税款。
未按期缴清税款的，自滞纳税款之日起至缴清税款之日止，按日加收滞纳税款万分之五的税款滞纳金。

【总结】 各小税种综述：

税类	税种	税率	征税范围（或税目）	计税依据
（1）流转税类	关税	比例	进出境货物、物品	进出口货物的完税价格或数量
		定额		
		复合		
（2）财产税类	①房产税	比例	城市、县城、建制镇和工矿区的房屋，<u>不包括农村</u>	a.从价计征的以房产余值为计税依据 b.从租计征的以租金为计税依据
	②契税	比例	国有土地使用权出让、土地使用权转让（不包括农村集体土地承包经营权转让），房屋买卖、赠予、交换	成交价格、市场价格、补交价格、差额
	③车船税	定额	乘用车、商用车、其他车辆、摩托车和船舶	车船的计税单位数量
（3）行为税类	①车辆购置税	比例	汽车、摩托车、电车、挂车、农用运输车	应税车辆的计税价格
	②印花税	比例	11类合同、产权转移书据、营业账簿中的资金账簿、证券交易	a.合同所记载的金额 b.资金账簿：以实收资本与资本公积两项的合计金额
		定额	权利、许可证照	件数
	③烟叶税	比例	晾晒烟叶、烤烟叶	价款总额
	④城市维护建设税	比例	税法规定征收"两税"的单位和个人	实际缴纳的增值税、<u>消费税</u>税额、出口增值税免抵税额
	⑤船舶吨税	定额	自我国<u>境外港口</u>进入我国<u>境内港口</u>的船舶	船舶净吨位
（4）资源税类	①资源税	比例	原油、天然气、煤炭、非金属矿（黏土、砂石除外）、金属矿、海盐	销售额
		定额	黏土、砂石（非金属矿）	销售数量
	②土地增值税	超率累进	转让土地、房屋	增值额
	③城镇土地使用税	定额	城市、县城、建制镇和工矿区范围内的土地（不包括农村的土地）	实际占用土地面积
	④耕地占用税	定额	为建房/从事其他非农业建设而占用的国家所有和集体所有的耕地	实际占用耕地面积

检测 4-2

第七章 税收征收管理法律制度

本章考情分析

本章内容相对较少，难度不大，考点集中。本章的分值在5分左右，一般不涉及不定项选择题。

年份 题型	2014		2015		2016		2017		2018	
	题量	分值	题量	分值	题量	分值	题量	分值	题量	分值
单选题	2	3	2	3	2	3	3	4.5	1	1.5
多选题	1	2	2	4	1	2	1	2	1	2
判断题	1	1	1	1	—	—	1	1	—	—
不定项选择题	—	—	—	—	—	—	—	—	—	—
合计	4	6	5	8	3	5	5	7.5	2	3.5

第一节 税务管理

一、税务登记

★**考点1. 申请人**：<u>从事生产经营</u>的纳税人都应当办理税务登记。

【注意1】非从事生产经营但负有纳税义务的单位和个人也应当办理税务登记。

【注意2】不用登记：（1）国家机关；（2）个人；（3）无固定生产经营场所的流动性农村小商贩。

考点2."多证合一"：

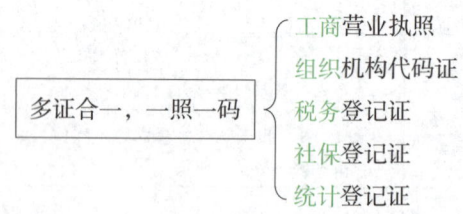

【例1·多选】根据企业登记制度改革相关规定，下列执照和证件中，属于"多证合一，一照一码"登记制度改革范围的有（　　）。

A. 工商营业执照　　　　　　　　B. 组织机构代码证
C. 税务登记证　　　　　　　　　D. 安全生产许可证

【答案】ABC

【解析】工商营业执照（选项A）、组织机构代码证（选项B）、税务登记证（选项

C）、社会保险登记证和统计登记证，实行"多证合一，一照一码"。

二、账簿和凭证管理
★★**考点1. 账簿的设置：**
（1）领取营业执照或发生纳税义务之日起15日内。
（2）扣缴义务发生之日起10日内，设置代扣代缴、代收代缴税款账簿。
（3）证、账、表、发票及其他涉税资料应当保存10年。

【例2·单选】从事生产、经营的纳税人应当自领取营业执照或者发生纳税义务之日起（　　）内，按照国家有关规定设置账簿。
A. 10日　　　B. 15日　　　C. 20日　　　D. 30日
【答案】B
【解析】应当自领取营业执照或者发生纳税义务之日起15日内，按规定设置账簿。

三、发票管理
★★**考点1. 发票的类型和适用范围：**
（1）类型：增值税专用发票、增值税普通发票、其他发票。
【注意】专用：增值税专用发票、机动车销售统一发票。

【例3·多选】根据税收征收管理法律制度的规定，下列发票中，属于其他发票的是（　　）。
A. 邮寄快递定额发票　　　B. 机动车销售统一发票
C. 二手车销售统一发票　　D. 客运发票
【答案】ACD
【解析】机动车销售统一发票属于增值税专用发票。

（2）适用范围：
①发生增值税纳税义务时，应开具相应的增值税发票。
②2017年1月1日起，两张不同规格的增值税普通发票（卷票），可自愿选择使用。
【注意】卷票：如出租车发票。
③门票、过路（过桥）费发票、定额发票、客运发票、二手车销售统一发票继续使用。
④餐饮业一般纳税人购农业生产者自产农产品，可用农产品收购发票，抵扣进项税额。
⑤采取汇总纳税的金融机构，可按政府管辖不同，开具各类增值税发票。
⑥税务机关使用新系统代开增值税专用和普通发票。代开专用发票使用六联票，代开普通发票使用五联票。（2019年新增）
⑦自2018年2月1日起，月销售额超过3万元的工业以及信息传输、软件和信息技

术服务业小规模纳税人发生应税行为,可通过新系统<u>自行开具</u>增值税<u>专用</u>发票;但销售其取得的<u>不动产</u>,需开专用发票的,应向税务机关<u>申请代开</u>。(2019年新增)

【注意】单位和个人可以登录全国增值税发票查验平台对新系统开具的发票信息进行查验。(2019年新增)

★★考点2. 发票的开具和使用:

(1)<u>一般</u>情况下:收款方向付款方开具发票。
　　<u>特殊</u>情况下:付款方向收款方开具发票。

(2)任何单位、个人<u>不得</u>为他人、为自己、让他人为自己、介绍他人<u>虚开发票</u>。

【记忆口诀】开发票不得为他、让他、介绍他。

(3)<u>禁止行为</u>:

①转借、转让、介绍他人转让发票、发票监制章和发票防伪专用品。

②知道/应当知道是私自印制、伪造、变造、非法取得或废止的发票,却仍然受让、开具、存放、携带、邮寄、运输。

③拆本使用发票。

【注意】必须连着号使用,即按照顺序使用。

④扩大发票使用范围。

⑤以其他凭证代替发票使用。

【注意1】2017年7月1日起,购买方为企业的,索取增值税普通发票时,应向销售方提供纳税人识别号或统一社会信用代码;销售方为其开具时,应在"购买方纳税人识别号"栏填写。

【注意2】销售方开具增值税发票时,发票内容应按照实际销售情况如实开具,不得根据购买方要求填开与实际交易不符的内容。

【例4·多选】按照发票管理规定使用发票,不得有( )行为。(2014年)

A. 以其他凭证代替发票使用　　　B. 转借、转让发票

C. 拆本使用发票　　　　　　　　D. 扩大发票使用范围

【答案】ABCD

【解析】以上四个均正确。

★★考点3. 发票的保管:已经开具的发票<u>存根联</u>、发票<u>登记簿</u>保存5年。

【注意】保存期满,报经税务机关查验后销毁。

【例5·单选】根据《发票管理办法》及其实施细则的规定,纳税人已开具的发票存根联和发票登记簿的保存期限是( )年。(2015年)

A. 2　　　　B. 3　　　　C. 5　　　　D. 10

【答案】C

【解析】开具的存根联、登记簿保存5年。保存期满,报经税务机关查验后销毁。

★考点4. 发票的检查：
（1）<u>检查</u>：印制、领购、开具、取得、保管和缴销发票的情况。
（2）<u>查验</u>：调出发票。
（3）<u>查阅</u>、<u>复制</u>：与发票有关的凭证、资料。
（4）<u>询问</u>：向当事各方与发票有关的问题和情况。
【注意】在查处发票案件时，对与案件有关的情况和资料，可记录、录音、录像、照相、复制。

四、纳税申报

★★★考点1. 方式：
（1）<u>自行</u>申报：直接申报。
（2）<u>邮寄</u>申报：以邮戳日期为实际申报日期。
（3）数据<u>电文</u>申报：以收到该数据电文为申报日期。
（4）<u>其他</u>方式申报：如简易申报、简并征期。

★考点2. 其他要求：纳税期内没有应纳税款的，在享受<u>减税</u>、<u>免税</u>待遇期间的<u>也应办理</u>纳税申报。

【例6·判断】纳税人在纳税期内没有应纳税款的，不需办理纳税申报。（　　）（2016年）
【答案】×
【解析】纳税期内没有应纳税款的，在享受减税、免税待遇期间的也应办理纳税申报。

五、涉税专业服务

考点1. 概念：指涉税专业服务机构接受委托，就涉税事项向委托人提供<u>税务代理</u>等服务。

★考点2. 机构：
（1）<u>事务所</u>：税务师、会计师、律师。
（2）<u>代理记账机构</u>、<u>税务代理</u>公司、<u>财税类咨询</u>公司等。

★考点3. 范围：
（1）纳税<u>申报</u>代理。
（2）一般税务<u>咨询</u>。
（3）专业税务<u>顾问</u>。
（4）税收<u>策划</u>。
（5）涉税<u>鉴证</u>。

①应当由具有资质的涉税服务机构从事；
②相关文书由税务师、注册会计师、律师签字，并承担相应的责任。

(6) 纳税情况审查。
(7) 其他税务事项代理。
(8) 其他涉税服务。

【例7·多选】下列各项属于涉税专业服务机构可以接受委托从事的涉税业务有（　　）。
A. 税收策划　　B. 税务顾问　　C. 涉税鉴证　　D. 纳税情况审查
【答案】ABCD
【解析】以上四项均属于涉税专业服务机构可以接受委托从事的涉税业务。

★考点4. 要求：
（1）委托协议：
①自愿受理，双方达成一致；
②自签字、盖章时，即具有法律效力；
③税务代理人员由涉税专业服务机构委派，不得以个人名义直接接受委托。
（2）涉税报告和文书：
①各类涉税报告和文书，双方留存备查；
②税务代理业务档案保存应不少于5年。

★考点5. 税务机关监管措施：
（1）责令限期改正或予以约谈。
（2）列为重点监管对象。
（3）降低信用等级或纳入信用记录。
（4）暂停受理其所代理的涉税业务。
（5）纳入涉税服务失信名录，予以公告并向社会信用平台推送，不受理其所代理业务。
（6）提请其他行业主管部门及行业协会予以相应处理。

第二节　税款征收与税务检查

一、税款征收
★★★考点1. 方式：

方式	适用范围
（1）查账征收	财务制度健全，能够如实核算和提供生产经营情况，能正确计算应纳税款
（2）查定征收	生产经营规模较小、产品零星、税源分散、会计账册不健全
（3）查验征收	财务制度不健全，生产经营不固定，零星分散，流动性大
（4）定期定额征收	达不到规定设置账簿标准，难以查账征收，不能准确计算计税依据的个体户

【记忆口诀】制度健全用查账;查定用于规模小,但可控制原材料;财务制度不健全,生产经营不固定,这样查验才适用;个体工商有特殊,不能准确核算的,只能定额去征收。

【例1·单选】税务机关针对纳税人的不同情况可以采取不同的税款征收方式,对于账册不健全,但能控制原材料、产量或进销货物的单位,适用的税款征收方式是( )。

A.查账征收　　B.查定征收　　C.查验征收　　D.定期定额征收

【答案】B

【解析】根据税收征收管理法律制度的规定,对账务不全,但能控制其材料、产量或进销货物的纳税单位或个人,税务机关可依据正常条件下的生产能力对其生产的应税产品查定产量、销售额并据以征收税款。

★★考点2. 应纳税额核定的情形:

(1) 按规定可<u>不设置</u>账簿。
(2) 按规定<u>应设未设</u>账簿。
(3) <u>擅自销毁</u>账簿或者拒不提供纳税资料。
(4) 虽设账簿,但<u>账目混乱</u>或成本资料、收入凭证、费用凭证残缺不全,难以查账。
(5) 发生纳税义务,<u>未按期办理</u>纳税申报,经税务机关责令限期申报,逾期仍不申报。
(6) 纳税人申报的<u>计税依据明显偏低</u>,又无正当理由。

【记忆口诀】要么没账,要么相当于没账。

★考点3. 核定方法:

(1) 参照当地同行或类似行业中<u>经营规模和收入水平</u>相近的纳税人的税负水平。
(2) 按营业<u>收入或成本</u>加合理的费用、利润的方法。
(3) 按<u>耗用的原材料</u>、燃料、动力等推算或测算。
(4) 按其他合理方法。

【注意】一种方法不足以正确核定应纳税额时,可同时采用两种以上的核定方法。

【例2·多选】下列情形中,税务机关有权核定纳税人应纳税额的有( )。

A. 有偷税、骗税前科的
B. 拒不提供纳税资料的
C. 按规定应设而未设账簿的
D. 虽设置账簿,但账目混乱,难以查账的

【答案】BCD

【解析】税务机关主要根据纳税人的财务管理状况确定是否对纳税人核定应纳税额。选项A不属于税务机关核定应纳税额的情形。

二、税款征收措施

★★考点1. 责令缴纳：

(1) 前提条件——应税未税：
① 纳税人；
② 扣缴义务人； } 未按规定期限 { 缴纳税款 / 解缴税款 / 缴纳所担保的税款
③ 纳税担保人；
④ 未办理税务登记及临时经营的纳税人，税务机关核定其应纳税额的。
⑤ 税务机关有根据认为纳税人有逃税行为的。

(2) 滞纳金的加收：从滞纳税款之次日起，按日加收滞纳税款0.5‰的滞纳金。

(3) 滞纳金起止：自税款法定缴纳期限届满次日起，至实际缴纳或解缴税款之日止。

【易混点】责令缴纳里面，税收滞纳金是从滞纳税款之次日起征收滞纳金的，即算尾不算头；而票据法贴现期的计算是贴现日至汇票到期前1日，即算头不算尾。

【例3·单选】纳税人应在3月15日缴纳税款300 000元，逾期未缴纳，税务机关责令在3月31日前缴纳。但直到4月24日才缴纳，则滞纳金为（　　）元。（2014年）

A. 300 000×0.5‰×15＝2 250
B. 300 000×0.5‰×16＝2 400
C. 300 000×0.5‰×24＝3 600
D. 300 000×0.5‰×40＝6 000

【答案】D

【解析】该企业应缴纳税款期限是3月5日，即从16日滞纳税款，从3月16日—4月24日，共计16＋24＝40（天）。根据税收征收管理法律制度的规定，纳税人未按照规定期限缴纳税款的，扣缴义务人未按规定期限解缴税款的，税务机关可从滞纳税款之日起，按日加收滞纳税款0.5‰的滞纳金。

★★★考点2. 纳税担保：

(1) 担保方式：保证、抵押、质押。

(2) 适用的情形：
① 有逃税行为，在限期内有明显的转移、隐匿应纳税的商品、货物等迹象；
② 欠缴税款、滞纳金的纳税人或其法定代表人需要出境的；
③ 纳税人同税务机关在纳税上发生争议而未缴清税款，需要申请行政复议的；
④ 税收法律、行政法规规定可以提供纳税担保的其他情形。

(3) 纳税担保的范围：税款、滞纳金、实现税款、滞纳金的费用。

【记忆口诀】纳税担保三方式：质地有保证（质：质押，地：抵押）。

【例4·多选】根据税收征收管理法律制度的规定，下列各项，属于纳税担保范围的有（　　）。

A. 实现税款滞纳金的费用
B. 实现税款的费用
C. 税款滞纳金
D. 应纳税款

【答案】ABCD

【解析】纳税担保的范围：税款、滞纳金、实现税款、滞纳金的费用。

【例5·单选】下列不属于纳税担保的是（　　）。（2016年）
A.扣押　　　　B.质押　　　　C.保证　　　　D.抵押
【答案】A
【解析】纳税担保三方式：质地有保证（质：质押，地：抵押）。

★★★考点3．采取税收保全措施：
（1）适用：
①书面通知纳税人开户银行，冻结金额=应纳税款；
②扣押、查封纳税人的价值=应纳税款的商品、货物或者其他财产。
（2）不适用：
①维持生活必需品、住房；
【注意】不含机动车辆、金银饰品、古玩字画、豪华住宅、一处以外的住房。
②单价5 000元以下的其他生活用品。
（3）期限：≤6个月。
【记忆口诀】叫你担保不担保，只能冻结和扣押。

【例6·单选】根据规定，下列个人财产中，不适用税收保全措施的是（　　）。（2015年）
A.金银首饰　　　B.机动车辆　　　C.维持生活必需的住房　　　D.古玩字画
【答案】C
【解析】不适用税收保全措施的财产有：（1）个人及其所抚养家属维持生活必需的住房和用品；（2）税务机关对单价5 000元以下的其他生活用品。

★★考点4．采取强制执行措施：
（1）措施：
①强制扣款，即通知其开户银行直接扣缴税款；
②拍卖变卖其价值=应纳税款的商品、货物或其他财产，以拍卖或变卖所得抵缴税款。
（2）范围：
①对象：对纳税人、扣缴义务人、纳税担保人未缴纳的滞纳金同时强制执行；
②不适用强制执行措施（同税收保全措施）。

★考点5．阻止出境：纳税人/法人在出境前未结清应纳税款、滞纳金或提供纳税担保。

【例7·单选】税务机关在查阅甲公司公开披露的信息时发现，其法定代表人陈某有一笔股权转让收入未申报缴纳个人所得税，要求张某补缴税款800 000元，滞纳金38 000元。陈某未结清应纳税款、滞纳金的情况下，拟出国考察，且未提供纳税担保，税务机

关知晓后对陈某可以采取的税款征收措施是（   ）。（2016年）
A. 查封住房　　　　　　　　B. 查封股票交易账户
C. 通知出境管理机关阻止出境　　D. 冻结银行存款

【答案】C

【解析】欠缴税款的纳税人或其法定代表人在出境前未按规定结清应纳税款、滞纳金或者提供纳税担保的，税务机关可以通知出境管理机关阻止其出境。

【总结】保全措施VS强制执行措施：

内容		保全措施	强制执行措施
不同点	对象	纳税人	纳税人、扣缴义务人、纳税担保人
	措施	（1）冻结银行存款 （2）查封、扣押财产	（1）从银行存款中扣缴税款 （2）拍卖、变卖财产
	范围	应纳税额	税额＋滞纳金
相同点	程序	县以上税务局（分局）局长批准	
	人权保障	（1）维持生活必需的住房和用品（不包括机动车辆、金银饰品、古玩字画、豪华住宅或者一处以外的住房），不在执行范围之内 （2）单价5 000元以下的其他生活用品不在执行范围之内	

三、税务检查

★**考点1. 税务机关的职权和职责**：

（1）职权：
①查账权；
②场地检查权；
③责成提供资料权；
④询问权；
⑤交通邮政检查权；
⑥存款账户查询权。

【注意】调查税务违法案件时，与案件有关的情况/资料，可记录、录音、录像、照相、复制。

（2）职责：税务检查应出示检查证、检查通知书，未出示的，被检查人有权拒绝检查。

★**考点2. 被检查人的义务**：必须如实反映情况，提供有关资料，不得拒绝、隐瞒。

【例8·多选】根据规定，下列各项中属于税务机关税务检查职责范围的有（   ）。（2016年）
A. 检查纳税的账簿
B. 可按规定的批准期限采取税收保全措施
C. 询问纳税人与纳税有关的问题和情况

D. 责成纳税人提供与纳税有关的资料

【答案】ACD

【解析】检查纳税的账簿（选项A）——查账权；可按规定的批准期限采取税收保全措施（选项B）属于税款征收措施，不是检查职责；询问纳税人与纳税有关的问题和情况（选项C）——询问权；责成纳税人提供与纳税有关的资料（选项D）——责成提供资料权。

第三节　税务行政复议

一、税务行政复议

★★★**考点1. 范围：**

（1）申请人对税务机关作出的征税行为不服的，应当先**行政复议**；对行政复议决定不服的，才可以向人民法院提起**行政诉讼**。（<u>必经复议</u>）

征税行为	实体法要素	纳税主体、征税对象、征税范围、减税、免税、退税、抵扣税款、适用税率、计税依据、纳税环节、纳税期限、纳税地点
	税款征收方式	征收税款、代扣代缴、代收代缴、委托代征
	处罚方式	加收滞纳金

（2）对征税行为以外的<u>其他</u>情形不服的，可以申请行政复议或直接向人民法院提起行政诉讼。

【例1·多选】纳税人对税务机关的下列具体行政行为不服时，可以申请行政复议，也可以直接向人民法院提起行政诉讼的有（　　）。

A. 确认纳税环节　　　　　　B. 税收保全措施
C. 不出具完税凭证　　　　　D. 停止出口退税权

【答案】BCD

【解析】根据税务行政复议规则的规定，税务机关作出征税行为以外的其他具体行政行为，申请人可以申请行政复议，也可以直接向人民法院提起行政诉讼。

★★**考点2. 管辖：**

（1）<u>一般</u>规定：

行政机关	复议机关
①<u>各级税务局</u>	上一级税务局
②<u>税务局（分局）、稽查局</u>	其所属税务局
③<u>计划单列市税务局</u>、<u>国家税务总局</u>	国家税务总局

[173]

（2）**特殊**规定：

行政机关	复议机关
①两个以上税务机关	共同上一级税务机关
②税务机关与其他行政机关	共同上一级**行政**机关
③被撤销的税务机关	继续行使其职权的税务机关的**上一级税务机关**
④作出逾期不缴纳罚款加处罚款决定的税务机关	a.对加罚不服的：作出决定的税务机关 b.对已处罚款和加处罚款都不服的：上一级税务机关

【注意1】申请人向具体行政行为发生地的县级地方人民政府提交行政复议申请的，由接受申请的县级地方人民政府依法予以转送。（2019年新增）

【注意2】税务机关中初次从事行政复议的人员，应当通过国家统一法律职业资格考试取得法律职业资格。（2019年新增）

【例2·单选】对国家税务总局的具体行政行为不服的，向（　　）申请行政复议。
A.上一级税务机关　　　　　　B.人民法院
C.国家税务总局　　　　　　　D.国务院
【答案】C
【解析】对国家税务总局的具体行政行为不服的，向国家税务总局申请行政复议。
【注意】本节其他内容已经在第一章行政复议中涉及，因此不在本节赘述。

第四节　税收法律责任

一、税收法律责任
★**考点1.违反税务管理规定的法律责任：**

违法情形	情节一般	情节严重
（1）未按照规定设置、保管账簿 （2）未按时报送、登记、合理使用税控装置的 （3）未按规定申报、报送纳税资料	责令限期改正，处2 000元以下罚款	处2 000元以上1万元以下罚款
非法印制、转借、倒卖、变造或伪造完税凭证	责令限期改正，处2 000元以上1万元以下的罚款	处1万元以上5万元以下的罚款；构成犯罪的，依法追究刑事责任

★**考点2.逃税追缴欠款：**

（1）纳税人欠缴应纳税款，采取**转移、隐匿**财产手段，妨碍税务机关追缴欠缴的税款的，由税务机关追缴欠缴的税款、滞纳金，并处罚款。构成犯罪的，依法追究刑事责任。

（2）扣缴义务人**应扣未扣**、**应收不收**税款的，税务机关向纳税人追缴税款，处以应扣未扣、应收未收税款50%以上3倍以下的罚款。

★ 考点3. 偷税行为：
（1）范围：
①伪造、变造、隐匿、擅自销毁账簿、记账凭证；
②账簿上多列支出或不列、少列收入；
③通知申报而拒不申报或进行虚假申报；
④不缴或少缴应纳税款。
（2）处罚：
①由税务机关追缴其不缴或少缴的税款、滞纳金，并处罚款；
②构成犯罪的，依法追究刑事责任。

【例1·多选】根据税收征收管理法律制度规定，纳税人下列行为中，属于偷税的有（　　）。
A. 采取转移或隐匿财产的手段，妨碍税务机关追缴欠缴税款
B. 伪造账簿，不缴应纳税款
C. 按照规定应设置账簿而未设置的
D. 进行虚假纳税申报，少缴应纳税款
【答案】BD
【解析】以下几种情况属于偷税行为：
（1）伪造、变造、隐匿、擅自销毁账簿、记账凭证。
（2）账簿上多列支出或者不列、少列收入。
（3）通知申报而拒不申报或者进行虚假申报。
（4）不缴或者少缴应纳税款。

检测 4-3

第八章 劳动合同与社会保险法律制度

本章考情分析

本章在历年考试中，分值在15分左右，各种题型均可涉及。

年份 题型	2014		2015		2016		2017		2018	
	题量	分值	题量	分值	题量	分值	题量	分值	题量	分值
单选题	3	4.5	3	4.5	4	6	3	4.5	4	6
多选题	3	6	3	6	3	6	3	6	3	6
判断题	1	1	1	1	1	1	1	1	1	1
不定项选择题	—	—	4	8	—	—	4	8	—	—
合计	7	11.5	11	19.5	8	13	11	19.5	8	13

第一节 劳动合同法律制度

一、劳动合同的订立

★**考点1．原则**：合法、公平、平等自愿、协商一致、诚实信用。

★★★**考点2．主体的资格要求**：

劳动者	（1）≥16周岁
	（2）文艺、体育、特种工艺单位除外
用人单位	（1）取得营业执照/登记证书的，可以订立
	（2）未取得营业执照/登记证书的，受用人单位委托可以订立
	（3）不得扣押证件、收取财物、不得要求劳动者提供担保

【注意】要求担保/收取财物的：
（1）限期退还。
（2）处每人500—2 000元罚款。
（3）造成损害，承担赔偿责任。

【例1·单选】用人单位招用劳动者的下列情形中，符合法律规定的是（　　）。（2016年）
A. 丙超市与刚满15周岁的初中毕业生简某签订劳动合同
B. 乙公司以只招男性为由拒绝录用应聘者李女士从事会计工作
C. 甲公司设立的分公司已领取营业执照，该分公司与张某订立劳动合同
D. 丁公司要求王某提供2 000元保证金后才与其订立劳动合同

【答案】C

【解析】根据用人单位订立资格的要求规定，需要取得营业执照或登记证书的，才可以订立劳动合同。

★★考点3．劳动关系的建立：自用工之日起。

【注意】单位与劳动者在用工前订立合同的，劳动关系自用工（非合同订立）之日起建立。

【例2·单选】2015年6月5日，简某到M公司工作。6月8日M公司与简某签订劳动合同，约定合同期限自2015年6月9日起至2017年6月8日止，每月20日发放工资。M公司与简某劳动关系建立的时间为（　　）。（2016年）

A. 2015年6月9日　　　　　　　　B. 2015年6月5日
C. 2015年6月8日　　　　　　　　D. 2015年6月20日

【答案】B

【解析】用人单位自"用工之日"（2015年6月5日）起即与劳动者建立劳动关系。

★★★考点4．订立的形式：
（1）书面形式：

		用人单位自用工之日起1个月内订立
①用工之日起≤1个月	劳动者不签	a. 书面通知终止劳动关系 b. 无需支付经济补偿 c. 支付劳动报酬
②1个月＜用工之日起＜1年	用人单位未签	a. 每月支付2倍工资 b. 补订书面合同
	劳动者不签	a. 书面通知终止劳动关系 b. 支付经济补偿
③用工之日起≥1年	用人单位未签	a. 11个月双倍工资 b. 视为自用工之日起满1年的当日已经订立无固定期限劳动合同，应当立即补订

【注意】单位违反规定不签无固定期限劳动合同的：自应当订立无固定期限劳动合同之日起向劳动者每月支付2倍的工资。

（2）口头形式(非全日制用工)：

订立	可以与一个以上的单位订立（但后订立的不能影响先订立的）
试用期	双方不得约定试用期
合同终止	任何一方都可以随时通知对方终止用工
经济补偿	单位不向劳动者支付经济补偿
报酬支付	①小时计酬标准不得低于单位所在地政府规定的最低小时工资标准 ②劳动报酬结算支付周期最长不得超过15日

【例3·单选】2013年3月12日，吴某应聘到M公司工作，每月领取工资2 000元，直至2014年2月12日M公司方与其订立书面劳动合同。未及时订立书面劳动合同的工资补偿为（　　）元。（2016年）

A. 18 000　　　　B. 20 000　　　　C. 44 000　　　　D. 22 000

【答案】B

【解析】未及时订立书面劳动合同的工资补偿应该自2013年4月13日开始计算，到2014年2月11日，共计10个月，则除正常工资外，要支付20 000（10×2 000）元工资补偿。

【例4·单选】根据规定，以下关于非全日制用工说法不正确的是（　　）。（2015年）

A. 不得约定试用期

B. 劳务报酬的支付周期为30日

C. 可以不签订劳动合同

D. 劳动关系终止，用工单位不用支付经济补偿

【答案】B

【解析】非全日制用工劳动报酬结算支付周期最长不得超过15日。

★★考点5. 劳动合同的效力：

生效		双方签字/盖章生效
无效	情形	（1）欺诈、胁迫、乘人之危的情况下订立（变更）合同的
		（2）单位免除自己的法定责任、排除劳动者权利的
		（3）违反法律、行政法规强制性规定的
	有争议	由劳动争议仲裁机构/人民法院确认
	法律后果	（1）无效劳动合同，从订立时起就没有法律约束力
		（2）劳动合同部分无效，不影响其他部分效力（其他部分仍然有效）
		（3）劳动者已付出劳动的，单位应当向劳动者支付劳动报酬
		（4）给对方造成损害的，有过错的一方承担赔偿责任

【记忆口诀】盖章签字合同定，履行过程中适应。

【例5·单选】下列关于无效劳动合同法律后果的表述中，不正确的是（　　）。（2015年）

A. 无效劳动合同从订立时起就没有法律约束力

B. 劳动合同被确认无效，给对方造成损害的，有过错的一方应承担赔偿责任

C. 劳动合同被确认无效，劳动者已付出劳动的，用人单位无须支付劳动报酬

D. 劳动合同部分无效，不影响其他部分效力的，其他部分仍然有效

【答案】C

【解析】劳动者已付出劳动的,单位应当向劳动者支付劳动报酬。

二、劳动合同的主要内容

★考点1．必备条款：
（1）**用人单位**的名称、住所和法定代表人或者主要负责人。
（2）**劳动者**的姓名、住址和居民身份证或者其他有效身份证件号码。
（3）**劳动合同期限**。
（4）**工作内容**和地点。
（5）**工作时间**和**休息休假**。
（6）**劳动报酬**。
（7）**社会保险**。
（8）**劳动保护**、**劳动条件**和职业危害防护。

【例6·多选】下列各项中,属于劳动合同必备条款的有( )。(2016年)
A.社会保险　　　B.劳动报酬　　　C.劳动合同期限　　　D.服务期
【答案】ABC
【解析】服务期属于劳动合同约定条款。

★★考点2．无固定期限劳动合同：

法定订立情形	（1）劳动者在单位**连续工作满10年**的
	（2）劳动者在单位连续工作**满10年且距法定退休年龄不足10年**的 【注意】此条针对初次实行劳动合同制的单位以及国有企业改制
	（3）**连续订立2次固定期限劳动合同**,且劳动者无下述情形,续订劳动合同的: ①严重违反用人单位规章制度的 ②严重失职,营私舞弊,给用人单位造成重大损害的 ③劳动者同时与其他用人单位建立劳动关系,对完成本单位的工作任务造成严重影响,或经用人单位提出,拒不改正的 ④劳动者以欺诈、胁迫的手段或者乘人之危,使用人单位在违背真实意思的情况下订立、变更劳动合同,致使劳动合同无效的 ⑤被依法追究刑事责任的 ⑥劳动者患病或者非因工负伤,在规定的医疗期满后不能从事原工作,也不能从事由用人单位另行安排的工作的 ⑦劳动者不能胜任工作,经过培训或者调整工作岗位,仍不能胜任工作的 【记忆】劳动者有能力、无过错

【注意】用人单位自用工之日起满1年不与劳动者订立书面劳动合同的,视为用人单位自用工之日起满1年的当日已经与劳动者订立无固定期限劳动合同。

【例7·多选】根据劳动合同法律制度的规定,下列各项中,除劳动者提出订立固定期限劳动合同外,用人单位与劳动者应当订立无固定期限劳动合同的情形有( )。(2016年)

A. 劳动者在该用人单位连续工作满10年的
B. 连续订立2次固定期限劳动合同，且劳动者不具备法定情形，继续续订的
C. 国有企业改制重新订立劳动合同，劳动者在该用人单位连续工作满5年且距法定退休年龄不足15年的
D. 用人单位初次实行劳动合同制度，劳动者在该用人单位连续工作满10年且距法定退休年龄不足10年的

【答案】ABD

【解析】应当订立无固定期限劳动合同的情形包括，国有企业改制重新订立劳动合同时，劳动者在该用人单位连续工作满10年且距法定退休年龄不足10年的。

★★★考点3．带薪年休假：

工作年限	1 ≤ X < 10年	10 ≤ X < 20年	X ≥ 20年
年假天数	5天	10天	15天
不享受情形	请病假≥2个月 （1）享受寒暑假多于年休假天数的 （2）请事假累计≥20天且不扣工资的	请病假≥3个月	请病假≥4个月

【记忆口诀】一年起，十年分，每十年，5天假，234月病假可不行。

【注意】职工新进用人单位且符合享受条件的，当年度休假天数按照在本单位剩余日历天数折算确定，折算后不足1整天的部分不享受年休假。

新单位年休假 =（当年在本单位剩余日历天数/365天）× 本人全年应当享受的年休假天数

【例8·单选】赵某工作已满15年，2015年7月1日调到乙公司工作，提出补休年休假的申请，则赵某在乙公司可以享受的带薪年休假是（　　）天。
A. 0   B. 5   C. 10   D. 15

【答案】B

【解析】职工累计工作已满10年不满20年的，年休假10天。赵某工作已满15年，可享受年休假10天。赵某7月1日调到乙公司，还可在新单位享受的年休假是：（当年度在本单位剩余日历天数/365天）× 本人全年应当享受的年休假天数 = 183/365 × 10 = 5（天）。

【例9·多选】下列情形中，职工不能享受当年年休假的有（　　）。（2015年）
A. 请事假累计20天以上，且单位按照规定不扣工资的
B. 依法享受寒暑假，其休假天数多于年休假天数的
C. 累计工作满1年不满10年，请病假累计2个月以上的
D. 累计工作满20年以上，请病假累计满3个月的

【答案】ABC

【解析】职工不能享受带薪年休假的情形有：享受寒暑假多于年休假天数的；请事

假累计≥20天且不扣工资的。

★★★ **考点4．劳动报酬**：
（1）以<u>法定货币</u>支付，不得以实物及有价证券支付。
（2）必须在<u>约定</u>的日期支付。如遇节假日或休息日，则应提前在最近的工作日支付。
（3）<u>至少每月</u>支付一次，实行周、日、小时工资制的可按周、日、小时支付工资。
（4）对完成<u>一次性临时</u>劳动的，单位应按协议/合同规定在其完成任务后支付工资。
（5）<u>加班工资</u>：

加班时段	是否可以补休做补偿	加班工资支付标准
工作日	×	150%
休息日	√	200%
节假日	×	300%

（6）<u>扣工资</u>：
①劳动者给单位造成经济损失的，每月扣除的部分≤20%；
②剩余部分≥当地月最低工资标准。

【例10·单选】公司职工甲因工作疏忽给公司造成经济损失10 000元，已知甲每月工资收入为2 500元，当地月最低工资为1 800元。根据劳动合同法律制度的规定，该公司可从甲每月工资扣除的最高限额为（　　）元。（2015年）
A．500　　　　B．700　　　　C．800　　　　D．1 000
【答案】A
【解析】剩余工资=2 500-2 500×20%=2 000（元）>1 800（元），每月扣最高额为500元。

【例11·单选】2016年5月乙公司安排李某于5月1日（国际劳动节）、5月7日（周六）分别加班1天，事后未安排补休，已知乙公司实行标准工时制，李某的日工资为200元。计算乙公司应支付李某5月最低加班工资的下列算式中，正确的是（　　）。（2016年）
A．200×300%+200×200%=1 000（元）
B．200×200%+200×150%=700（元）
C．200×100%+200×200%=500（元）
D．200×300%+200×300%=1 200（元）
【答案】A
【解析】用人单位依法安排劳动者在休息日工作，不能安排补休的，按照不低于劳动合同规定的劳动者本人日或小时工资标准的200%支付劳动者工资；用人单位依法安排劳动者在法定休假日工作的，按照不低于劳动合同规定的劳动者本人日或小时工资标准的300%支付劳动者工资。本题中的加班工资为：200×300%+200×200%=1 000（元）。

★考点5. 约定条款：
（1）试用期。
（2）服务期。
（3）保守商业秘密和竞业限制。

【例12·多选】下列各项中，属于劳动合同约定条款的有（　　）。（2016年）
A. 劳动报酬　　　B. 服务期　　　C. 社会保险　　　D. 试用期
【答案】BD
【解析】劳动合同约定条款：试用期；服务期；保守商业秘密和竞业限制。

★★★考点6. 试用期：
（1）期限：

劳动合同期限	试用期期限
①短期的： 　a. 劳动合同期限＜3个月 　b. 以完成一定任务为期限的 　c. 非全日制用工	不得约定试用期
②3个月≤劳动合同期限＜1年	≤1个月
③1年≤劳动合同期限＜3年	≤2个月
④长期： 　a. 劳动合同期限≥3年 　b. 无固定期限劳动合同	≤6个月

（2）同一用人单位与同一劳动者<u>只能约定一次</u>试用期。
（3）试用期的工资：不得低于本单位相同岗位最低档工资/劳动合同约定工资的<u>**80%**</u>，并**不得低于单位所在地的最低工资标准**。

【例13·多选】M公司与职工对试用期期限的下列约定中，符合法律规定的有（　　）。（2017年）
A. 李某的劳动合同期限2年，双方约定的试用期为2个月
B. 王某的劳动合同期限6个月，双方约定的试用期为20日
C. 赵某的劳动合同期限2个月，双方约定的试用期为5个月
D. 张某的劳动合同期限4年，双方约定的试用期为4个月
【答案】ABD
【解析】劳动合同期限不满3个月的，不得约定试用期。

★考点7. 服务期：
（1）<u>适用范围</u>：单位为劳动者提供专项培训费用，可以约定。

【注意】服务期超过合同期的，合同期顺延；双方另有约定的，从其约定。
（2）**违约责任**：
①劳动者<u>违反服务期</u>约定的，应按照约定向用人单位支付违约金；
②违约金数额不得超过用人单位提供的<u>培训费用</u>；
③违约金不得超过服务期尚未履行部分的<u>所应分摊</u>的培训费用。

【例14·单选】吴某受乙公司委派去德国参加技术培训，公司为此支付培训费10万元。培训前双方签订协议，约定吴某自培训结束后5年内不得辞职，否则应支付违约金10万元。吴某培训完毕后在乙公司连续工作满2年时辞职。乙公司依法要求吴某支付的违约金数额最高为（　　）。（2016年）
A. 0　　　　　　B. 10万元　　　　　C. 6万元　　　　　D. 4万元
【答案】C
【解析】（1）劳动者违反服务期约定的，应当按照约定向用人单位支付违约金。违约金的数额不得超过用人单位提供的培训费用。
（2）吴某违反服务期规定，应支付违约金。公司为其支付的培训费为10万元，服务期为5年，每年分摊的费用=100 000÷5=20 000（元），因为已履行2年，吴某应支付的违约金数额=100 000-20 000×2=60 000（元）。

★★★**考点8. 保守商业秘密和竞业限制**：
（1）用人单位可与劳动者约定竞业限制条款，在解除或终止合同后，在竞业限制期限内<u>按月给予劳动者经济补偿</u>。
（2）只限于用人单位的<u>高级管理人员</u>、<u>高级技术人员</u>和其他<u>负有保密义务</u>的人员。
（3）竞业限制期限，不得超过<u>2年</u>。
（4）劳动者<u>违反竞业限制约定</u>的，应按照约定向单位支付违约金。
【注意】若劳动者给单位造成损失的应当承担赔偿责任。

【例15·多选】关于用人单位和劳动者对竞业限制约定的下列表述中，正确的有（　　）。
A. 用人单位应按照双方约定，在竞业限制期限内按月给予劳动者经济补偿
B. 劳动者违反竞业限制约定的，应按照约定向用人单位支付违约金
C. 用人单位和劳动者约定的从事同类业务的竞业限制不得超过2年
D. 竞业限制约定适用于用人单位与其高级管理人员、高级技术人员和其他负有保密义务的人员之间
【答案】ABCD
【解析】以上选项均正确。

三、劳动合同的履行和变更
★★**考点1. 履行**：

履行	（1）拖欠或未足额支付劳动报酬的，劳动者可依法向当地人民法院申请支付令
	（2）劳动者拒绝单位管理人员违章指挥、强令冒险作业的，不视为违反劳动合同
	（3）单位合并/分立/变更名称/法定代表人/主要负责人/投资人，不影响履行
变更	书面形式or口头形式＋实际履行超1个月＋不违法

【例16·多选】下列关于劳动合同履行的表述中，正确的有（　　）。（2016年）
A. 用人单位拖欠劳动报酬的，劳动者可以依法向人民法院申请支付令
B. 用人单位发生合并或者分立等情况，原劳动合同不再继续履行
C. 劳动者拒绝用人单位管理人员违章指挥、强令冒险作业的，不视为违反劳动合同
D. 用人单位变更名称的，不影响劳动合同的履行
【答案】ACD
【解析】用人单位发生合并或者分立等情况，原劳动合同继续有效，劳动合同由承继其权利和义务的用人单位继续履行。

四、劳动合同的解除和终止

★考点1. 协商解除：

类型	是否支付经济补偿金
（1）用人单位解除	√
（2）劳动者主动辞职	×

★★★考点2. 法定解除：
（1）劳动者单方解除：

解除类型	适用情形	是否支付经济补偿金
①提前通知（"不想干"）	a.试用期：提前3日通知 b.正式员工：提前30日以书面形式通知	×
②随时通知（"没法干"）	用人单位的过错但没有危及人身安全的（8条） 【注意】什么时候想走什么时候说就行	√
③不需事先告知（"没命干"）	用人单位的过错并危及人身安全的（2条） 【注意】根本不必告知，再不走命就没了……	√

【例17·多选】下列情形中，劳动者可以单方面与用人单位解除劳动合同的有（　　）。（2014年）
A. 用人单位未为劳动者缴纳社会保险费
B. 用人单位未按照劳动合同约定提供劳动保护
C. 用人单位未及时足额支付劳动报酬
D. 用人单位未按照劳动合同约定提供劳动条件

【答案】ABCD
【解析】以上选项均正确。

【例18·多选】劳动者单方面解除劳动合同的下列情形中，不能获得经济补偿的有（ ）。
A. 劳动者因用人单位未按照劳动合同约定提供劳动保护解除劳动合同的
B. 劳动者提前30日以书面形式通知用人单位解除劳动合同的
C. 劳动者因用人单位未及时足额支付劳动报酬而解除劳动合同的
D. 劳动者在试用期间提前3日通知用人单位解除劳动合同的
【答案】BD
【解析】劳动者单方面解除劳动合同不能获得经济补偿的情形有：劳动者提前30日以书面形式通知用人单位解除劳动合同的；劳动者在试用期间提前3日通知用人单位解除劳动合同的。

（2）**用人单位单方解除**：

解除类型	适用情形		是否支付经济补偿金
①随时通知（"不能用"）	a.试用期内不符合录用条件 b.劳动者有过错		×
②提前通知（"没法用"）	无过失性辞退： a.劳动者患病或者非因工负伤，在规定的医疗期满后不能从事原工作，也不能从事由用人单位另行安排工作的 b.劳动者不能胜任工作，经过培训或调整工作岗位，仍不能胜任 c.订立时所依据的客观情况发生重大变化，致使合同无法履行，经协商，未能彼此同意变更 【注意】提前30日以书面形式通知劳动者或额外支付1个月工资		√
③经济裁员（"没办法"）	适用情形	企业经营困难（必须为经济原因且满足法定条件）	√
	特别程序	a.裁减≥20人，或裁减<20人但占职工总数≥10%，提前30日向工会、全体职工说明情况，听取意见后，向劳动行政部门报告，可以裁减 b.裁减<20人且占职工总数<10%，无需上述程序	

【例19·单选】M公司现有职工100人，因生产经营发生严重困难需裁员。根据劳动合同法律制度的规定，该公司裁减人员达到一定人数或者一定比例以上，M公司需向工会或者全体职工说明情况，听取工会或者职工的意见，并将裁减人员方案向劳动行政部门报告。M公司可不执行该程序的裁减人员的最多人数是（ ）。（2014年）
A. 11人　　　　B. 8人　　　　C. 9人　　　　D. 10人
【答案】C
【解析】生产经营发生严重困难的，用人单位需要裁减人员20人以上或者裁减不足20人但占企业职工总数10%以上的，用人单位提前30日向工会或者全体职工说明情况，听取工会或者职工的意见后，裁减人员方案经向劳动行政部门报告，可以裁减人员；裁减人员不足20人且占企业职工总数不足10%的，无需执行上述程序。

【例20·多选】下列各项中,属于单位可依据法定程序进行经济性裁员的情形有( )。
A. 企业转产,经变更劳动合同后,仍需裁减人员的
B. 依照企业破产法规定进行重整的
C. 企业重大技术革新,经变更劳动合同后,仍需裁减人员的
D. 生产经营发生严重困难的
【答案】ABCD
【解析】经济性裁员的情形包括:
(1)依照企业破产法规定进行重整的(选项B)。
(2)生产经营发生严重困难的(选项D)。
(3)企业转产、重大技术革新或者经营方式调整,经变更劳动合同后,仍需裁减人员的(选项AC)。
(4)其他因劳动合同订立时依据的客观经济情况发生重大变化,致使劳动合同无法履行的。

★★★考点3. 劳动合同的终止:

(1)可以**终止**的情形:

劳动合同的终止的情形			是否支付经济补偿
①"期满"	a.用人单位不续签		√
	b.用人单位续签	降低标准,劳动者不同意续签	√
		维持或提高待遇,劳动者不同意续签	×
②"退休"	a.劳动者开始依法享受基本养老保险待遇		×
	b.劳动者达到法定退休年龄		×
③"死亡"	a.劳动者死亡,或被人民法院宣告死亡或失踪		×
	b.宣告破产、吊销营业执照、责令关闭、撤销或解散		√

(2)**不能解除、终止**的情形:

①接触职业病危害的劳动者:
  a.未做离岗前职业健康检查
  b.疑似职业病病人在诊断或医学观察期
②已经有病:
  a.在本单位患职业病
  b.因工负伤并被确认丧失或部分丧失劳动能力的
③患病或非因工负伤,在规定的医疗期内的
④女职工在孕期、产期、哺乳期的
⑤在本单位连续工作满15年,且距法定退休年龄不足5年的
⑥法律规定的其他情形

【记忆口诀】三病十五加五；女性孕产哺。
（三病：有职业病危害工作离职前未检查的，患职业病或因工负伤的，患病或非因工负伤的医疗期。十五加五：在本单位连续工作满15年且距退休年龄不足5年的。女性孕产哺：女职工孕期、产期、哺乳期。）

【例21·多选】下列情形中，可导致劳动合同关系终止的有（   ）。（2014年、2016年）

A. 劳动合同期满　　　　　　　B. 劳动者达到法定退休年龄
C. 用人单位被依法宣告破产　　D. 女职工在哺乳期

【答案】ABC
【解析】女职工在哺乳期不能解除、终止劳动合同。

★考点4．经济补偿金VS违约金VS赔偿金：

	经济补偿金	违约金	赔偿金
性质	法定	约定	法定/约定
适用情形	劳动关系解除或终止（劳动者无过错）	违反服务期/竞业限制	给对方造成损害
支付主体	用人单位	劳动者	用人单位/劳动者

【例22·单选】下列关于经济补偿金和违约金的表述中，不正确的是（   ）。（2016年）

A. 违约金的支付主体只能是劳动者
B. 经济补偿金只能由用人单位和劳动者在劳动合同中约定
C. 违约金只能在服务期和竞业限制条款中约定
D. 经济补偿金的支付主体只能是用人单位

【答案】B
【解析】经济补偿金是法定的，主要是针对劳动关系的解除和终止，如果劳动者无过错，用人单位则应给予劳动者一定的经济补偿。

★★★考点5．用人单位应当向劳动者支付经济补偿金的情形：
（1）单位提出解除，并**协商一致**。
（2）劳动者符合**随时通知解除**，不需事先通知。
（3）单位符合提前**30日**以书面形式通知劳动者或额外支付劳动者1个月工资。
（4）单位**符合可裁减人员规定**。
（5）劳动合同期满，单位与劳动者续订合同，**降低标准**，劳动者不同意续签的。
（6）以完成一定工作任务为期限的劳动合同因**任务完成**而终止的。
（7）宣告**破产**、**吊销营业执照**、**责令关闭**、**撤销**或**解散**而终止劳动合同的。

（8）法律规定的其他情形。

【例23·多选】下列情形中，用人单位应向劳动者支付经济补偿的有（　　）。（2015年）
A. 劳动者提前30日以书面形式通知无过错用人单位而解除劳动合同的
B. 劳动者提出并与无过错用人单位协商一致解除劳动合同的
C. 以完成一定工作任务为期限的劳动合同因任务完成而终止的
D. 劳动者符合不需事先告知用人单位即可解除劳动合同的情形解除劳动合同的
【答案】CD
【解析】劳动者提出（提前30天或者协商一致）与"无过错"的用人单位解除劳动合同的，用人单位不需支付经济补偿金。

★★★考点6．经济补偿的支付：

经济补偿金＝工作年限 × 月工资		
工作年限	（1）满1年 ＝ 1个月工资 （2）≥6个月 ＝ 1个月工资 （3）＜6个月 ＝ 0.5个月工资	
月工资	正常工资	劳动合同解除或者终止前12个月的平均工资
	低工资	低于当地最低工资标准的，按当地最低工资标准计算
	高工资	高于职工月平均工资3倍的，按职工月平均工资3倍的数额支付 【注意】向其支付经济补偿金的年限最高不超过12年

【例24·单选】张某在M公司已工作10年，经M公司与其协商同意解除劳动合同。已知张某在劳动合同解除前12个月平均工资为7 000元，当地人民政府公布的本地区上年度职工月平均工资为2 000元。M公司应向张某支付的经济补偿金额是（　　）元。（2015年、2016年）
A. 20 000　　　　B. 24 000　　　　C. 60 000　　　　D. 70 000
【答案】C
【解析】（1）张某的月平均工资已经超过了当地上年度职工月平均工资的3倍，只能按当地上年度职工月平均工资3倍（6 000元）作为支付经济补偿金的月工资标准。
（2）张某在M公司的工作时间为10年，应按10个月工资标准支付经济补偿。
（3）M公司应向张某支付的经济补偿＝2 000×3×10＝60 000（元）。

★考点7．劳动合同解除双方义务：
（1）应按双方约定，办理工作交接。
（2）单位应在15日内为劳动者办理档案和社保关系转移手续。
（3）单位解除的劳动合同文本至少保存2年备查。

（4）单位未按规定向劳动者支付经济补偿的，由劳动行政部门责令限期支付经济补偿。

【注意】若逾期不支付的，单位按应付金额50%－100%的标准向劳动者加付赔偿金。

（5）单位违反规定解除或终止劳动合同，劳动者要求继续履行的，应当履行。

【注意】劳动者不要求/不能继续履行的，应按经济补偿标准的2倍向劳动者支付赔偿金，支付了赔偿金的，不再支付经济补偿金。

五、集体合同

★考点1．订立主体：工会与企业；由上级工会指导下的劳动者代表与企业。

★考点2．集体合同草案的通过及生效：
A——职工代表大会，B——全体职工
（1）出席：A或B≥2/3；同意：A或B≥1/2。
（2）劳动行政部门自收到集体合同之日起15日内未提出异议的，即行生效。

六、劳务派遣

★考点1．概念：
A——劳务派遣单位，B——劳动者，C——用工单位
（1）A与B订立劳动合同。
（2）A与C订立劳务派遣协议。
（3）B向C提供劳务。

★★★考点2．适用范围：
（1）劳务派遣只能在临时性（不超过6个月）、辅助性或替代性岗位上实施。
（2）用人单位不得设立劳务派遣单位向本单位或所属单位派遣劳动者。
（3）用工单位不得将被派遣劳动者再派遣到其他用人单位。
（4）劳务派遣单位不得以非全日制用工形式招用被派遣劳动者。
（5）用工单位使用的被派遣劳动者数量不得超过其用工总量的10%。

【注意】用工总量＝订立劳动合同的人数＋派遣用工的人数。

【例25·单选】劳务派遣临时性岗位最长期限为（　　）。（2014年）
A．3个月　　　B．6个月　　　C．9个月　　　D．12个月
【答案】B
【解析】劳务派遣临时性岗位不超过6个月。

【例26·单选】M劳务派遣公司安排职工张某到用工单位N公司工作。下列关于该劳务派遣用工的表述中，不正确的是（　　）。（2016年）
A．张某只能在N公司从事临时性、辅助性或者替代性的工作

B. N 公司应按月向张某支付报酬
C. N 公司不得再将张某派遣到其他用人单位
D. M 劳务派遣公司应当与 N 公司订立劳务派遣协议
【答案】B
【解析】劳务派遣公司（M 公司）应当按月向劳动者（张某）支付劳动报酬。

★★★**考点3．劳务派遣单位的义务：**
（1）派遣单位应当与被派遣劳动者<u>订立2年以上固定期限</u>劳动合同。
（2）派遣单位应当<u>按月</u>向劳动者支付报酬。
【注意】被派遣劳动者在<u>无工作期间</u>，派遣单位应当按照最低工资标准按月支付报酬。
（3）派遣单位不得克扣被派遣劳动者的劳动报酬，向被派遣劳动者收取费用。

★**考点4．劳动者的权利：**
（1）被派遣劳动者享有与用工单位的劳动者<u>同工同酬</u>的权利。
（2）被派遣劳动者有权在派遣单位或用工单位依法参加或组织工会，<u>维护合法的权益</u>。

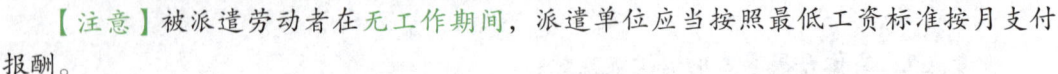

【例27·单选】下列关于劳务派遣用工形式的表述中，不正确的是（　　）。（2016年）
A. 被派遣劳动者在无工作期间，劳务派遣单位应当按照所在地人民政府规定的最低工资标准，向其按月支付报酬
B. 劳务派遣单位可与被派遣劳动者订立1年期劳动合同
C. 用人单位不得设立劳务派遣单位向本单位或者所属单位派遣劳动者
D. 被派遣劳动者享有与用工单位的劳动者同工同酬的权利
【答案】B
【解析】劳务派遣单位应当与被派遣劳动者订立2年以上的固定期限劳动合同。

七、劳动争议的解决
★**考点1．方法：**<u>协商、调解、劳动仲裁、劳动诉讼</u>。

★**考点2．劳动仲裁管辖：**
（1）<u>履行地</u>或<u>用人单位所在地</u>的劳动争议仲裁委员会。
（2）若双方同时向履行地和用人单位所在地的仲裁委员会申请仲裁，由<u>履行地</u>的劳动争议仲裁委员会管辖。

★★★ 考点3. 仲裁时效：

时效	从当事人<u>知道</u>或应当知道其权利被侵害之日起1年 （1）因<u>拖欠劳动报酬</u>争议的，劳动关系存续期间不受仲裁时效期间的限制 （2）劳动<u>关系终止</u>的，自劳动关系终止之日起1年内提出	
中断	（1）当事人一方向<u>对方</u>主张权利 （2）当事人一方向<u>有关部门</u>请求权利救济 （3）对方当事人同意履行义务	从中断时起，仲裁时效重新计算
中止	<u>不可抗力</u>或者其他正当理由	从中止时效的原因消除之日起，仲裁时效期间继续计算

【例28·单选】M公司录用张某8个月开始无故拖欠其工资，张某向M公司多次催要未果，直至双方劳动关系终止，M公司仍未结算所欠工资。根据劳动合同法律制度的规定，张某就M公司拖欠工资申请劳动仲裁的时效期间是（ ）。（2015年）
A. 自M公司开始无故拖欠工资之日起1年
B. 自张某到M公司工作之日起2年
C. 自双方劳动关系终止之日起1年
D. 自张某向M公司最后一次催要工资未果之日起2年
【答案】C
【解析】因拖欠劳动报酬争议的，劳动关系存续期间不受仲裁时效期间的限制；若劳动关系终止的，自劳动关系终止之日起1年内提出。

★★ 考点4. 劳动仲裁制度：

仲裁申请	<u>书面</u>、<u>口头</u>
公开原则	（1）劳动争议仲裁公开进行 （2）当事人协议不公开进行或涉及商业秘密和个人隐私的，经相关当事人书面申请，仲裁委员会应当不公开审理
仲裁庭制	仲裁员：<u>3名或1名</u>（简单劳动争议案件）
回避制度（仲裁员）	（1）是本案当事人或者当事人、代理人的近亲属的 （2）与本案有利害关系的 （3）与本案当事人、代理人有其他关系，可能影响公正裁决的 （4）私自会见当事人、代理人，或接受当事人、代理人<u>请客送礼</u>的
裁决原则	（1）应当按照多数仲裁员的意见作出 （2）仲裁庭不能形成多数意见时，裁决应当按照首席仲裁员的意见作出

★ 考点5. 一裁终局案件：

（1）<u>追索劳动报酬</u>、<u>工伤医疗费</u>、<u>经济补偿金</u>或<u>赔偿金</u>，不超过当地月最低工资标准12个月金额的争议。
（2）因执行国家的劳动标准在<u>工作时间</u>、<u>休息休假</u>、<u>社会保险</u>等方面发生的争议。

★ **考点6．劳动诉讼申请范围：**

（1）对仲裁委员会<u>不受理或逾期未作决定</u>的，申请人可以向人民法院提起诉讼。

（2）对终局裁决不服的，可以自<u>收到仲裁裁决书之日起15日内</u>向人民法院提起诉讼。

【注意】对终局裁决情形之外的其他劳动争议案件的仲裁裁决不服的，可以自收到仲裁裁决书之日起15日内提起诉讼。

（3）终局仲裁裁决被人民法院裁定撤销的，可以自<u>收到裁定书之日起15日内</u>向人民法院提起诉讼。

【总结1】各类法律文书生效时间：

法律文件		生效时间
（1）仲裁（商事）	①裁决书	自作出之日起
	②调解书	经双方当事人签收后
（2）民事诉讼	一审判决	送达之日起15日内不上诉即生效
（3）行政诉讼	二审判决	自送达之日起
（4）行政复议	行政复议决定书	自送达之日起
（5）劳动仲裁	①终局裁决	自作出之日起
	②非终局裁决	自收到裁决书之日起15日内不提起诉讼

【总结2】经济仲裁VS劳动仲裁：

	经济仲裁	劳动仲裁
与民诉关系	或裁或诉（一裁终局）	先裁后诉
地域管辖	×	√（合同履行地或用人单位所在地）
收费	√	×
仲裁机构	不按行政区划层层设立	不按行政区划层层设立
申请	书面仲裁协议	书面或口头申请
开庭	√	√
公开	×（以不公开为原则）	√（以公开为原则）
回避	√	√
调解	可以调解	应当调解
裁决作出	少数服从多数	少数服从多数
裁决书生效	一裁终局，自作出之日起生效	（1）终局裁决：自作出之日起生效
		（2）非终局裁决：自收到裁决书之日起15日内不起诉即生效
执行	人民法院	

第二节 社会保险法律制度

一、基本养老保险（职工）

★考点1. 组成：

（1）<u>单位缴费</u>——记入基本养老保险统筹基金。

（2）<u>个人缴费</u>——记入个人账户。

【注意1】个人账户不得提前支取，记账利率不得低于银行定期存款利率，免征利息税。

【注意2】月平均工资不包括用人单位承担或者支付给员工的社会保险费、劳动保护费、福利费等其他不属于工资的费用。

（3）<u>政府补贴部分</u>——基本养老保险基金出现支付不足时。

★★★考点2. 缴纳计算：

（1）<u>单位缴费</u>：通常为19%。

（2）<u>个人缴费</u>：个人养老账户月存储额＝本人月缴费工资（工资基数）×8%。

一般情况：职工本人上年度职工月平均工资（新职工第一年以起薪当月工资作为缴费基数）。

特殊情况：

a. <u>低于当地职工月平均工资60%</u>的，按当地职工月平均工资的60%作为缴费基数；

b. <u>高于当地职工月平均工资300%</u>的，按当地职工月平均工资的300%作为缴费基数。

【注意】月平均工资不包括用人单位承担或者支付给员工的社会保险费、劳动保护费、福利费等其他不属于工资的费用。

（3）个人缴费不计征个人所得税。

（4）灵活就业人员缴费基数：当地上年度在岗职工月平均工资；缴费比例：20%（其中8%记入个人账户）。

【例1·多选】关于基本养老保险制度的表述中，正确的有（　　）。（2015年）

A. 城镇个体工商户和灵活就业人员的缴费基数为当地上年度在岗职工平均工资

B. 职工基本养老保险实行社会统筹和个人账户相结合

C. 职工基本养老保险基金由用人单位和个人缴费以及政府补贴等组成

D. 个人缴纳的基本养老保险应计入个人所得税的应税收入

【答案】ABC

【解析】个人缴费不计征个人所得税，在计算个人所得税的应税收入时，应当扣除个人缴纳的养老保险费。

【例2·单选】M公司高级管理人员张某2014年度月平均工资为15 000元。公司所在地职工月平均工资为4 000元。2015年M公司每月应扣除基本养老保险费的下列计算列

式中，正确的是（   ）。(2015年、2017年)

A. 4 000×8%＝320（元） B. 4 000×2×8%＝640（元）
C. 4 000×3×8%＝960（元） D. 15 000×8%＝1 200（元）

【答案】C
【解析】月平均工资高于当地职工月平均工资300%的，按职工月平均工资的300%作为缴费基数。

★★考点3. 享受条件：
（1）年龄条件：达到法定退休年龄。
（2）缴费条件：累计缴费满15年。

★★★考点4. 职工基本养老保险待遇：
（1）支付职工基本养老金。
（2）丧葬补助金和遗属抚恤金：因病或者非因工死亡的，其遗属可以领取。
（3）病残津贴：在未达到法定退休年龄时因病或者非因工致残完全丧失劳动能力的。

【例3·多选】下列关于职工基本养老保险待遇的表述中，正确的有（   ）。
A. 参保职工未达到法定退休年龄时因病完全丧失劳动能力的，可以领取病残津贴
B. 参保职工达到法定退休年龄时累计缴费满15年，按月领取基本养老金
C. 参保职工死亡后，其个人账户中的余额可以全部依法继承
D. 参保职工死亡同时符合领取基本养老保险丧葬补助金、工伤保险丧葬补助金和失业保险丧葬补助金条件的，其遗属可以同时领取

【答案】ABC
【解析】参保职工死亡同时符合领取基本养老保险丧葬补助金、工伤保险丧葬补助金和失业保险丧葬补助金条件的，其遗属只能选择领取其中的一项。

二、基本医疗保险
★考点1. 缴纳：
（1）单位缴费：职工工资总额的6%。
（2）个人缴费：职工本人工资收入的2%。
【注意】用人单位缴费部分的30%划入个人账户。

【例4·单选】M公司职工周某的月工资为6 800元，已知当地职工基本医疗保险的单位缴费率为6%，职工个人缴费率为2%，用人单位所缴医疗保险费划入个人医疗账户的比例为30%。根据社会保险法律制度的规定，关于周某个人医疗保险账户每月存储额的下列计算中，正确的是（   ）。(2015年)

A. 6 800×6%×30%＝122.4（元）
B. 6 800×2%＋6 800×6%×30%＝258.4（元）
C. 6 800×2%＝136（元）

D. 6 800×2%＋6 800×6%＝544（元）

【答案】B

【解析】个人账户基金＝本人工资收入的2%＋单位缴费（工资的6%）×30%＝6 800×2%＋6 800×6%×30%＝258.4（元）。

★考点2．基本医疗保险基金不支付的医疗费用：

（1）应当从<u>工伤保险基金</u>中支付的。

（2）应当由<u>第三人</u>负担的。

（3）应当由<u>公共卫生</u>负担的。

（4）在<u>境外</u>就医的。

★★★考点3．医疗期：职工因患病或非因工负伤停止工作。

实际工作年限	在本单位工作年限	医疗期期间	计算方法
（1）＜10年	①＜5年	3个月	6个月
	②≥5年	6个月	12个月
（2）≥10年	①＜5年		
	②5年≤Y＜10年	9个月	15个月
	③10年≤Y＜15年	12个月	18个月
	④15年≤Y＜20年	18个月	24个月
	⑤≥20年	24个月	30个月

【记忆口诀】医疗期，3递增，12之后蹦俩6。

【例5·单选】2014年10月19日，M公司职工李某因突发心脏病住院治疗。已知李某实际工作年限为12年，其中在M公司工作年限为4年。李某依法可享受的医疗期为（　　）个月。

A. 9　　　　B. 12　　　　C. 18　　　　D. 6

【答案】D

【解析】实际工作年限10年以上的，在本单位工作年限5年以下的可享受医疗期6个月。

★★★考点4．医疗期待遇：

病假工资		最低为当地最低工资标准的80%
劳动合同		（1）医疗期内不得解除劳动合同
		（2）医疗期内遇合同期满，则合同续延，仍然享受医疗期内待遇
解除合同	解除条件	（1）医疗期满尚未痊愈者
		（2）医疗期满后，不能从事原工作，也不能从事用人单位另行安排的工作
	经济补偿	用人单位需支付劳动者经济补偿金

【例6·多选】M公司职工汪某非因工负伤住院治疗。已知汪某月工资3 800元，当地最低月工资标准为2 000元，汪某医疗期内工资待遇的下列方案中，M公司可依法采用的有（   ）。

A. 3 040元／月　　B. 1 900元／月　　C. 1 500元／月　　D. 2 000元／月

【答案】ABD

【解析】企业职工医疗期的病假工资或者疾病救济费可以低于当地最低工资标准，但不能低于最低工资标准的80%。在本题中不低于1 600元／月(2 000×80%)的方案均可采用。

【例7·不定项】乙公司职工张某在工作中因先天性心脏病突发住院治疗3个月，住院期间乙公司按月向其支付病假工资。出院后，张某回公司上班。因该疾病导致活动受限，张某已不能从事原工作。公司又为其另行安排了其他工作岗位，但张某仍不能从事该工作。乙公司拟单方面解除与张某之间尚未到期的劳动合同。已知：张某月工资为3 000元，实际工作年限8年，在乙公司工作3年；乙公司所在地月最低工资标准为2 000元。要求：根据上述资料，不考虑其他因素，分别回答下列小题。（2017年）

1. 关于张某在工作中突发先天性心脏病法律后果的下列表述中，正确的是（   ）。

A. 张某在工作中突发先天性心脏病应认定为工伤
B. 张某可享受的医疗期应按6个月内累计病休时间计算
C. 张某可享受3个月的医疗期待遇
D. 张某可享受12个月的停工留薪期待遇

【答案】BC

【解析】选项A：在工作时间和工作岗位，突发疾病死亡或者在48小时内经抢救无效死亡的，视同工伤，但张某是先天性心脏病，所以不属于工伤；选项BC：实际工作年限10年以下的，在本单位工作年限5年以下的，医疗期为3个月，按6个月的累计病休时间计算；选项D：职工因工作遭受事故伤害或者患职业病需要暂停工作接受工伤医疗的，才适用停工留薪期待遇。

2. 张某住院期间，乙公司每月向其支付的病假工资不得低于（   ）。

A. 3 000元　　B. 2 000元　　C. 1 600元　　D. 2 400元

【答案】C

【解析】病假工资或疾病救济费可以低于当地最低工资标准支付，但最低不得低于最低工资标准的80%，2 000×80%＝1 600（元）。

3. 乙公司单方面解除与张某的劳动合同可采用的下列方式中，符合法律规定的是（   ）。

A. 乙公司无须通知张某即可解除劳动合同
B. 乙公司可随时通知张某解除劳动合同且不向其额外支付工资
C. 乙公司可提前30日书面通知张某解除劳动合同

D. 乙公司可额外支付张某1个月工资后解除劳动合同

【答案】CD

【解析】劳动者患病或者非因工负伤，在规定的医疗期满后不能从事原工作，也不能从事由用人单位另行安排的工作的，用人单位提前30日以书面形式通知劳动者本人或者额外支付劳动者1个月工资后，可以解除劳动合同。

4.关于乙公司单方面解除与张某劳动合同法律后果的下列表述中，正确的是（　　）。

A. 应向张某支付违约金
B. 应向张某支付一次性伤残就业补助金
C. 应向张某支付合同解除赔偿金
D. 应向张某支付经济补偿

【答案】D

【解析】选项A：违约金是劳动者违反了"服务期和竞业限制"的约定而向用人单位支付的违约补偿；选项B：伤残就业补助金属于工伤保险待遇，张某不属于工伤；选项C：用人单位无需支付赔偿金。

三、工伤保险

★考点1．保险费的缴纳：由<u>用人单位</u>缴纳。

【注意】职工不缴纳。

★★★考点2．工伤认定：

（1）<u>应当认定</u>	①工作时间	工作场所	因工作原因受到事故伤害的
			因履行工作职责受到暴力等意外伤害的
	②工作时间前后		因与工作有关的预备性或收尾性工作，受到事故伤害的
	③身体		患职业病的
	④因工	外出期间	由于工作原因受到伤害或者发生事故下落不明的
	⑤上下班途中	在外	a.受到<u>非本人主要责任</u>的交通事故 b.城市轨道交通、客运轮渡、火车事故伤害的
（2）<u>视同工伤</u>	①工作时间	工作岗位	突发疾病死亡或在<u>48小时内经抢救无效死亡的</u>
	②抢险救灾	在外	维护国家利益、公共利益活动中受到伤害的
	③原在军队服役	因战、因公	负伤致残，已取得革命伤残军人证，到用人单位后旧伤复发的
（3）<u>不认定工伤</u>			故意犯罪
			醉酒或吸毒
			自残或自杀

【例8·多选】根据社会保险法律制度的规定，下列行为视同工伤的有（　　）。（2015年）

A. 工作期间在岗位突发疾病死亡的
B. 在上班途中，由于非本人责任受到的交通事故伤害
C. 因工外出期间，由于工作原因受伤的
D. 在抢险救灾等维护国家利益、公共利益活动中受伤的

【答案】AD

【解析】选项BC本来就是工伤，不用视同工伤。

★★考点3．工伤保险待遇：

种类	待遇
工伤医疗待遇	（1）治疗工伤的医疗费用 （2）住院伙食补助费、交通食宿费 （3）康复性治疗费 （4）停工留薪期工资福利待遇
辅助器具装配费	从工伤保险基金支付
伤残待遇	（1）生活护理费 （2）一次性伤残补助金 （3）伤残津贴 （4）一次性工伤医疗补助金和一次性伤残就业补助金
工亡待遇	（1）丧葬补助金 （2）供养亲属抚恤金 （3）一次性工亡补助金：上一年度全国城镇居民人均可支配收入的20倍

【例9·单选】一次性工亡补助金，为上一年度全国城镇居民人均可支配收入的（　　）。

A. 5倍　　　　　　　　　　B. 10倍
C. 15倍　　　　　　　　　 D. 20倍

【答案】D

【解析】参加工伤保险的职工因工死亡，其近亲属可以领取一次性工亡补助金，标准为上一年度全国城镇居民人均可支配收入的20倍。

【例10·多选】职工因工死亡的，其近亲属可享受遗属待遇。下列各项属于该待遇的有（　　）。

A. 一次性工亡补助金　　　　B. 供养亲属抚恤金
C. 遗属慰问金　　　　　　　D. 丧葬补助金

【答案】ABD

【解析】职工因工死亡，或者伤残职工在停工留薪期内因工伤导致死亡的，其近亲属享受从工伤保险基金领取丧葬补助金、供养亲属抚恤金和一次性工亡补助金的待遇（遗属待遇）。

★★考点4．停工留薪期：
（1）在停工留薪期内，职工的原工资福利待遇不变，由所在单位按月支付。
（2）停工留薪期一般不超过12个月，可适当延长，但延长期不得超过12个月。
（3）工伤职工评定伤残等级后，停止享受停工留薪期待遇，按照规定享受伤残待遇。
（4）工伤职工在停工留薪期满后仍需治疗的，继续享受工伤医疗待遇。

★考点5．工伤保险基金先行支付制度：
（1）用人单位未依法缴纳工伤保险，发生工伤事故的，由用人单位支付工伤保险待遇。
【注意】用人单位不支付的，从工伤保险基金中先行支付，由用人单位偿还。
（2）由第三人造成工伤，第三人不支付费用或无法确定第三人，由工伤保险基金支付。
【注意1】不是用人单位先行支付。
【注意2】工伤保险基金先行支付后，有权向第三人追偿。
【易混点】医疗期、停工留薪期：

类型	概念	期限	工资支付标准
医疗期	因病或非因工负伤	根据本人累计工作年限和在本单位工作年限，给予3—24个月的医疗期	当地最低工资标准的80%
停工留薪期	因工负伤	12个月＋12个月	不变

四、失业保险

★考点1．缴纳：
（1）单位比例：2%。
（2）个人比例：1%。
【注意】人力资源和社会保障部、财政部数次发文减低失业保险费率，将用人单位和职工失业保险缴费比例总和从3%阶段性降至1%，个人费率不得超过单位费率。（2019年修改）

★★考点2．享受失业保险条件：
（1）失业前用人单位和本人已经缴纳失业保险费满1年的。
（2）非因本人意愿中断就业的。
（3）已经进行失业登记，并有求职要求的。

★★★考点3．失业保险金领取期限：

累计缴费年限	领取期限
①1年≤X＜5年	≤12个月
②5年≤X＜10年	≤18个月
③X≥10年	≤24个月

【注意1】失业保险金领取期限自<u>办理失业登记之日起</u>计算。

【注意2】重新就业后，再次失业的，缴费时间重新计算，领取失业保险金的期限与前次失业应当领取尚未领取的失业保险金的期限<u>合并计算</u>，最长<u>不超过24个月</u>。

【例11·判断】失业人员领取失业保险金的期限自失业之日起计算。（　　）（2015年）

【答案】×

【解析】失业保险金的领取期限自"办理失业登记"之日起计算。

【例12·单选】吴某因劳动合同终止即失业。已知吴某工作年限已满6年，缴纳失业保险费时间已满4年，且符合失业保险待遇享受条件。吴某领取失业保险金的最长期限为（　　）。

A. 18个月　　　　B. 12个月　　　　C. 24个月　　　　D. 6个月

【答案】B

【解析】重新就业后，再次失业的，缴费时间重新计算，领取失业保险金的期限与前次失业应当领取尚未领取的失业保险金的期限合并计算，最长不超过24个月。

★★★考点4．失业保险待遇：

（1）领取失业保险金。

（2）领取失业保险金期间，<u>享受基本医疗保险待遇</u>。

【注意】缴纳的基本医疗保险费从失业保险基金中支付，个人不缴纳基本医疗保险费。

（3）若死亡，向遗属发给一次性丧葬补助金和抚恤金，资金从失业保险基金中支付。

（4）职业介绍与职业培训补贴。

【例13·多选】下列属于失业保险待遇的有（　　）。（2016年）

A. 失业保险金　　　　　　　　　B. 死亡补助

C. 基本医疗保险待遇　　　　　　D. 生育医疗费用

【答案】ABC

【解析】ABC均为领取失业保险期间可以享受的待遇。

【例14·单选】下列关于失业保险待遇的表述中，正确的是（　　）。（2017年）

A. 失业人员领取失业保险金期间不享受基本医疗保险待遇

B. 失业人员领取失业保险金期间重新就业的，停止领取失业保险金并同时停止享受其他失业保险待遇

C. 失业保险金的标准可以低于城市居民最低生活保障标准

D. 失业时用人单位和本人已经累计缴纳失业保险费满6个月的，失业人员可以申请领取失业保险金

【答案】B

【解析】选项A：领取失业保险金期间享受基本医疗保险待遇；选项C：失业保险金的标准，不得低于城市居民最低生活保障标准。一般也不高于当地最低工资标准，具体数额由省、自治区、直辖市人民政府确定；选项D：失业保险金的领取条件之一为失业人员失业前用人单位和本人累计缴费1年以上。仅满6个月的，不符合领取失业保险金的条件。

★★**考点5. 停止领取情形：**
（1）重新就业的。
（2）应征服兵役的。
（3）移居境外的。
（4）享受基本养老保险待遇的。
（5）无正当理由，拒不接受当地政府指定部门或机构介绍的适当工作的。

【例15·多选】下列失业人员中，应停止领取失业保险金并同时停止享受其他失业保险待遇的有（　　）。（2015年、2016年）

A. 重新就业的李某

B. 移居境外的杜某

C. 已享受基本养老保险待遇的陈某

D. 应征服兵役的贾某

【答案】ABCD

【解析】停止领取失业保险金及其他失业保险待遇的情形：
（1）重新就业的（选项A）。
（2）移居境外的（选项B）。
（3）享受基本养老保险待遇的（选项C）。
（4）应征服兵役的（选项D）。
（5）无正当理由，拒不接受当地人民政府指定部门或者机构介绍的适当工作或者提供的培训的。

五、社会保险费征缴与管理

★★**考点1. 登记：**
（1）职工：用人单位应自用工之日起30日内为其职工向社保机构申请办理社保登记。

（2）灵活就业人员：自行向社保机构申请办理社保登记。

★考点2．缴纳：
（1）单位——自行申报、足额缴纳。
（2）职工——由单位代扣代缴，并按月告知本人。
（3）灵活就业人员——自行缴纳。
【注意】自2019年1月1日起由税务部门统一征收基本养老保险、基本医疗保险、失业保险等各项社会保险费和先行划转的非税收入。（2019年新增）

【例16·多选】下列关于社会保险费缴纳的表述中，正确的有（　　）。
A. 用人单位应当自行申报、按时足额缴纳社会保险费
B. 职工应当缴纳的社会保险费由用人单位代扣代缴
C. 无雇工的个体工商户可以直接向社会保险费征收机构缴纳社会保险费
D. 用人单位应当按季度将缴纳社会保险费的明细情况告知职工本人
【答案】ABC
【解析】用人单位应当按月将缴纳社会保险费的明细情况告知职工本人。

【总结】社会保险的缴纳：

	基本养老保险	基本医疗保险	工伤保险	失业保险
缴纳主体	单位/个人	单位/个人	单位	单位/个人
单位缴费	19%（20%）	6%	规定比例	1%—1.5%
个人缴费	8%	2%	—	≤0.5%
划入个人账户	个人部分	个人缴纳部分＋单位缴纳部分的30%	—	—
领取条件	到退休年龄；缴费满15年	定点医院或药店＋规定范围和给付标准	因工负伤	缴费满1年；非本人意愿中断就业；已登记想就业

第三模块 考霸手稿

一、单项选择题

1. 下列法律责任形式中，属于 行政责任 的是（C）。
   A. 返还财产 ← 民事责任
   B. 罚金 ← 刑事责任
   C. 罚款
   D. 支付违约金 ← 民事责任

2. 2016年2月周某以150万元价格出售自有住房一套，购进价格200万元住房一套。已知契税适用税率为5%，计算周某上述行为应缴纳 契税税额 的下列算式中，正确的是（D）。
   A. 150×5%=7.5（万元）← 出售不缴
   B. 200×5%—150×5%=2.5（万元）→ 只限购进缴
   C. 150×5%+200×5%=17.5（万元） 契税由承受人缴纳
   D. 200×5%=10（万元）

3. 根据发票管理法律制度的规定，下列关于 发票管理 的表述中，不 正确的是（D）。
   A. 已经开具的发票存根联，应当保存5年
   B. 不符合规定的发票，不得作为税收凭证
   C. 收购单位支付个人款项时，由付款方向收款方开具发票
   D. 发票记账联由付款方或受票方作为记账原始凭证
   收款方或开票方
   记账联作为销售方核算收入和增值税销项税额的记账凭证
   发票联作为购买方核算成本和增值税进项税额的记账凭证
   抵扣联作为购买方报送主管税务机关认证和留存备查的抵扣凭证

4. 2016年5月甲公司安排职工刘某在日标准工作时间以外延长工作时间累计12小时。已知甲公司实行标准工时制度，刘某日工资为160元。分析甲公司应支付刘某5月最低 加班工资 的下列算式中，正确的是（D）。
   A. 160÷8×12×100%=240（元）
   B. 160÷8×12×200%=480（元）← 休息日标准 日标准日延长（晚上加班）1.5倍工资
   C. 160÷8×12×300%=720（元）← 节假日标准 休息日延长（周六日加班）2倍工资
   D. 160÷8×12×150%=360（元）   节假日延长（春节加班）3倍工资

5. 根据营业税改征增值税试点相关规定，下列各项中，应征收 增值税 的是（A）。
   A. 商业银行提供直接收费金融服务收取的手续费 → 按照金融服务—直接收费金融服务缴纳
   B. 物业管理单位代收的住宅专项维修资金
   C. 被保险人获得的保险赔付 不征增值税
   D. 存款人取得的存款利息

6. 根据支付结算法律制度的规定，下列关于预付卡的表述中，正确的是（ D ）。
A. 记名预付卡的有效期最长为3年
B. 单张记名预付卡的资金限额不得超过1 000元
C. 购卡人可以使用信用卡购买预付卡
D. 预付卡以人民币计价，不具有透支功能

7. 根据支付结算法律制度的规定，下列关于结算纪律的表述中，正确的是（ A ）。
A. 银行办理支付结算，不得以任何理由压票
B. 单位和个人办理支付结算，不得以任何理由拒绝付款
C. 银行办理支付结算，可以在支付结算制度之外附加条件
D. 单位和个人办理支付结算，可以签发无资金保证的票据

8. 根据税收征收管理法律制度的规定，税务机关作出的下列具体行政行为中，纳税人不服时可以选择申请税务行政复议或者直接提起行政诉讼的是（ D ）。
A. 征收税款
B. 加收滞纳金
C. 确认纳税主体
D. 没收财物和违法所得

9. 根据税收征收管理法律制度的规定，下列税种中，由海关负责征收的是（ D ）。
A. 个人所得税
B. 城镇土地使用税
C. 城市维护建设税
D. 关税

10. 根据土地增值税法律制度的规定，下列各项中，不属于土地增值税纳税人的是（ A ）。
A. 出租住房的孙某
B. 转让国有土地使用权的甲公司
C. 出售商铺的潘某
D. 出售写字楼的乙公司

11. 根据消费税法律制度的规定，下列各项中，应征收消费税的是（ C ）。

A. 超市零售白酒
B. 汽车厂销售自产电动汽车 ← 不属于消费税的征税范围
C. 地板厂销售自产实木地板
D. 百货公司零售高档化妆品

（在生产销售、委托加工、进口环节征收，金银首饰在零售环节征收）

12. 根据支付结算法律制度的规定，关于票据追索权行使的下列表述中，正确的是（ C ）。

A. 持票人不得在票据到期前追索 ← 注意票据到期日前，持票人可以行使追索权
B. 持票人应当向票据的出票人、背书人、承兑人和保证人同时追索 ←
C. 持票人在行使追索权时，应当提供被拒绝承兑或拒绝付款的有关证明
D. 持票人应当按照票据的承兑人、背书人、保证人和出票人的顺序行使追索权

持票人行使追索权，可以不按照票据债务人的先后顺序，对其中任何一人、数人或者全体行使追索权

13. 2016年12月13日，乙公司持一张汇票向承兑银行P银行提示付款，该汇票出票人为甲公司，金额为100万元，到期日为2016年12月12日。经核实，甲公司当日在P银行的存款账户余额为10万元。关于P银行对该汇票处理措施的下列表述中，符合法律规定的是（ D ）。

A. P银行待甲公司票款足额到账后向乙公司付款100万元
B. P银行当日向乙公司付款10万元
C. P银行向乙公司出具拒绝付款证明，不予付款
D. P银行当日向乙公司付款100万元

银行承兑汇票的出票人于汇票到期日未能足额缴存票款时，承兑人仍应向持票人无条件付款

14. 根据关税法律制度的规定，原产地不明的进口货物适用的关税税率是（ D ）。

A. 协定税率 ← "区域性贸易协定"
B. 最惠国税率 ← "最惠国条约" "最惠国待遇" "原产于我国"
C. 特惠税率 ← "特殊关税优惠条款"
D. 普通税率

15. 甲企业为创业投资企业，2014年2月采取股权投资方式向乙公司（未上市的中小高新技术企业）投资300万元，至2016年12月31日仍持有该股权。甲企业2016年在未享受股权投资应纳税所得额抵扣的税收优惠政策前的企业所得税应纳税所得额为2 000万元。已知企业所得税税率为25%，甲企业享受股权投资应纳税所得额抵扣的税收优惠政策。计算甲企业2016年度应缴纳企业所得税税额的下列算式中，正确的是（B）。
  A.（2 000—300）×25%=425（万元）
  B.（2 000—300×70%）×25%=447.5（万元）
  C. 2 000×70%×25%=350（万元）
  D.（2 000×70%—300）×25%=275（万元）

16. 甲劳务派遣公司安排职工张某到用工单位乙公司工作。下列关于该劳务派遣用工的表述中，不正确的是（C）。
  A. 张某只能在乙公司从事临时性、辅助性或者替代性的工作
  B. 乙公司不得再将张某派遣到其他用人单位
  C. 乙公司应按月向张某支付报酬
  D. 甲劳务派遣公司应当与乙公司订立劳务派遣协议

17. 李某2018年10月将房屋出租给张某居住，取得不含增值税租金收入6 000元，支付的相关税费为200元，当月发生修缮费1 000元，李某当月应缴纳的个人所得税是（A）。
  A. 400 元
  B. 688 元
  C. 540 元
  D. 720 元

18. 下列规范性文件中，属于行政法规的是（A）。
  A. 国务院发布的《企业财务会计报告条例》
  B. 全国人民代表大会通过的《中华人民共和国民事诉讼法》
  C. 中国人民银行发布的《支付结算办法》
  D. 全国人民代表大会常务委员会通过的《中华人民共和国会计法》

19. 根据车船税法律制度的规定，下列车船中，应缴纳车船税的是（D）。
  A. 捕捞渔船
  B. 警用车船
  C. 养殖渔船
  D. 商用客车

20. 根据营业税改征增值税试点相关规定，下列关于增值税纳税义务发生时间的表述中，不正确的是（ C ）。
A. 纳税人发生视同销售不动产的，为不动产权属变更的当天
B. 纳税人发生应税行为先开具发票的，为开具发票的当天
C. 纳税人提供建筑服务采取预收款方式的，为建筑工程完工的当天 ← 收到预收款当天
D. 纳税人从事金融商品转让的，为金融商品所有权转移的当天

21. 2018年9月甲电子公司销售一批产品，含增值税价格46.4万元。由于购买数量多，甲电子公司给予购买方9折优惠。已知增值税税率为16%，甲电子公司在计算企业所得税应纳税所得额时，应确认的产品销售收入为（ D ）。
A. 40万元　← 46.4÷(1+16%)，没算优惠
B. 46.4万元　← 给予9折优惠，不可能是原价
C. 42.4万元　← 46.4÷(1+16%)×1.06
D. 36万元　→ $\frac{46.4}{1.16} \times 90\%$

商业销售涉及商业折扣的，应按照扣除商业折扣后的金额确定销售商品收入

22. 2018年10月甲公司向税务机关实际缴纳增值税70 000元、消费税50 000元；向海关缴纳进口环节增值税40 000元、消费税30 000元。已知城市维护建设税适用税率为7%，计算甲公司当月应缴纳城市维护建设税税额的下列算式中，正确的是（ D ）。
A.（70 000+50 000+40 000+30 000）×7%=13 300（元）
B.（70 000+40 000）×7%=7 700（元）
C.（50 000+30 000）×7%=5 600（元）
D.（70 000+50 000）×7%=8 400（元）
进口不征

应纳税额=实际缴纳的增值税、消费税税额和出口货物、劳务或者跨境销售服务、无形资产增值税免抵税额×适用税率

23. 根据营业税改征增值税试点相关规定，下列行为中，应按照"销售不动产"税目计缴增值税的是（ B ）。
A. 将建筑物广告位出租给其他单位用于发布广告 ← 按"现代服务——租赁服务"计缴增值税
B. 销售底商　顾名思义，"底商"乃"底层之商铺"也
C. 转让高速公路经营权　→ 按"销售无形资产"计缴增值税
D. 转让国有土地使用权

24. 甲公司职工孙某已参加职工基本养老保险，月工资15 000元。已知甲公司所在地职工月平均工资为4 000元，月最低工资标准为2 000元。计算甲公司每月应从孙某工资中扣缴基本养老保险费的下列算式中，正确的是（ B ）。
A. 15 000×8%=1 200（元）
B. 4 000×3×8%=960（元）
C. 2 000×3×8%=480（元）
D. 4 000×8%=320（元）

职工个人按照本人缴费工资的8%缴费，本人月均工资高于当地职工月工资3倍的，按照当地职工月均工资的3倍作为基数

二、多项选择题

1. 根据消费税法律制度的规定，下列应税消费品中，实行从量计征消费税的有（ AC ）。
   A. 黄酒
   B. 涂料
   C. 柴油
   D. 游艇

   从价定率
   从量计征：啤酒、黄酒、成品油（柴油属于成品油）

2. 根据税收征收管理法律制度的规定，下列各项中，适用纳税担保的情形有（ ABC ）。
   A. 纳税人同税务机关在纳税上发生争议而未缴清税款，需要申请行政复议的
   B. 纳税人在税务机关责令缴纳应纳税款限期内，有明显转移、隐匿其应纳税的商品、货物以及应纳税收入的迹象的
   C. 欠缴税款、滞纳金的纳税人或者其法定代表人需要出境的
   D. 从事生产、经营的纳税人未按规定期限缴纳税款，税务机关责令限期缴纳，逾期仍未缴纳的 ← 税收强制执行措施

3. 徐女士在P银行申请一张信用卡，关于该信用卡计息和收费的下列表述中，符合法律规定的有（ BCD ）。
   A. 若徐女士欠缴信用卡年费，P银行可对该欠费计收利息
   B. P银行应在信用卡协议中以显著方式提示信用卡利率标准和计结息方式，并经徐女士确认接受
   C. P银行确定的信用卡透支利率可为日利率万分之五
   D. 若P银行要调整信用卡利率，应至少提前45个自然日按照约定方式通知徐女士

   发卡机构对向持卡人收取的违约金和年费、货币兑换费等服务费用不得计收利息

4. 甲公司与职工对试用期期限的下列约定中，符合法律规定的有（ ABD ）。
   A. 李某的劳动合同期限2年，双方约定的试用期为2个月
   B. 王某的劳动合同期限6个月，双方约定的试用期为20日
   C. 赵某的劳动合同期限2个月，双方约定的试用期为3个月
   D. 张某的劳动合同期限4年，双方约定的试用期为4个月

   劳动合同期限不满3个月的，不得约定试用期

5. 下列主体中，应当向持票人承担票据责任的有（ BCD ）。
   A. 空头支票出票人的开户行Q银行 ← 出票人同时也骗了银行，银行不担责任
   B. 不获承兑的汇票出票人乙公司
   C. 签发银行本票的P银行
   D. 对汇票予以承兑的甲公司

6. 下列关于规范性法律文件适用原则的表述中，正确的有（ABCD）。
A. 行政法规之间对同一事项的新的一般规定与旧的特别规定不一致，不能确定如何适用时，由国务院裁决
B. 根据授权制定的法规与法律不一致，不能确定如何适用时，由全国人民代表大会常务委员会裁决
C. 部门规章与地方政府规章之间对同一事项的规定不一致时，由国务院裁决
D. 法律之间对同一事项的新的一般规定与旧的特别规定不一致，不能确定如何适用时，由全国人民代表大会常务委员会裁决

7. 根据关税法律制度的规定，下列进口货物中，实行从价加从量复合税率计征进口关税的有（ABC）。
A. 摄影机
B. 放像机
C. 广播用录像机
D. 啤酒　←从量计征

8. 根据城镇土地使用税法律制度的规定，下列各项中，属于城镇土地使用税征税范围的有（BCD）。
A. 集体所有的位于农村的土地
B. 集体所有的位于建制镇的土地
C. 国家所有的位于工矿区的土地
D. 集体所有的位于城市的土地

　　城镇不包括农村
　　国家所有、集体所有土地都征城镇土地使用税

9. 根据营业税改征增值税试点相关规定，一般纳税人购进的下列服务中，准予抵扣进项税额的有（BD）。
A. 贷款服务
B. 住宿服务
C. 餐饮服务
D. 广告服务

　　旅客运输服务、贷款服务、居民日常服务和娱乐服务不得抵扣进项税额

10. 根据税收征收管理法律制度的规定，行政复议机构决定撤销、变更或者确认被申请人具体行政行为违法的情形有（ABCD）。
A. 被申请人的具体行政行为明显不当的
B. 被申请人的具体行政行为证据不足的
C. 被申请人的具体行政行为超越职权的
D. 被申请人的具体行政行为适用依据错误的

11. 根据个人所得税法律制度的规定，下列各项中，应按照"工资、薪金所得"税目计缴个人所得税的有（ABD）。
A. 离退休人员除领取离退休工资外，另从原任职单位取得的各类补贴、奖金、实物
B. 出租车驾驶员采取单车承包方式承包出租汽车经营单位的出租车，从事客货运营取得的收入
C. 出版社的专业作者撰写的作品，由本社以图书形式出版而取得的稿费收入 ←"稿酬所得"
D. 非营利性研究开发机构和高等学校从职务科技成果转化收入中给予科技人员的现金奖励

12. 根据资源税法律制度的规定，下列各项中，免征资源税的有（AB）。
A. 开采原油过程中用于修井的原油
B. 开采原油过程中用于加热的原油 ← 免税
C. 开采后出口的原油
D. 开采后销售的原油 ← 正常纳税

13. 根据企业所得税法律制度的规定，下列关于收入确认的表述中，正确的有（BC）。
A. 销售商品采用预收款方式的，在收到预收款时确认收入 ← 发出商品时
B. 销售商品采用托收承付方式的，在办妥托收手续时确认收入
C. 销售商品采用支付手续费方式委托代销的，在收到代销清单时确认收入
D. 销售商品需要安装和检验的，在收到款项时确认收入 ← ①安装和检验完毕时确认 ②安装比较简单，在发出商品时确认

14. 根据支付结算法律制度的规定，关于银行卡收单业务的下列表述中，正确的有（BCD）。
A. 特约商户为个体工商户或自然人的，可以使用其同名个人银行结算账户作为收单银行结算账户 和
B. 收单机构向特约商户收取的收单服务费由收单机构与特约商户协商确定具体费率
C. 收单机构应当对实体特约商户收单业务进行本地化经营和管理，不得跨省域
D. 特约商户使用单位银行结算账户作为收单银行结算账户的，收单机构应当审核其合法持有该账户的证明文件

15. 根据非全日制法律制度的规定，关于非全日制用工的下列表述中，正确的有（ABC）。
A. 非全日制用工小时计酬标准不得低于用人单位所在地人民政府规定的最低小时工资标准
B. 非全日制用工劳动报酬结算支付周期最长不得超过15日
C. 非全日制用工双方当事人可以订立口头协议
D. 非全日制用工双方当事人可以约定试用期
　　　　　　　　　　　不得

三、判断题

1. 甲公司向开户银行P银行申请签发的本票超过提示付款期限后，甲公司申请退款，P银行只能将款项转入甲公司的账户，不能退付现金。（√）

2. 个人通过网络收购玩家的虚拟货币，加价后向他人出售取得的收入，不征收个人所得税。（×）
   按"财产转让所得"计算缴纳个人所得税

3. 房地产开发项目中同时包含普通住宅和非普通住宅的，应分别计算土地增值税的增值额。（√）

4. 公民、法人或者其他组织向人民法院提起行政诉讼，人民法院已经受理的，不得申请行政复议。（√）

5. 酒厂将自产的5箱普通白酒移送到厂工会用于奖励先进员工，在移送使用环节不缴纳消费税。（×）纳税人自产自用的应税消费品，用于连续生产应税消费品的，不纳税；凡用于其他方面的，于移送使用时，照章缴纳消费税

6. 纳税人对税务检查人员未出示税务检查证和税务检查通知书的，有权拒绝检查。（√）

7. 因借款转存开立的一般存款账户，自开立之日起3个工作日后方可办理付款业务。（×）注册验资临时存款账户转为基本存款账户，因借款转存开立的除外

8. 烟草批发企业将卷烟销售给其他烟草批发企业的，应缴纳消费税。（×）烟草批发企业间销售卷烟，不缴纳消费税

9. 集体合同中双方约定的劳动报酬和劳动条件等标准可以低于当地人民政府规定的最低标准。（×）不得

10. 红酒生产企业销售红酒收取的包装物押金应并入红酒销售额，征收消费税。（√）

四、不定项选择题

（一）甲建筑公司为增值税一般纳税人，机构所在地设在W市。2018年7月有关经营情况如下：
（1）承包位于Y市的一项建筑工程，含增值税总价款9 900 000元。按合同约定，当月实际预收含增值税价款3 300 000元。

(2)购进工程所用材料取得增值税专用发票注明税额160 000元,购进施工现场修建临时建筑物所用材料取得增值税专用发票注明税额8 500元,购进工程设计服务取得增值税专用发票注明税额600元,购进办公用品取得增值税普通发票注明税额180元。

(3)向乙公司出租闲置施工设备,含增值税租金11 600元/月,一次性收取6个月租金共计69 600元。已知:建筑服务增值税税率为10%,有形动产租赁服务增值税税率为16%。

要求:根据上述资料,不考虑其他因素,分析回答下列小题。

1.计算甲建筑公司当月承包Y市建筑工程增值税销项税额的下列算式中,正确的是(B)。
A.9 900 000÷(1+10%)×10%=900 000(元)
B.3 300 000÷(1+10%)×10%=300 000(元)
C.9 900 000×10%=990 000(元)
D.3 300 000×10%=330 000(元)

2.甲建筑公司当月下列增值税进项税额中,准予从销项税额中抵扣的是(ACD)。
A.购进工程所用材料税额160 000元
B.购进办公用品税额180元
C.购进工程设计服务税额600元
D.购进施工现场修建临时建筑物所用材料税额8 500元

3.计算甲建筑公司当月出租闲置施工设备增值税销项税额的下列算式中,正确的是(D)。
A.69 600×16%=11 136(元)
B.11 600÷(1+16%)×16%=1 600(元)
C.11 600×16%=1 856(元)
D.69 600÷(1+16%)×16%=9 600(元)

4.甲建筑公司承包Y市建筑工程增值税申报纳税的主管税务机关是(C)。
A.Y市税务局或W市税务局
B.Y市税务局
C.W市税务局
D.Y市税务局和W市税务局

(二)甲电子设备公司为居民企业,主要从事电子设备的制造业务。2018年有关经营情况如下:
(1)销售货物收入2 000万元,提供技术服务收入500万元,转让股权收入3 000万元。经税务机关核准上年已作损失处理后又收回的其他应收款15万元。

(2)缴纳增值税180万元，城市维护建设税和教育费附加18万元，房产税25万元，预缴企业所得税税款43万元。

(3)与生产经营有关的业务招待费支出50万元。

(4)支付残疾职工工资14万元；新技术研究开发费用未形成无形资产计入当期损益19万元；购进专门用于研发的设备一台，价值35万元；购置《环境保护专用设备企业所得税优惠目录》规定的环境保护专用设备一台，投资额60万元，购置完毕当年即投入使用。已知：业务招待费支出，按照发生额的60%扣除，但最高不得超过当年销售（营业）收入的5‰。要求：根据上述资料，不考虑其他因素，分析回答下列小题。

1. 甲电子设备公司的下列收入中，应计入收入总额的是（ABCD）。

A. 销售货物收入2 000万元 → 销售货物收入
B. 上年已作坏账损失处理后又收回的其他应收款15万元 → 其他收入
C. 转让股权收入3 000万元 → 转让财产收入
D. 提供技术服务收入500万元 → 提供劳务收入

一般情况答案为ABCD

企业以货币形式和非货币形式从各种来源取得的收入

2. 甲电子设备公司缴纳的下列税款中，在计算2018年度企业所得税应纳税所得额时，准予扣除的是（CD）。

A. 增值税180万元
B. 预缴企业所得税税款43万元
C. 城市维护建设税和教育费附加18万元
D. 房产税25万元

增值税和企业所得税不得扣除

3. 甲电子设备公司在计算2018年度企业所得税应纳税所得额时，准予扣除的业务招待费支出是（C）。

A. 27.575万元
B. 30万元
C. 12.5万元
D. 25万元

两个标准：
1. 发生额×60%
2. 销售收入×5‰
取其小者

50×60%=30（万元）
(2 000+500)×5‰=12.5（万元）

4. 关于甲电子设备公司可以享受当年企业所得税税收优惠的下列表述中，正确的是（D）。

A. 支付残疾职工的工资，在据实扣除的基础上，按照14万元的200%在计算当年应纳税所得额时加计扣除 （100%）
B. 购置环境保护专用设备60万元投资额的20%可以从当年的应纳税额中抵免 （10%）
C. 新技术研究开发费用未形成无形资产计入当期损益的，在据实扣除的基础上，按照19万元的100%在计算当年应纳税所得额时加计扣除 （50%）
D. 购进专门用于研发的设备金额35万元可以一次性在计算当年应纳税所得额时扣除

企业在2018.1.1至2020.12.31期间新购进（包括自行建造）的设备、器具，单位价值不超过500万元的，允许一次性计入当期成本费用，在计算应纳税所得额时扣除。

(三)甲公司职工张某在工作中因先天性心脏病突发住院治疗3个月,住院期间甲公司按月向其支付病假工资。出院后,张某回公司上班。因该疾病导致活动受限,张某已不能从事原工作。公司又为其另行安排了其他工作岗位,但张某仍不能从事该工作。甲公司拟单方面解除与张某之间尚未到期的劳动合同。已知:张某月工资为3 000元,实际工作年限8年,在甲公司工作3年;甲公司所在地月最低工资标准为2 000元。

要求:根据上述资料,不考虑其他因素,分别回答下列小题。

1. 关于张某在工作中突发先天性心脏病法律后果的下列表述中,正确的是(BC)。
   A. 张某在工作中突发先天性心脏病应认定为工伤
   B. 张某可享受的医疗期应按6个月内累计病休时间计算
   C. 张某可享受3个月的医疗期待遇
   D. 张某可享受12个月的停工留薪期待遇

2. 张某住院期间,甲公司每月向其支付的病假工资不得低于(D)。
   A. 3 000元
   B. 2 000元
   C. 2 400元
   D. 1 600元

   2 000×80%=1 600(元)
   不得低于最低工资标准的60%

3. 甲公司单方面解除与张某的劳动合同可采用的下列方式中,符合法律规定的是(CD)。
   A. 甲公司无须通知张某即可解除劳动合同
   B. 甲公司可随时通知张某解除劳动合同且不向其额外支付工资
   C. 甲公司可提前30日书面通知张某解除劳动合同
   D. 甲公司可额外支付张某1个月工资后解除劳动合同

   违法行为

4. 关于甲公司单方面解除与张某劳动合同法律后果的下列表述中,正确的是(D)。
   A. 应向张某支付违约金 ← 向劳动者支付,用人单位不需支付
   B. 应向张某支付一次性伤残就业补助金 ← 张某不属于工伤
   C. 应向张某支付合同解除赔偿金 ← 单位无需支付赔偿金
   D. 应向张某支付经济补偿

   不相关选项

第四模块　应试技巧

想要在考试中过关，就要抓住各个题型的特点，利用不同的特点巧妙地解题，争取拿到更多的分数。下面就开始分析不同题型获取高分的技巧。

1. 单项选择题

单选题在整个试卷中是比较容易得分的一种题型，分值低，题量大。单项选择题要求在四个备选项中，选出唯一的正确选项，其题目几乎都是书上原文，所以难度不大。需要注意的是，有个别题目会反向提问，常出现"不属于""不适用"的选项，一定要认真审题。肯定了一个正确答案之后，其他的选项可以不用再考虑，节省后面的做题时间。如果实在不能判断哪个正确时，请相信自己的第一感觉！

2. 多项选择题

多项选择题评分标准比较苛刻，要全部正确才得分，主要测试大家对基本知识、基本理论和基本方法的掌握程度，具有较大的灵活性，对知识点考查比较全面。因此要突破此题的得分点，大家可采用排除法、比较法等方法进行选择。建议大家把备选答案与题干、其他备选答案之间联系起来考虑，不要盲目乱猜。

3. 判断题

对于此类题目，应谨慎作答，对有把握的题目毫不犹豫地作答，对没有把握的题目宁可放弃也不要去碰它，以免造成倒扣分的现象。

4. 不定项选择题

根据考题来看，一般是先给出一段资料，然后根据资料给出几个小题目。此题少选可以得相应分数，所以对于不确定的选项，可以放弃。另外，这种题型的选项个数也是比较容易判断的，比如说计算性的题，答案一般就是一个；如果是文字性的表述题，选项就可能是多个了，但也不排除只有一个正确选项的可能。

在了解学习方法和应试技巧后，相信您已经建立应战的充分信心，进入备战状态。最后，衷心祝愿所有考生顺利通过考试！

第五模块 模拟试卷

2019年度全国会计专业技术资格考试模拟试卷
《经济法基础》

一、**单项选择题**（本类题共24小题，每小题1.5分，共36分。每小题备选答案中，只有一个符合题意的正确答案。多选、错选、不选均不得分）

1．根据关税的规定，对原产于与我国签订含有关税优惠条款的区域性贸易协定的国家或地区的进口货物，适用的税率为（　　）。
　　A．最惠国税率　　　　　　　B．特惠税率
　　C．协定税率　　　　　　　　D．暂定税率

2．根据消费税法律制度的规定，下列各项中，应缴纳消费税的是（　　）。
　　A．汽车厂销售雪地车　　　　B．手表厂销售高档手表
　　C．珠宝店销售珍珠项链　　　D．商场销售木制一次性筷子

3．下列法律责任的形式中，属于行政责任的是（　　）。
　　A．赔偿损失　　　　　　　　B．罚款
　　C．返还财产　　　　　　　　D．罚金

4．根据民事诉讼法律制度的规定，有票据纠纷管辖权的法院是（　　）。
　　A．出票人所在地法院　　　　B．票据支付地法院
　　C．出票银行法院　　　　　　D．持票人所在地法院

5．2018年10月19日，甲公司职工李某因突发心脏病住院治疗。已知李某实际工作年限为12年，其中在甲公司工作年限为4年。李某依法可享受的医疗期为（　　）个月。
　　A．12　　　　B．6　　　　C．18　　　　D．9

6．下列情形中，属于线上支付的是（　　）。
　　A．董某在机场购物，使用手机近端支付购物款
　　B．吴某在超市购物，使用公交一卡通支付购物款
　　C．周某在商场购物，通过POS机刷卡支付购物款
　　D．郑某网上购物，通过支付宝支付货款

[217]

7. 根据税收法律制度的规定，下列各项中属于契税纳税人的是（ ）。
   A. 向养老院捐赠房产的李某　　B. 购买商品房的张某
   C. 承租住房的刘某　　　　　　D. 出售商铺的刘某

8. 根据企业所得税法律制度的规定，下列关于企业所得税税前扣除的表述中，不正确的是（ ）。
   A. 企业发生的合理的工资薪金的支出，准予扣除
   B. 企业发生的职工福利费支出超过工资薪金总额的14%的部分，准予在以后纳税年度结转扣除
   C. 企业发生的合理的劳动保护支出，准予扣除
   D. 企业参加财产保险，按照规定缴纳的保险费，准予扣除

9. 根据税收征管法律制度的规定，下列各项中，不属于税务担保范围的是（ ）。
   A. 罚款　　　　　　　　　B. 实现税款、滞纳金的费用
   C. 滞纳金　　　　　　　　D. 税款

10. 根据营业税改征增值税试点相关规定，下列各项中，应按照"销售服务——生活服务"税目计缴增值税的是（ ）。
    A. 文化创意服务　　　　　B. 车辆停放服务
    C. 广播影视服务　　　　　D. 旅游娱乐服务

11. 2018年10月N公司安排职工李某于10月1日（国庆节）、10月15日（周六）分别加班1天，事后未安排其补休。已知甲公司实行标准工时制，李某的日工资为300元。计算N公司应支付李某10月最低加班工资的下列算式中，正确的是（ ）。
    A. $300 \times 300\% + 300 \times 300\% = 1\,800$（元）
    B. $300 \times 300\% + 300 \times 200\% = 1\,500$（元）
    C. $300 \times 100\% + 300 \times 200\% = 900$（元）
    D. $300 \times 200\% + 300 \times 150\% = 1\,050$（元）

12. 甲公司和乙公司签订买卖合同，向乙公司购买3台机器设备，总价款为60万元，该买卖合同法律关系的主体是（ ）。
    A. 买卖合同　　　　　　　B. 甲公司和乙公司
    C. 60万元价款　　　　　　D. 3台机器设备

13. 2010年4月1日，张某到N公司工作，2016年8月1日，双方的劳动合同期满，N公司不再与张某续签。已知劳动合同终止前12个月，张某月平均工资5 000元，N公司所在地职工月平均工资4 500元。计算劳动合同终止后N公司应向张某支付经济补偿的下列公式中，正确的是（ ）。

A. 4 500×6＝27 000（元）　　B. 4 500×7＝31 500（元）
C. 5 000×5.5＝27 500（元）　D. 5 000×6.5＝32 500（元）

14.根据印花税法律制度的规定，下列各项中，不征收印花税的是（　　）。
A.融资租赁合同
B.其他营业账簿
C.房屋产权证
D.营业执照

15.N公司2016年实现会计利润总额300万元，预缴企业所得税税额60万元，在"营业外支出"账目中列支了通过公益性社会团体向灾区的捐款38万元。已知企业所得税税率为25%，公益性捐赠支出不超过年度利润总额12%的部分，准予在计算企业所得税应纳税所得额时扣除。计算N公司当年应补缴企业所得税税额的下列算式中，正确的是（　　）。
A.（300＋38）×25%－60＝24.5（万元）
B. 300×25%－60＝15（万元）
C.（300＋300×12%）×25%－60＝24（万元）
D.[300＋（38－300×12%）]×25%－60＝15.5（万元）

16.根据《会计基础工作规范》的规定，回避制度中所说的直系亲属不包括（　　）。
A.夫妻关系　　　　　　　B.子女与父母
C.配偶的堂哥　　　　　　D.配偶的父母

17.根据支付结算法律制度的规定，关于基本存款账户的下列表述中，不正确的是（　　）。
A.基本存款账户可以办理现金支取业务
B.一个单位只能开立一个基本存款账户
C.基本存款账户是存款人的主办账户
D.单位设立的独立核算的附属机构不得开立基本存款账户

18.根据个人所得税法律制度的规定，下列各项中，不属于特许权使用费所得的是（　　）。
A.提供著作权的使用权取得的所得　B.提供专利权的使用权取得的所得
C.提供房屋使用权取得的所得　　　D.提供商标权的使用权取得的所得

19.下列关于房产税纳税义务发生时间的表述中，不正确的是（　　）。
A.纳税人自行新建房屋用于生产经营，从建成之次月起，缴纳房产税
B.纳税人将原有房产用于生产经营，从生产经营之次月起，缴纳房产税

C. 纳税人委托施工企业建设的房屋，从办理验收手续之次月起，缴纳房产税

D. 纳税人出租、出借房产，自交付出租、出借本企业房产之次月起，缴纳房产税

20. 根据税收征收管理法律制度的规定，税务机关针对纳税人财务制度不健全、生产经营不固定、零星分散、流动性大，适用的税款征收方式是（　　）。

　　A. 查定征收　　　　　　　　B. 查验征收
　　C. 查账征收　　　　　　　　D. 定期定额征收

21. M商店为增值税小规模纳税人，2018年8月销售商品取得含税销售额61 800元，购入商品取得普通发票注明金额10 000元。已知增值税税率为16%，征收率为3%，当月应缴纳增值税税额的下列计算列式中，正确的是（　　）。

　　A. 61 800÷(1＋3%)×3%－10 000×3%＝1 500（元）
　　B. 61 800×3%＝1 854（元）
　　C. 61 800×3%－10 000×3%＝1 554（元）
　　D. 61 800÷(1＋3%)×3%＝1 800（元）

22. 2013年度，M企业实现销售收入3 000万元，当年发生广告费400万元，上年度结转未扣除广告费60万元。已知广告费不超过当年销售收入15%的部分，准予扣除。M企业在计算2013年度企业所得税纳税所得额时，准予扣除的广告费金额为（　　）万元。

　　A. 340　　　　　B. 510　　　　　C. 450　　　　　D. 460

23. 下列不属于诉讼时效中断的是（　　）。

　　A. 法定代理人死亡　　　　　B. 权利人向义务人提出履行请求
　　C. 义务人同意履行义务　　　D. 权利人提起诉讼或申请仲裁

24. 下列各项中，需要征收船舶吨税的有（　　）。

　　A. 应纳税额在人民币50元以下的船舶
　　B. 吨税执照期满后24小时内不上下客货的船舶
　　C. 捕捞、养殖渔船
　　D. 非机动驳船

二、多项选择题（本类题共15小题，每小题2分，共30分，每小题备选答案中，有两个或两个以上符合题意的正确答案。多选、少选、错选、不选均不得分）

1. 下列法律责任形式中，属于民事责任形式的有（　　）。

　　A. 没收财产　　　　　　　　B. 消除危险
　　C. 暂扣许可证　　　　　　　D. 赔礼道歉

2. 财政部门是会计工作政府监督的实施主体，除财政部门外，（　　）等部门依照有关法律、行政法规规定的职责和权限，可以对有关单位的会计资料实施监督检查。

　　A. 中国人民银行　　　　　　B. 审计

C. 证券监管　　　　　　　　D. 税务

3. 下列项目免征耕地占用税的有（　　）。
A. 老年服务机构　　　　　　B. 铁路线路
C. 医院　　　　　　　　　　D. 学校

4. 根据社会保险法律制度的规定，下列行为视同工伤的有（　　）。
A. 工作期间在岗位突发疾病死亡的
B. 因工外出期间，由于工作原因受伤的
C. 在上班途中，由于非本人责任受到的交通事故伤害
D. 在抢险救灾等维护国家利益、公共利益活动中受伤的

5. 根据企业所得税法律制度规定，在计算所得税时，准予扣除的有（　　）。
A. 向客户支付的合同违约金
B. 向税务机关支付的税收滞纳金
C. 向银行支付的逾期利息
D. 向公安部门缴纳的交通违章罚款

6. 根据税收征收管理法律制度的规定，纳税人对税务机关作出的下列具体行为不服，可以提出行政复议申请的有（　　）。
A. 确认征税对象　　　　　　B. 加收滞纳金
C. 行政审批　　　　　　　　D. 税收保全措施

7. 根据支付结算法律制度的规定，下列情形中，存款人应向开户银行提出撤销银行结算账户申请的有（　　）。
A. 存款人被宣告破产的
B. 存款人被撤并的
C. 存款人因迁址需要变更开户银行的
D. 存款人被吊销营业执照的

8. 根据增值税法律制度的规定，一般纳税人购进货物的下列进项税额中，不得从销项税额中抵扣的有（　　）。
A. 被执法部门依法没收的购进货物的进项税额
B. 被执法部门强令自行销毁的购进货物的进项税额
C. 因地震造成毁损的购进货物的进项税额
D. 因管理不善造成被盗的购进货物的进项税额

9. 以下符合会计职业道德"爱岗敬业"基本要求的有（　　）。
A. 忠于职守，尽职尽责　　　B. 实事求是，如实反映
C. 严肃认真，一丝不苟　　　D. 热爱会计工作，敬重会计职业

10.根据个人所得税法律制度规定,下列属于免税项目的有( )。
A.军人转业费
B.国债利息
C.保险赔款
D.退休人员再任职收入

11.根据《仲裁法》的规定,下列关于仲裁协议效力的表述中,正确的有( )。
A.合同的变更、解除、终止或者无效,不影响仲裁协议的效力
B.当事人口头达成的仲裁协议有效
C.仲裁协议对仲裁事项或者仲裁委员会没有约定或者约定不明确,当事人又达不成补充协议的,仲裁协议无效
D.当事人对仲裁协议的效力有异议的,可以请求人民法院作出裁定

12.下列各项中,不属于会计工作岗位的是( )。
A.医院收费员
B.注册会计师
C.出纳
D.往来结算

13.根据民事诉讼法律制度,下列关于专属管辖的表述中,正确的有( )。
A.因不动产纠纷提起的诉讼,由不动产所在地法院管辖
B.因港口作业中发生纠纷提起的诉讼,由港口所在地法院管辖
C.因继承遗产纠纷提起的诉讼,由被继承人死亡时住所地或者主要遗产所在地法院管辖
D.因共同海损提起的诉讼,由船舶最先到达地法院管辖

14.根据劳动合同法律制度的规定,下列各项中,可导致劳动合同终止的情形有( )。
A.用人单位决定提前解散
B.劳动者死亡
C.用人单位被吊销营业执照
D.劳动者因处于产期不能工作

15.根据税收征收管理法律制度的规定,下列个人财产中,税务机关可以对其采取税收保全措施的有( )。
A.机动车辆
B.金银首饰
C.维持生活必需的住房
D.古玩字画

三、判断题(本类题共10小题,每小题1分,共10分。每小题答题正确的得1分,答题错误的倒扣0.5分,不答题的不得分也不扣分,本类题最低得分为零分)

1.采取委托银行收款方式销售货物时,增值税纳税义务发生时间是银行收到货款的当天。( )

2.各单位的预算、计划、制度等文件材料属于文书档案,也属于会计档案。(　　)
3.个人转让著作权免征增值税。(　　)
4.付款人账户内资金不足的,银行应当为付款人垫付资金。(　　)
5.申请人对税务机关作出逾期不缴纳罚款加处罚款的决定不服的,应当先缴纳罚款和加处罚款,再申请行政复议。(　　)
6.企业对外提供的财务会计报告应当由企业负责人和主管会计工作的负责人、会计机构负责人(会计主管人员)签名或盖章。(　　)
7.纳税人享受减税、免税待遇的,在减税、免税期间不需办理纳税申报。(　　)
8.单张出票金额在500万元以上的商业汇票应全部通过电子商业汇票办理。(　　)
9.根据个人所得税法律制度的规定,个人因从事彩票代销业务而取得的所得,应按照"劳务报酬所得"项目计征个人所得税。(　　)
10.根据增值税法律制度的规定,金融同业往来利息收入免征增值税。(　　)

四、不定项选择题(本类题共12小题,每小题2分,共24分。每小题备选答案中,有一个或一个以上符合题意的正确答案。每小题全部选对得满分,少选得相应分值,多选、错选、不选均不得分)

(一)

中国公民梁某系自由职业者。2015年1—12月收入情况如下:
(1)年初开始将其自有的面积为150平方米的住房出租给王某居住,租期为1年。每月租金收入2 500元,全年租金收入30 000元。当年7月份对房屋进行修缮,发生费用500元(不考虑相关税费)。
(2)3月份花3 000元购买即开型福利彩票,其中一张彩票中了二等奖,奖金50 000元,随即拿出10 000元通过民政部门捐给西部的农村义务教育。
(3)6月份将自己2014年撰写的小说手稿原件拍卖,取得收入50 000元。
(4)9月份因自有汽车被撞,取得保险赔款20 000元。
(5)11月份因持有境内上市的A公司股票而取得股息所得16 000元(持股时间6个月),从非上市的B公司取得红利所得7 000元。
已知:个人出租住房所得适用的个人所得税税率为10%;偶然所得适用的个人所得税税率为20%;股息所得适用的个人所得税税率为20%。
要求:根据上述资料,分析回答下列小题。
1.梁某出租房屋应缴纳个人所得税税额的下列计算中,正确的是(　　)。
　A.(2 500－800)×10%×11＋(2 500－500－800)×10%＝1 990(元)
　B.(2 500－800)×20%×11＋(2 500－500－800)×20%＝3 980(元)
　C.(2 500－800)×20%×12＝4 080(元)
　D.(2 500－800)×10%×12＝2 040(元)

2.梁某取得彩票奖金应缴纳个人所得税税额的下列计算中,正确的是(　　)。
　A.(50 000－10 000)×(1－20%)×20%＝6 400(元)

B.（50 000－10 000）×20%＝8 000（元）
C.（50 000－10 000×30%）×（1－20%）×20%＝7 520（元）
D.[50 000×（1－20%）－10 000×30%]×20%＝7 400（元）

3. 梁某11月份股息所得应缴纳个人所得税税额的下列计算中，正确的是（　　）。
A. 7 000×20%＝1 400（元）
B. 16 000×50%×20%＋7 000×20%＝3 000（元）
C. 16 000×20%＝3 200（元）
D. (16 000＋7 000)×20%＝4 600（元）

4. 下列关于梁某的收入与支出的说法中，正确的是（　　）。
A. 通过民政部门捐给西部农村义务教育的支出可以全额扣除
B. 从境内上市的A公司取得股息所得免征个人所得税
C. 将撰写的小说手稿原件拍卖按"特许权使用费所得"项目征收个人所得税
D. 取得保险赔款免征个人所得税

（二）

A集团公司2016年发生如下业务：
（1）在组织会计职业道德学习时，单位负责人认为坚持准则就是指只坚持会计准则。
（2）会计人员认真向生产车间工人宣讲会计基础知识，推动了班组核算制度的顺利开展。
（3）单位负责人要求张某做假账，张某坚决抵制。
要求：根据上述材料，分析回答下列小题。

1. 坚持准则的基本要求有（　　）。
A. 熟悉准则　　　　　　　　B. 遵循准则
C. 修改准则　　　　　　　　D. 敢于同违法行为作斗争

2. 业务（2）中，符合的会计职业道德有（　　）。
A. 符合会计职业道德强化服务要求
B. 符合会计职业道德参与管理要求
C. 符合会计职业道德爱岗敬业要求
D. 符合会计职业道德坚持准则要求

3. 参与管理与强化服务的关系，正确的有（　　）。
A. 不强化服务，难以保持参与管理的热情
B. 参与管理是强化服务的一种表现形式
C. 强化服务有利于参与管理
D. 不参与管理，也完全可以提高服务水平和质量

4.业务（3）中，符合的会计职业道德要求有（　　）。

A.符合会计职业道德强化服务要求

B.符合会计职业道德坚持准则要求

C.符合会计职业道德客观公正要求

D.符合会计职业道德诚实守信要求

（三）

2014年2月18日，甲公司签发一张转账支票交付乙公司并授权其补记相关事项。乙公司于2月20日将该支票背书转让给丙公司。丙公司于3月3日向甲公司开户银行P银行提示付款，P银行拒绝付款，丙公司遂行使追索权。

要求：根据上述资料，分析回答下列小题。

1.下列各项中，属于支票付款人的是（　　）。

A.P银行　　　　　　　　B.丙公司

C.甲公司　　　　　　　　D.乙公司

2.下列各项中，属于支票出票人可以授权补记的是（　　）。

A.出票日期　　　　　　　B.收款人名称

C.出票人签章　　　　　　D.支票金额

3.关于丙公司行使票据权利的下列表述中，正确的是（　　）。

A.丙公司有权向乙公司行使追索权

B.丙公司有权向P银行行使追索权

C.P银行有权拒绝付款

D.丙公司有权向甲公司行使追索权

4.丙公司对甲公司行使票据权利的时效是（　　）。

A.自出票日起6个月　　　　B.自出票日起3个月

C.自出票日起2年　　　　　D.自出票日起1个月

答案解析

线上诊断